Vincent M. Roazzi

A Espiritualidade do Sucesso

COMO FICAR RICO SEM PERDER A INTEGRIDADE

Tradução
MARCELO BRANDÃO CIPOLLA

EDITORA CULTRIX
São Paulo

Título original: *The Spirituality of Success.*

Copyright © 2002 Vincent M. Roazzi.

Todos os direitos reservados. Nenhuma parte deste livro pode ser reproduzida ou usada de qualquer forma ou por qualquer meio, eletrônico ou mecânico, inclusive fotocópias, gravações ou sistema de armazenamento em banco de dados, sem permissão por escrito, exceto nos casos de trechos curtos citados em resenhas críticas ou artigos de revistas.

Dados Internacionais de Catalogação na Publicação (CIP)
(Câmara Brasileira do Livro, SP, Brasil)

Roazzi, Vincent M.
  A espiritualidade do sucesso : como ficar rico sem perder a integridade / Vincent M. Roazzi ; tradução Marcelo Brandão Cipolla. — São Paulo : Cultrix, 2004.

  Título original: The spirituality of success
  ISBN 85-316-0856-2

  1. Administração 2. Espiritualidade 3. Realização pessoal 4. Sucesso I. Título.

04-6732   CDD-650.1

Índices para catálogo sistemático:

1. Sucesso : Desenvolvimento pessoal : Administração 650.1

O primeiro número à esquerda indica a edição, ou reedição, desta obra. A primeira dezena à direita indica o ano em que esta edição, ou reedição, foi publicada.

Edição   Ano
1-2-3-4-5-6-7-8-9-10-11-12   04-05-06-07-08-09-10-11-12

Direitos de tradução para o Brasil
adquiridos com exclusividade pela
EDITORA PENSAMENTO-CULTRIX LTDA.
Rua Dr. Mário Vicente, 368 — 04270-000 — São Paulo, SP
Fone: 6166-9000 — Fax: 6166-9008
E-mail: pensamento@cultrix.com.br
http://www.pensamento-cultrix.com.br
que se reserva a propriedade literária desta tradução.

Impresso em nossas oficinas gráficas.

Agradecimentos

Humildemente, eu gostaria de agradecer a alguns dos mestres que encontrei nesta vida. Seria impossível dar o nome de todos, pois todas as pessoas que encontramos têm algo a nos ensinar, se estivermos dispostos a aprender. Quero agradecer a meu avô, Fortunato Chirieleison, por me ensinar a amar a vida; a meu pai, Mike, e à minha mãe, Rose, por me ensinar o que fazer e o que não fazer; e a meus filhos, Daria, Jessica, Vincent, Dana e Victoria.

Gostaria também de mencionar as pessoas que foram generosas comigo para que eu pudesse aprender — Dave Keeler, Anne e Frank Sciame, John e Susan Roazzi, Helen Russell, Jeff Holloway, Dennis e Niki McCuistion, Ron Jensen, Sal e Marianne Spedale, Tony Teska, Juan Peña, Ricky e Barbara Sciame, Gary e Debbie Socha, Deepak Chopra, Stuart Wilde, Jerrilynne e Frank Vanella, Bob Thomas, Steve Salvatore, Fred Hill, Rick Pertile, Patti Breitman, Chuck Rock, Dave Milks, Victor Lugo, Jim Dawson, Irwin Sternberg, Wade Saadi, Aubrey Balkind, William Ungar, Kurt Adler, Napoleon Hill, Zig Ziglar, Joe Sansonetti, Dave e Lynn Bower — e os milhares de pessoas que treinei e que me permitiram participar da realização de seus sonhos de sucesso.

Acima de tudo, agradeço à minha esposa Marlene. No decorrer dos anos, ela sempre foi a minha melhor amiga, minha confidente e minha maior mestra. Mas o que mais me toca é o fato de ela ter ficado ao meu lado ao longo de todas as provas e tribulações pelas quais passei para ser a pessoa que sou hoje.

Sumário

Agradecimentos 5
Prefácio 9

1 A Jornada 13
2 A Verdade Evidente 17
3 O Sucesso não é Lógico 25
4 O Ego e o Fracasso 29
5 Quem Sou Eu? 33
6 O Paradoxo do Caminho mais Fácil 49
7 Suas Expectativas São suas Desculpas 52
8 O Sucesso Está Naquilo que Você "Vê" 56
9 Entre no Fluxo 60
10 Concentração 64
11 Limitações Energéticas Pessoais 69
12 O que é o Sucesso? 75
13 Você Está Destinado ao Sucesso 80
14 O Ambiente e a Culpa 85
15 O Mito das Metas 94
16 Estar Vivo é Ter Consciência 103
17 Imagens Espirituais do Sucesso 108
18 Riqueza Emocional 116
19 Os Pensamentos Têm Vida 125
20 Pense Diferente: A Expansão da Mente 131
21 De Quem é a Culpa? 136
22 Como Domar a Megera (o Ego) 143
23 O Mundo das Ilusões (não se Deixe Influenciar
    pela Propaganda!) 150

24	*Pot-pourri*	155
25	As Vozes do Sucesso	160
26	Física Quântica: A Ciência do Sucesso?	165
27	O que é a Realidade?	168
28	O que é o Tempo?	174
29	A Relatividade do Tempo	178
30	O "Campo" dos Sonhos	184
31	Nenhum Homem é uma Ilha	194
32	"Eu Estou Bem, Você Está Bem"	200
33	Quem Disse que os Dados não Estavam Viciados?	206
34	Ver para Crer?	212
35	O Sucesso é a Infinitude	216
Apêndice	Entrevistas com as Vozes do Sucesso	219

Prefácio

Nos mais de dez anos em que trabalhei como gerente de vendas, recrutei e treinei milhares de pessoas para participar daquela que considero ser a maior oportunidade disponível no mercado hoje em dia. O que me deixa surpreso é a pequena quantidade de pessoas que aproveitam essa oportunidade para mudar de vida. Na minha rápida ascensão pelos escalões empresariais, fui mudando de posição — de vendedor para treinador de vendedores, daí para recrutador de vendedores, daí para gerente regional, daí enfim para uma posição de influência nacional.

No começo do meu progresso, eu tinha idéias muito ingênuas acerca das pessoas que não alcançavam o sucesso. Quando cheguei ao médio escalão, tudo ficou claro para mim. No primeiro escalão, eu já não tinha um cargo administrativo, mas cumpria uma função que mais se assemelhava à de um conselheiro ou mentor. Era responsável por toda uma hierarquia de pessoas, algumas das quais já haviam realizado alguma coisa mas ainda não tinham alcançado um sucesso duradouro. Para ajudá-las a realizar seus sonhos, tive de procurar me instruir na ciência do sucesso. Assim, li todos os livros e ouvi todas as fitas em que pude pôr as mãos e dediquei-me ao estudo tanto das pessoas bem-sucedidas quanto das fracassadas. Estas últimas me ensinaram muito mais do que as primeiras! O que apresento neste livro é o que aprendi enquanto tentava ajudar essas pessoas.

Você vai perceber que as minhas descobertas contradizem algumas das crenças mais generalizadas acerca de como alcançar o sucesso. No começo, esse fato me incomodava. Por anos e anos, essa pergunta me aguilhoava subconscientemente — por que algumas de minhas conclusões não se coadunavam com as de outros treinadores e escritores dentre os consultores de sucesso? A que se deviam as discrepâncias? O que me deu a resposta a essa pergunta foi uma outra pergunta, a qual me foi dirigida por um cavalheiro chamado Aric Caplan. Ele disse: "Por que o senhor diz que o fracasso é uma característica adquirida?" Quando eu ia responder a essa pergunta, percebi que a maioria dos outros treinadores e escritores estudavam as pessoas bem-sucedidas para fazer suas pesquisas. Tomavam os dados assim obtidos e — inconscientemente, pelo que penso — procuravam explicá-los segundo a lógica social e comercial mais aceita hoje em dia. É aí que estava o erro — ou melhor, dois erros. Para começar, você vai perceber daqui a pouco que o sucesso não é lógico. Para fazer uma comparação dramática, cada um desses professores estudava a parte superior do corpo humano para procurar explicar como o corpo inteiro funciona. Depois, tomavam suas limitadas descobertas e tentavam encaixá-las na estrutura de crenças comum de hoje em dia para explicar a operação do todo.

Eu, de minha parte, estudei tanto o sucesso quanto o fracasso. Enquanto treinador dos vendedores de uma grande empresa, deparava-me com ambos todos os dias. Estudei primeiro o fracasso, pois me intrigava o fato de uma pessoa dotada de todos os instrumentos necessários não ter nenhuma garantia de sucesso. Havia muitas dessas pessoas; como 93% delas fracassavam (você logo verá isso também), eu tinha muito material para trabalhar. Mas não tentei encaixar meus dados numa estrutura de crenças genericamente aceita. Cada coisa que acontecia a essas pessoas tinha de ter um "porquê". O que me cabia era encontrar esse porquê: um simples estudo de causa e efeito. Também estudei os casos de sucesso e encontrei neles algumas gemas preciosas de conhecimento, mas que só vinham confirmar as coisas que eu descobrira com o estudo dos fracassados. É esse o método clássico usado pela ciência para chegar à verdade. Agi como um simples repórter. A mesma coisa foi feita em *Pai Rico, Pai Pobre*, livro que revela algumas discrepâncias do mundo financeiro, a mais notável das quais é o achado de que uma casa não é um componente do ativo, mas sim do passivo, de modo que, por isso mesmo, não é nem pode ser um investimento.

Assim, estudei o yin *e* o yang do sucesso: o sucesso e o fracasso. Isso porque, para dar outro exemplo, como você pode saber o que é a fêmea se não sabe o que é o macho? Cada qual tem a sua razão de existir e a existência de um está contida na do outro. Não se pode verdadeiramente conhecer nenhum deles caso só se estude um, pois eles só existem em sua relação mútua. O mesmo vale para o alto e o baixo, a esquerda e a direita, o sucesso e o fracasso. Tudo isso ficará muito claro se você prosseguir com a leitura do livro.

Meu mais sincero desejo é que este livro ajude você a mudar de vida e lhe dê a prosperidade que você tanto quer. Mas essa prosperidade trará consigo, também, uma responsabilidade. Se não fosse pelas pessoas bem-sucedidas deste mundo, muitas e muitas boas obras de caridade não existiriam. Espero que você dê continuidade a essa tradição. Afinal de contas, o seu sucesso não deve servir para beneficiar apenas você mesmo, e ninguém chega ao sucesso contando somente com as próprias forças. Você verá que, no livro, eu tratarei várias vezes deste tema. Alguns vêem aí o segredo do sucesso! Julgue você mesmo! O segredo do sucesso será apresentado várias vezes no decorrer do livro, e de modo muito claro. Veja se você é capaz de descobri-lo, de descobrir a chave que lhe abrirá as portas do sucesso.

Você verá que este livro é composto de várias lições curtas, como uma coletânea de ensaios. Escrevi o livro assim porque sei que as pessoas que estão buscando o sucesso não têm muito tempo livre à disposição. Em geral, o tempo de que dispõem não é suficiente para a leitura de um capítulo normal. Tentei me lembrar disso enquanto escrevia o livro. Várias idéias, ditos e palavras-chave se repetem várias vezes no texto. A experiência me diz que, pela repetição, as pessoas aprendem mais e são capazes de reter as informações aprendidas por mais tempo.

Assim sendo, meu intuito é que você leia um capítulo deste livro por dia e reflita sobre as idéias escolhidas e apresentadas em negrito no final de cada capítulo. Aproveite esse dia para assimilar essas idéias ao seu sistema de crenças e alcançar, assim, o sucesso dos seus sonhos!

Vinny

1

A JORNADA

> Se você quer ser escritor,
> antes terá de estudar.
> — John Dryden

Como muitos outros que cresceram nas ruas do Brooklyn, cercadas de prédios de apartamentos de aluguel, eu tinha o sonho de sair daquela vida e ficar milionário antes de completar 35 anos de idade. Aos 36, eu estava num centro de recuperação para drogados, vivendo do seguro-desemprego e com mais de 100.000 dólares em dívidas.

Hoje sou milionário.

A vida na pobreza era igual à vida na prisão, com a diferença de que as jaulas eram invisíveis. É difícil mudar quando nada muda ao seu redor. Mas a prisão do vício das drogas fez com que a minha fuga da pobreza parecesse uma brincadeira de crianças.

Comprometi-me com o tratamento porque odiava a pessoa em que havia me tornado. Na recuperação, encontrei não somente o sentido da vida como também o segredo do sucesso financeiro. Depois do tratamento, alcancei em um ano e meio o que a maioria das pessoas não alcança nem em uma vida inteira — a independência financeira.

Nessa minha meteórica ascensão do zero ao infinito, atraí a atenção dos principais diretores da empresa pública para a qual trabalhava. Eles me perguntaram se eu não gostaria de ensinar os segredos do sucesso a seus vendedores, e é isso o que eu venho fazendo há mais de dez anos. Para treiná-los, tive de acumular o máximo possível de conhecimento sobre o tema "sucesso". Era importante que eu pusesse em palavras as etapas pelas quais passara, a fim de que outras pessoas pudessem segui-las do mesmo modo. Por isso, comecei a fazer uma série de entrevistas e estudos com homens e mulheres de negócios bem-sucedidos, e você vai conhecer muitas dessas histórias e experiências nos próximos capítulos. Minhas descobertas foram muito interessantes e, como você logo verá, mudaram várias crenças correntes sobre o que é o sucesso e como alcançá-lo.

Nos capítulos seguintes, vou revelar a você o que funciona e o que não funciona. E, mais importante ainda, vou lhe ensinar a tornar permanente o seu sucesso, pois os princípios de sucesso que vou lhe ensinar são baseados em verdades científicas e espirituais e seguem leis naturais. *Não* vou lhe ensinar a manipular os outros, nem a usar o controle da mente, nem a tirar vantagem de algo ou de alguém. O sucesso não tem por base a lei do mais forte nem a sobrevivência do mais apto. Tal sucesso não é verdadeiro, pois não dura nem dá bem-estar a quem o possui. Vou lhe ensinar o que chamo de sucesso quântico — um sucesso autêntico, profundo e duradouro, baseado em leis naturais. Essas leis nada têm a ver com brutalizar, controlar, enganar ou magoar outras pessoas. Este sucesso é natural, tem um fluxo próprio. É verdadeiro e dá uma boa sensação ao seu possuidor.

O fundamento de todos os conceitos que vou lhe ensinar é o seguinte: O sucesso não está no que você faz, mas no que você é. *O sucesso não está no fazer, está no ser.* Por isso, não é somente uma realidade física e mental; é também espiritual. O sucesso exterior autêntico é simplesmente um reflexo do sucesso interior. Para que a pessoa seja íntegra e inteira, deve ser íntegra dos pontos de vista físico, mental e espiritual. Se um desses estiver faltando, a pessoa não será completa, e esse fato terá suas conseqüências. Uma vez que o sucesso autêntico e verdadeiro é simplesmente um reflexo da pessoa que o possui, também ele deve ser íntegro e inteiro — físico, mental e espiritual. Se não for, não lhe fará bem. Não será verdadeiro e logo acabará.

Se eu estivesse agora bem à sua frente, começaria o seu treinamento com a seguinte frase: "Você quer ser bem-sucedido? Quer mudar de vida? Tem certeza?" Eu lhe faço essa pergunta por causa de um dos fenômenos mais notáveis que observei durante a minha atividade de treinador nos últimos anos: *As pessoas querem mudar de vida, mas não querem mudar (de vida)!* Eu sei que isso parece ridículo — e é —, mas é verdade. As pessoas sempre dizem: "Se eu tivesse mais dinheiro, minha vida seria diferente." "Se eu trabalhasse por conta própria, receberia um salário digno." "Se eu tivesse outro emprego, se tivesse outra mulher/marido, se estivesse em outro lugar, se, se, se..." As pessoas acham que basta uma mudança externa para mudar a vida. Se isso fosse verdade, não aconteceria de 75 a 85% dos ganhadores na loteria estarem falidos novamente depois de cinco ou dez anos. Esses ganhadores na loteria não ganharam um sucesso verdadeiro e duradouro; só ganharam dinheiro. É por isso que a riqueza deles dura tão pouco. O sucesso não é fruto de mudanças exteriores.

Sua vida atual, o lugar que você ocupa atualmente no mundo, é o fruto das decisões que você tomou no passado. Os resultados que as pessoas colhem têm por base algo que elas fizeram ou deixaram de fazer. Talvez você não goste de ouvir isso, mas o fato é que você está exatamente onde devia estar, exatamente onde decidiu se colocar. Afinal de contas, foi você quem tomou as decisões. E, por mais que essa verdade seja dura de engolir, é melhor assumir a responsabilidade pela sua condição do que ser uma vítima que não tem escolha.

A idéia de que eu sempre tive escolha foi um dos conceitos mais luminosos e libertadores que eu já aprendi. Eu percebi que nem sempre gosto das opções que tenho, mas sempre tenho opção. Antes disso, eu costumava me ver como uma simples vítima das marés e dos ventos da vida: um barquinho a vela que lutava para permanecer à tona, explicava pela idéia de "sorte" tudo o que era inexplicável para mim, e esperava pela grande ocasião em que a minha vida mudaria definitivamente. Tive de aprender, no duro, que nada na vida será diferente se você não for. Nós, seres humanos, tomamos as nossas decisões baseados no que sabemos. Desde o momento em que nascemos, somos condicionados e programados a acreditar em certas coisas. À medida que avançamos em idade, formulamos nossas próprias opiniões (crenças) e agimos com base nesse conhecimento, que muitas vezes é maculado pelos condicionamentos que fomos adquirindo no decorrer do caminho. É assim que adquirimos o conhecimento que usamos para tomar nossas decisões na vida, mas a maioria das pessoas vive sem questionar os seus conhecimentos, ou os conhecimentos que pensa ter. É esse um dos motivos pelos quais o sucesso é tão difícil para a maioria das pessoas, e é por isso também que elas procuram outra pessoa que lhes dê as respostas que faltam.

O homem de lata cantava: "Se eu tivesse um coração..." O leão queria coragem, o espantalho queria inteligência, e Dorothy só queria voltar para casa. Assim, demoraram muito tempo e despenderam bastante energia para encontrar o Mágico, e descobriram por fim que aquilo que tanto queriam sempre estivera com eles. Descobriram também que o Mágico não existia. Não existem gurus, gênios e fadas-madrinhas que possam tocá-lo com uma varinha de condão e mudar a sua vida. *O Mágico de Oz* é uma metáfora daqueles que "buscam" o sucesso. Como Dorothy, todos nós envidamos esforços para encontrar algo que sempre esteve bem debaixo do nosso nariz. Alcançar o sucesso é como voltar para casa. Aquilo que você busca sempre esteve com você. Você é o mágico! Você é o sucesso!

Agora, antes de você começar a negar isso que estou lhe falando, deixe-me fazer-lhe algumas perguntas. Lá no fundo, no mais recôndito do seu ser, você já não sentiu que a sua vida deveria ser maior? Não acredita que, de algum modo, você foi destinado à grandeza... se conseguisse encontrar o caminho ou aproveitar a oportunidade certa? Você por acaso não é um daqueles viajantes cansados que buscam o sucesso? Você, como Dorothy, precisa compreender que esse poder sempre esteve com você — falta-lhe a consciência do poder, mas o poder existe. Está oculto por baixo de todas as camadas de condicionamento que você acumulou ao longo dos anos.

Nas páginas seguintes, vou revelar-lhe o conhecimento do seu poder intrínseco, que está dentro de você e se reflete nas leis físicas e metafísicas do universo. Vou usar as leis da ciência para demonstrar-lhe os aspectos físicos e mentais do sucesso, e os princípios da filosofia espiritual oriental — bem como das tradições cristã e judaica — para demonstrar-lhe as dimensões espirituais do sucesso. Essas verdades vigoram desde a criação do mundo; são verdades naturais e universais. Vou explicá-las com uma linguagem simples, pois elas são simples. Não estou tentando fazer com que você se interesse por ciência, espiritualidade ou religião, pois pouco importa que você se interesse ou não. As verdades nas quais essas coisas se baseiam sempre vigoram, quaisquer que sejam as suas crenças. Você pode ter consciência delas ou pode ser uma vítima delas. A ignorância da lei da gravidade não a muda em um átomo. Os desinformados atribuem tudo à sorte e ao azar. Os informados percebem que tudo se resume à falta de conhecimento ou à sua posse. É essa a diferença entre a ausência de sucesso e o sucesso autêntico.

Foram essas mesmas leis, essas verdades simples, que permitiram que o sucesso funcionasse corretamente desde o princípio dos tempos. São leis provadas e comprovadas, que vão mudar a sua vida. São os modelos que apontam o caminho de um sucesso *duradouro*, de um sucesso *autêntico*, de um sucesso *quântico*!

TEMAS PARA REFLEXÃO

O sucesso não está no fazer, está no ser!

As pessoas querem mudar de vida, mas não querem mudar (de vida)!

2

A VERDADE EVIDENTE

> Se mil crenças antigas desmoronassem na nossa caminhada
> em direção à verdade, nem por isso deveríamos deixar de caminhar.
> — Stopford Augustus Brooke

Aos 65 anos de idade, 93% das pessoas estão mortas ou falidas e precisam do apoio financeiro da família, dos amigos ou da previdência social para ter atendidas as suas necessidades mais básicas. Aqui, neste que é o país que mais oferece oportunidades no mundo inteiro, depois de quarenta a cinqüenta anos de trabalho duro, 93% dos norte-americanos chegam à — POBREZA! Esse fato é comprovado por um estudo do Departamento Norte-Americano de Estatísticas do Trabalho e Tabelas de Mortalidade, feito em 1980, cujo tema é o que acontece com as pessoas entre os 25 e os 65 anos de idade. O estudo constatou que só 7% adquiriam uma segurança financeira suficiente para manter um estilo de vida confortável na aposentadoria.

Não sei qual é o seu caso, mas a história que *me* contaram era completamente diferente. Ela foi-me contada de diversas maneiras, e assim se imprimiu na minha mente a idéia de que a chave do sucesso estava em ter uma boa educação e abrir um pequeno negócio, ou trabalhar para uma boa empresa, ser um funcionário fiel e galgar posições na hierarquia empresarial. No final, eu receberia uma pensão ou teria economias suficientes para viver tranqüilo na aposentadoria. É óbvio que essa história não é verdadeira; caso contrário, como explicar a existência de tantas pessoas passando necessidades na velhice?

Como se não bastasse o fato de essas pessoas terem de lutar para sobreviver, considere ainda os seguintes fatos:

1. Aos 68 anos de idade, depois de cinqüenta anos de trabalho duro, a proporção de homens que têm guardada uma quantia de 100 dólares é menor do que aos 18 anos. (*Denby's Economic Tables*, 1990.)

2. Oitenta e cinco em cada cem pessoas não têm sequer 250 dólares guardados em dinheiro quando se aposentam. (Administração da Previdência Social, 1990.)

3. O número dos cidadãos idosos que vivem abaixo da linha de pobreza estabelecida pelo governo federal é de mais de um terço (Censo Norte-Americano de 1990.)

4. Dois milhões e duzentos e cinqüenta mil idosos perdem o direito à aposentadoria da Previdência Social porque ainda têm de trabalhar. (Administração da Previdência Social, 1990.)

Será que isso é verdade? Sim, é verdade, e infelizmente as fontes dessas informações são altamente respeitadas. Os resultados estão aí. Você tem 93% de chance de estar morto ou falido se seguir os princípios que me foram ensinados, e que provavelmente lhe foram ensinados também. No passado, eu achava que esses princípios eram deliberadamente divulgados pelas grandes empresas a fim de manter as pessoas trabalhando para elas nos escritórios e nas linhas de montagem. Isso foi na época em que, para onde quer que eu olhasse, eu via o "Grande Irmão", e eu não acredito mais nisso. Porém, você tem de admitir que é estranho que as pessoas ainda acreditem que essa fórmula convencional as levará ao sucesso, quando os resultados reais desse plano indubitavelmente negam-lhe a validade.

Para os que têm a esperança de que a subida das bolsas e o menor desemprego da história possam mudar essa realidade, eis mais algumas estatísticas recentes que nos ajudarão a compreender a verdade:

1. Entre 1996 e 1997, a renda média nos lares norte-americanos [para todas as faixas etárias] aumentou 1,9%. Foi esse o terceiro ano consecutivo em que a renda real (já descontada a inflação) aumentou significativamente. Com esse aumento de renda, a renda média dos lares norte-americanos *quase* voltou ao nível em que estava em 1989. (Estudo de outubro de 1998, de Ke Bin Wu, economista. Fonte: Secretaria de Comércio dos Estados Unidos.)

2. Para as pessoas de 65 anos ou mais, a renda média total em 1999 era de 21.417 dólares por ano, 9.129 dos quais vinham da Previdência Social. (Departamento de Estatísticas do Trabalho e Departamento do Censo — Estudo de Fontes de Renda em 1999.)

3. Nove por cento dos beneficiários da Previdência Social vivem abaixo da linha de pobreza, e o mesmo aconteceria com outros 39% não fosse o salário pago pela Previdência Social — de modo que, sem esta, a taxa de pobreza seria de 48%! (Administração da Previdência Social, 1998.)

4. Para as pessoas que estão próximas da aposentadoria (dos 55 aos 64 anos), os ativos líquidos médios de suas famílias aumentaram de 124.600 dólares em 1989 para 127.500 dólares em 1998 — um aumento total de *apenas* 2.900 dólares! (*Federal Reserve Bulletin*, janeiro de 2000, elaborado por A. Kennickell.)

5. A Previdência Social é a maior fonte de renda (50% ou mais) de 63% das pessoas com mais de 65 anos de idade. Representa 90% da renda de quase um terço de seus beneficiários e é a única fonte de renda de 18% deles. (Administração da Previdência Social, 1998.)

6. Os ativos financeiros pertencentes ao típico *baby boomer* [norte-americano nascido entre 1946 e 1964] chegam a apenas cerca de 1.000 dólares, e só um quinto (20%) dos *boomers* tem mais de 25.000 dólares em ativos financeiros. Mesmo os 10% mais ricos dentre os *boomers* têm, em média, ativos financeiros modestos (66.000 dólares), e os 25% mais pobres têm ativos financeiros negativos, ou seja, as suas dívidas ou o seu passivo excedem os seus ativos financeiros. (Módulo da Riqueza de 1993, elaborado pelo Instituto de Política Pública AARP.)

Esses fatos nos chocam pela sua importância e nos levam a perceber que, quanto mais as coisas mudam, mais permanecem iguais. A quantidade de ativos é importante porque, na aposentadoria, são os ativos que determinam a fonte de renda da pessoa, fonte essa que, por sua vez, determina se ela pode ou não levar uma vida confortável. E mesmo se tomarmos os ativos médios dos 10% mais ricos entre os *boomers* (estatística número 6), aqueles que em tese teriam a melhor aposentadoria, e os aplicássemos num investimento seguro, com retorno médio de 5%, constatamos que os seus ativos não renderiam mais de 3.300 dólares por ano — uma vida bem ruim! Se acrescentarmos a esse quadro a possível extinção da Previdência Social, o futuro nos parecerá ainda mais negro.

A verdade é que esses fatos não são exclusivamente típicos de 1980, 1990, 1998 ou 2010. Essas estatísticas podem ser um pouco mais verdadeiras ou um pouco menos verdadeiras, dependendo da época, mas são sempre verdadeiras! A questão é que o norte-americano médio nunca alcança a independência financeira, o que significa que a sua fórmula de sucesso está errada — uma fórmula que vem sendo mecanicamente transmitida de geração em geração. Mesmo que você tenha nascido ontem, essas estatísticas demonstram a ineficácia das fórmulas de sucesso dos professores e mentores que você vai encontrar no decorrer da vida.

O lado bom de tudo isso é que agora você sabe o que pode acontecer; não está mais obrigado a ser uma vítima. Mudando o seu "conhecimento", você pode mudar sua vida e os resultados finais de sua vida.

Infelizmente, a maioria das pessoas passa pela vida sem pôr em questão os seus supostos conhecimentos. Desde o momento em que nascemos, nossa mente, que funciona como um computador, vai sendo programada para acreditar em certas coisas. Quando ficamos mais velhos, formulamos nossas crenças e ações com base naquilo que "sabemos". Nossa mente, como um computador, não pode nos dar senão as informações que recebeu. Se as informações iniciais estiverem erradas, o resultado final será desastroso!

Pelas estatísticas que conhecemos, *93% das pessoas adotam fórmulas errôneas para o sucesso*, e é muito provável que sejam essas as pessoas que lhe deram seus conhecimentos, suas crenças e sua programação mental. Nossos pais, nossos mestres, nossos sócios, etc. fizeram o melhor possível para nos ensinar, mas não sabiam que a fórmula de sucesso que esposavam estava errada. Se você precisa de mais provas, é só examinar a situação financeira deles. É isso o que você sonha realizar? Se for, pare por aqui mesmo, esqueça este livro e peça o seu dinheiro de volta. A premissa básica que escapa à maioria das pessoas é que, se você quer ser bem-sucedido, tem de pedir conselhos às pessoas bem-sucedidas. Se quer aprender a jogar tênis, não pode pedir conselhos a alguém que nunca jogou tênis. As pessoas não podem ensinar o que não sabem! Podem gostar de você, querer o seu bem, ter a melhor das intenções, mas mesmo assim não podem ensinar-lhe o que não sabem!

Se 93% das pessoas adotam fórmulas errôneas para o sucesso, isso se deve em grande medida ao fato de que muitas crenças atualmente difundidas têm por base o estilo militar de administração e realização. Durante boa parte do século XX, o mundo e os Estados Unidos estiveram envolvidos em conflitos militares. Como esses conflitos foram importantes, chamaram a atenção da imprensa e dos meios de comunicação. E, nesta parte do mundo, essa atenção centrou-se nas numerosas vitórias norte-americanas: no nosso sucesso nas batalhas. Os conflitos militares tornaram-se tão presentes na mente das pessoas que, pelos meios de comunicação, eles foram profundamente assimilados pela nossa cultura; e, com os conflitos militares, veio também o pensamento militar. O mundo ficou tão convencido do sucesso alcançado pelo uso das estratégias militares que boa parte dos principais oficiais do exército chegou a altos postos administrativos nas empresas norte-americanas depois de servir nas forças armadas. Porém, o sucesso militar não se equipara ao sucesso financeiro autêntico e duradouro! Esses dois tipos de sucesso têm por base princípios completamente diferentes, sobretudo porque um deles funciona pela agressividade e o outro, pela atratividade — são opostos!

Assim, as pessoas (nossos mentores) mencionadas nas estatísticas apresentadas acima foram levadas a crer que os princípios militares podiam ser aplicados às finanças para criar uma independência financeira e a paz de espírito que a acompanha, mas os fatos da vida delas nos mostram o contrário. O mundo, em sua maior parte, aprendeu que a guerra não traz nada de bom. Toda vitória militar é efêmera e nenhum conflito militar tem um verdadeiro vencedor. Porém, os resíduos da programação subconsciente que prega a realização pelos princípios militares ainda existem e continuam corrompendo nossas idéias acerca de como alcançar o sucesso financeiro e a paz de espírito. Com exceção de algumas organizações de mentalidade préhistórica, esse modelo militar de administração foi abandonado pela maior parte das empresas norte-americanas, mas o pensamento agressivo e as crenças militares sobre finanças que dele resultam estão ainda mais arraigadas em nossa sociedade. O estilo militar de administração e crescimento financeiro baseia-se na luta, na mentira, na competição, no segredo, na retaliação, no poder, no medo e no egoísmo. As empresas norte-americanas descobriram — da maneira mais difícil — que, quando você luta para obter alguma coisa, tem de lutar também para conservá-la; e o tempo e a energia dedicados a essa luta minam a sua capacidade de progredir mais ainda. Em outras palavras, a atitude militarista só pode fazer você progredir até certo ponto, pois é autofágica por sua própria natureza. Chega um momento em que todo o tempo e a energia disponíveis são gastos simplesmente para manter o que já foi conquistado.

O mesmo se aplica ao sucesso financeiro alcançado pelo uso de princípios militares. Se você luta para alcançar o sucesso financeiro, decorre daí que terá de lutar para conservá-lo. O sucesso financeiro assim alcançado causa tantas preocupações que a felicidade e a paz de espírito assim obtidas — que deveriam ser decorrências naturais do sucesso — são, na melhor das hipóteses, efêmeras. Sua mente passa a ser atormentada por preocupações como: "Quem está tentando ficar com o meu dinheiro?" "Quem está se fingindo de meu amigo só por causa do meu dinheiro?" "E se eu perder o meu dinheiro?" Que felicidade pode haver nisso? Se todo o seu tempo e a sua energia são gastos para você não perder o que tem, para onde vai a sua paz de espírito? É por isso que as pessoas que alcançam o sucesso financeiro dessa maneira não ficam felizes, por mais ricas que sejam. Observando-as, constatamos que, quando elas percebem que ter algumas centenas de milhares de dólares não basta para deixá-las felizes, elas lutam para ficar milionárias. Quando descobrem que ser milionárias não é suficiente, lutam para ficar multimilionárias. Compram cada vez mais coisas, com a esperança subconsciente de que talvez essas "coisas" lhes dêem a paz e a felicidade que tanto desejam. Assim, dependendo da quantidade de riqueza que acumulam, seus carros são Mercedes, Jaguares e outros semelhantes; elas têm barcos e aviões, que vão sendo substituídos por modelos cada vez maiores. Têm jóias vistosas, peles caríssimas, aparelhos de último tipo, o melhor disto e o melhor daquilo — mas nada disso adianta. É importante deixar claro que o problema não são as "coisas" em si mesmas. O problema é por que motivo essas pessoas compram as "coisas". Você deve sempre se perguntar: "Por que quero esse novo Mercedes?" ou "Por que quero esse Rolex?" Afinal de contas, o Mercedes e o Rolex não passam de um carro e de um relógio! Se você precisa deles para se sentir bem-sucedido ou para se achar melhor do que realmente é, está comprando-os pelos motivos errados.

O livro *The Millionaire Next Door* [*Meu Vizinho Milionário*] demonstra habilmente essa realidade. As pessoas verdadeiramente ricas não ostentam sua riqueza. Não têm de parecer ricas, pois são ricas de fato. O livro revela que a pessoa verdadeiramente rica pode ser sua vizinha sem que você jamais venha a percebê-lo. Warren Buffet, por exemplo, mora na primeira casa adquirida por ele e pela esposa, antes ainda de ficar rico. E todas as pessoas de sucesso que entrevistei seguem esse mesmo modelo. São pessoas sutis, humildes e de agradável companhia. Não são vistosas nem famosas e não usam seus bens materiais para mostrar ao mundo inteiro a posição que alcançaram. Isso não significa que não façam uso de alguns sinais exteriores do sucesso. Sim, elas usam essas coisas, e é exatamente disso que estou falando. Os ricos não compram um Mercedes ou um Rolex pelo mesmo motivo que uma pessoa comum os compra. A diferença é que, se uma pessoa realmente rica compra um produto desses, é pela qualidade e durabilidade do produto, e porque a diferença entre 15.000 e 50.000 dólares é insignificante para quem é rico. A pessoa rica é dona de seus objetos, não são eles que são donos dela.

Nos capítulos seguintes, vamos mostrar de que modo você pode alcançar o verdadeiro sucesso financeiro e a paz de espírito. Para tanto, você terá de examinar algumas das crenças autolimitativas que fazem parte dos conhecimentos convencionais da sociedade. Desde a infância, essas crenças constituíram a base da estrutura de crenças de muitas pessoas, ao mesmo tempo que sabotam os esforços dessas pessoas para alcançar a prosperidade. A prova de que essas crenças autodestrutivas estão profundamente arraigadas em nossa sociedade está nos "ditados" que ouvimos a todo momento.

Quantas vezes não ouvi, por exemplo, o ditado "não queime a ponte depois de passar por ela", ou sua versão menos popular, "sempre deixe uma porta aberta". Outra palavra bem-intencionada, mas que mata qualquer possibilidade de sucesso, é "seja um bom perdedor". Que dizer, então, de "tome cuidado" e "não sou pessimista, sou realista"? Todas essas "verdades" nos ensinam a preferir sempre o caminho que parece mais seguro. Ensinam-nos a jogar para não perder em vez de jogar para ganhar. As pessoas são tão cuidadosas que o sucesso torna-se impossível. O sucesso financeiro é uma vitória. Não há outro meio de obtê-lo senão conquistando uma vitória. Porém, essa vitória é diferente da vitória militar, na qual, para cada vencedor, sempre há um perdedor. Com o sucesso financeiro, todos podem vencer. Aliás, as pessoas mais bem-sucedidas são elas mesmas fontes de independência financeira para muitas outras. Esse é um dos sinais do sucesso financeiro autêntico. Porém, já que esses "ditados" fazem parte da sua estrutura de crenças (a possibilidade de que eles façam é de 93%), como você poderá realizar seus sonhos financeiros? No próximo capítulo, vamos dar início ao processo que vai mudar a sua vida!

TEMA PARA REFLEXÃO

Noventa e três por cento das pessoas adotam fórmulas errôneas para alcançar o sucesso!

3

O Sucesso não é Lógico

> É o homem que cria as circunstâncias,
> e não as circunstâncias que criam o homem.
> — Benjamin Disraeli

Quando as pessoas ouvem pela primeira vez a frase "o sucesso não é lógico", ficam com um ar perplexo e me perguntam o que quero dizer. Para compreender plenamente o sentido dessa frase, é preciso antes de mais nada compreender o que é ser "lógico". "Lógica" é a opinião da maioria. São as coisas que a maior parte das pessoas acha que têm sentido, mas que na verdade não passam de pontos de vista subjetivos, condicionados por uma determinada época e por um determinado lugar. Aqui, nos Estados Unidos, a grande maioria das pessoas termina a vida na falência, o que prova que a "lógica" delas é ilógica, pelo menos segundo o ponto de vista das pessoas que de fato alcançaram o sucesso.

A coisa que mais me impressionou nas pessoas bem-sucedidas com quem conversei é que todas elas fizeram coisas que qualquer pessoa comum (os 93%) consideraria insensatez. Todas elas correram riscos e tomaram decisões que iam contra a "razão". Suas decisões não foram lógicas e às vezes pareceram simplesmente irresponsáveis. Na verdade, esse traço é tão comum nas histórias das pessoas bem-sucedidas que, ao que me parece, ele é um dos pré-requisitos para o sucesso. *Você saberá que está no caminho certo se pelo menos 93% das pessoas discordarem de você!*

Vamos ver por quê. Desde a infância, nós fomos condicionados a "estar certos". Deus nos livre de cometer um erro! O erro só pode trazer conseqüências negativas, não é? Não! O único jeito de encontrar o caminho certo é arriscar-se a tomar o caminho errado. Os erros são experiências de formação. O fato do qual nunca podemos nos esquecer é que toda ação tem suas conseqüências. Infelizmente, a inação também tem as suas, fato que a maioria das pessoas ignora. A pessoa de sucesso, como um cientista, experimenta diversas combinações até encontrar uma que dê certo. Experimenta uma coisa e registra seus resultados, tanto os positivos quanto os negativos. Depois, faz algumas alterações para intensificar os resultados positivos e eliminar os negativos. Continua a agir e a aperfeiçoar seu curso de ação até obter o resultado que deseja; depois, repete o processo para acumular riqueza.

Um exame mais atento nos mostra que, no decorrer desse processo de aperfeiçoamento, o experimentador — pelos critérios do mundo — "fracassa" toda vez que não alcança o resultado final definitivo e desejado. Porém, sem os fracassos iniciais e o conseqüente aperfeiçoamento, o sucesso final não seria possível. É por isso que o sucesso nasce do fracasso. Ele tem suas raízes no fracasso, e isso a tal ponto que os que não se arriscam a fracassar jamais poderão alcançar o sucesso. Isso pode lhe parecer loucura, mas você tem de comemorar seus fracassos, tem de alegrar-se com eles, tem de atraí-los para a sua vida.

Eu sei que não foi isso que você aprendeu, mas dê uma boa olhada nas pessoas que lhe ensinaram o que você aprendeu. Você precisa compreender que o mundo não vai lhe dar as suas riquezas em troca de algo fácil de fazer ou que já venha pronto. As coisas mais caras que existem são também as mais raras, como o ouro e os diamantes. Do mesmo modo, a riqueza do mundo procura aquelas pessoas raras que têm estômago para suportar os fracassos; que comemoram seus fracassos e alegram-se com eles, pois sabem que cada fracasso as aproxima um pouco mais do sucesso final. Trata-se de uma lei da natureza que vigora sempre. *Nada neste mundo pode resistir a uma pessoa que tem uma missão.*

Você já constatou essa realidade em sua vida, posto que numa escala menor. Alguns se lembram de quando compraram o primeiro carro. Lembra-se de como você estava determinado, de como essa idéia dominava todos os seus pensamentos? Nada podia barrar o seu caminho, pois você não admitiria tal coisa. E, embora a compra do primeiro carro seja cheia de desafios, comprar um carro é em si um processo relativamente fácil. Ficar rico é um pouco mais difícil, mas o processo é o mesmo. Você não pode jamais tirar os olhos do seu objetivo. Falaremos sobre isso detalhadamente mais tarde.

Outro exemplo, que todos conhecem, aconteceu ainda em sua infância, antes de a sua programação mental estar terminada. Talvez você não se lembre da sua própria experiência, mas a compreenderá, pois é uma experiência comum a todos os seres humanos. É a experiência de aprender a andar. Quando você só sabia engatinhar, tinha o forte desejo de ficar em pé e andar ereto, pois queria ser como todas as outras pessoas. Arriscou a sua vida e a sua saúde para alcançar o resultado que desejava.

Será que acertou na primeira tentativa? E na segunda? A resposta a ambas as perguntas é "não". A verdade é que você fracassou muitas vezes quando tentava aprender a andar. Porém, isso não o impediu de seguir em frente; aliás, nada podia impedi-lo. Você queria andar como todas as outras pessoas e não se contentaria com menos do que isso. Estava concentrado. Era jovem demais para perceber o quanto o seu empreendimento era perigoso. Poderia ter furado um olho, fraturado o crânio ou sofrido um sem-número de outros resultados negativos e nocivos. Mas era jovem demais para saber disso, e não conseguia compreender a língua das pessoas que procuravam informá-lo desses perigos.

A verdade é que, se você tomasse uma atitude semelhante e corresse os mesmos riscos já na idade adulta, as pessoas o chamariam de insensato. Mal sabe você que, no processo de chegar ao sucesso, ser chamado de insensato é o maior elogio que você pode receber. É isso mesmo: para chegar ao sucesso, você precisa ser insensato — insensato o bastante para fazer as coisas que os fracassados recusam-se a fazer e correr os riscos que eles recusam-se a correr! Chamo isso de "insensatez inteligente".

Outra característica ilógica do sucesso é a facilidade com que ele pode ser reproduzido. Se o que você quer realizar já foi feito, procure uma pessoa que alcançou o resultado que você deseja, reproduza o processo que ela seguiu e você obterá o mesmo resultado. Isso se chama "modelagem", mas é um processo mais difícil do que parece, pois nós somos naturalmente predispostos e programados para fazer tudo com o menor esforço possível. Trata-se de algo que fazemos inconscientemente, ou quase. E, como aprendemos que é melhor fazer algo com menos esforço do que com mais esforço — isso se chama "eficiência" —, tentamos chegar a esse resultado sempre que possível. Quando procuramos reproduzir o processo de outra pessoa, essa predisposição à eficiência é fatal, pois nos leva a obter um resultado diferente. Mais tarde discutiremos em detalhes essa predisposição à eficiência, mas por enquanto você deve saber que a modelagem consiste em imitar o processo de outra pessoa com a máxima exatidão.

Para se modelar em outra pessoa, você não precisa pensar; só precisa agir. É aí que a preguiça vira uma qualidade positiva. Se outra pessoa já alcançou o resultado que você quer alcançar, seja preguiçoso, faça exatamente o que essa pessoa fez e obtenha o mesmíssimo resultado. Essa é a "preguiça inteligente". Quando você tiver feito isso, poderá aperfeiçoar o processo para obter um resultado ainda melhor. Mas você só poderá fazer isso depois de ter alcançado o resultado positivo inicial, pois só então compreenderá as partes essenciais da fórmula do sucesso. Então, quando obtiver um resultado inferior ao desejado, saberá por que isso aconteceu.

Espero que você tenha compreendido por que o sucesso não é lógico. Para resumir tudo o que eu disse neste capítulo, digo o seguinte: *para ser bem-sucedido, você tem de ser insensato e preguiçoso*. Aposto que você nunca ouviu isso antes!

TEMAS PARA REFLEXÃO

Se pelo menos 93% das pessoas discordarem de você, saiba que você está no caminho certo.

Nada neste mundo pode resistir a uma pessoa que tem uma missão.

Para ser bem-sucedido, você precisa ser insensato e preguiçoso!

O sucesso não é lógico!

4

O Ego e o Fracasso

> Tenho mais problemas com D. L. Moody do que com qualquer outra pessoa que eu conheça.
> — D. L. Moody, líder religioso (1837-1899)

Estou totalmente convicto de que o maior mal que aflige a humanidade é o ego. Se não fosse pelo ego, jamais classificaríamos as coisas em boas e más ou positivas e negativas, não conheceríamos a diferença entre o sucesso e o fracasso, etc. Tudo seria o que é e isso nos bastaria. Pelo que sei, o homem é o único ser vivo que tem essa deficiência. Ela vem de brinde com o dom do livre-arbítrio. Dependendo de como for usado, o ego pode determinar não só o destino da pessoa como também o destino do próprio mundo. Foram os desregramentos do ego que causaram todas as guerras e injustiças registradas nos anais da história. Se você não controlar o seu ego, será controlado por ele. Se não fizer planos para o seu ego, ele fará planos para você. Você pode ser o senhor do ego ou pode ser o seu escravo. A escolha é sua.

Uma das facetas do ego é a nossa percepção de quem somos. Não é o nosso verdadeiro ser: é a pessoa que achamos que deveríamos ser, em virtude do nosso condicionamento. Lembro-me vivamente de que, na infância, eu era constantemente chamado de "preguiçoso" e "lerdo". Cresci acreditando nisso; consciente e subconscientemente, eu me recriminava por ser preguiçoso. Eu acreditava nisso. Hoje, sei que não é verdade e nunca foi. A verdade é que eu vivia entediado, mas ninguém se preocupou em saber por quê. Preferiram, em vez disso, rotular-me de preguiçoso. O problema, de certo modo, consiste em que, quando começamos a acreditar nos rótulos, começamos também a manifestar o comportamento correspondente. Eu, de fato, comecei a ficar preguiçoso embora não o conseguisse de todo. Sou do tipo que sempre tem de estar fazendo alguma coisa, e por isso, para mim, é muito difícil ser preguiçoso.

Outro rótulo que me foi pregado até o primeiro ano de faculdade tinha relação com minha aparência, e, especificamente, com a impressão que eu causava no sexo feminino. Fui levado a crer que eu não era nem um pouco atraente, que era feio. Quando saí de perto dos rotuladores e entrei na faculdade, descobri que isso não era verdade. Isso, porém, não ocorreu de imediato. Foram necessários alguns anos para desfazer o que tinha sido feito também em alguns anos. E o processo demorou tanto porque eu não participava dele ativamente. Ainda deixava que a vida acontecesse comigo, e não por meu intermédio.

No começo, na faculdade, eu achava que as moças que se sentiam atraídas por mim estavam cegas. Ficava desconfiado. Se a minha aparência não era boa, o que elas queriam? Por fim, quando percebi que eu não tinha nada mais que lhes interessasse, aos poucos comecei a acreditar que era atraente. Gostei disso. Porém, a sombra da programação sempre pairava sobre mim — aquela pontada de descrença, no fundo da alma, de que aquilo talvez não fosse verdade. Foi só quando tinha trinta e tantos anos que finalmente compreendi que sou dotado de algumas boas qualidades.

A crença em minha feiúra teve um efeito colateral: fiquei tímido. As pessoas que me conhecem atualmente não acreditam nisso, mas é verdade. Eu me sentia diferente e não me sentia querido. Sentia-me inferior. Considerava-me uma pessoa pouco interessante e, por isso, tinha dificuldade para fazer amizade com as pessoas, especialmente as do sexo oposto. Para compensar, eu girava em torno de amigos extrovertidos e sociáveis. De que outro modo eu poderia conversar com as garotas? Sozinho, não conseguiria.

Minha timidez se reduziu a pó quando fui eleito presidente do grêmio estudantil. Fui eleito devido à presença, em minha chapa, do homem mais sociável do câmpus, que conhecia todo mundo. Ganhei a eleição porque ele ganhou a eleição. Mas isso me deixou com um problema: eu tinha de fazer alguma coisa. Encontrei-me metido à frente de todos os estudantes, que esperavam que eu falasse em nome deles. Naquela época, a Universidade da Cidade de Nova York estava em crise e eu tive de apresentar as reivindicações estudantis ao reitor e ao conselho universitário. Em pouco tempo, já estava discursando para o senado e a assembléia legislativa do estado de Nova York, em Albany. Foi um batismo de fogo. Minha timidez aniquilou-se, desapareceu tão rápido quanto tinha aparecido. Eu pensava que era de um certo jeito, mas depois vi que isso não era verdade. Eu tinha o poder de mudar; as circunstâncias me obrigaram a tanto. Hoje em dia, sei que posso mudar à vontade qualquer uma de minhas características.

Teço todas essas considerações sobre a pessoa que era antigamente para ajudar você a compreender a si mesmo. Há algo em você de que você não gosta, que queira mudar? O que gostaria de mudar? Se você não der tanta importância às coisas de que não gosta em si mesmo, e salientar as coisas de que gosta, já estará a caminho de se tornar a pessoa que deseja ser — não a que as outras pessoas querem que você seja. Você já sabe do que gosta e do que não gosta em si mesmo. É isso que aquela voz bem baixinha, no fundo de seus miolos, vem tentando lhe dizer há anos. Talvez agora você esteja pronto para ouvir!

O ego é a origem de todo o seu sofrimento. De tempos em tempos, ele pode até ajudar você a realizar alguma coisa, quando alguém põe em xeque a imagem que você tem de si mesmo. Infelizmente, essas realizações não duram muito. Fenecem e morrem porque não têm raízes firmes. Seu ego não é toda a realidade e, por isso, não pode sustentar por muito tempo nada que realmente valha alguma coisa. É por isso que certas pessoas alcançam um sucesso incipiente ou periódico mas não o conservam. O ego é um obstáculo ao pleno desenvolvimento de seus potenciais. Sempre que ele se faz presente, a decepção vem logo atrás.

Para escrever este livro, um dos maiores desafios que enfrento é o meu ego. Todo dia tenho de lutar contra ele, humilhá-lo e repeli-lo. Tenho de fazer isso para que este livro seja escrito para você e não para mim. Não vou lhe dizer nada que você já não saiba. Nada aqui é novo, muito embora possa aparentá-lo. Não existem conhecimentos novos, só conhecimentos que ainda não foram percebidos. No momento em que eu acreditar que estas idéias são de minha autoria, será o começo do fim. Sou somente um observador, um repórter cuja missão é a de lançar luz sobre coisas que já existem. No momento em que começo a acreditar que a sabedoria destas palavras parte de mim, e não somente passa pela minha pessoa, torno-me um inútil que você não merece ouvir.

Saiba, então, que o ego nunca desaparece. Todos nós temos uma imagem de nós mesmos que buscamos realizar na vida. O ponto decisivo está em ter consciência de que o ego está sempre funcionando. Ele não dorme, mas sua consciência lhe dá poder sobre ele. É essencial, porém, que o seu ego seja — pelo menos — realmente *seu*: não a imagem que os outros fazem de você e que você foi condicionado a aceitar, mas a *sua* imagem de *si mesmo*. Citemos Polônio no *Hamlet*: "E isto acima de tudo: a ti mesmo sê fiel." Sua imagem de si mesmo deve ser sua, pelo menos; quer seja boa, quer seja má, deve ser verdadeira. Só então, quando você tiver de lutar contra ela, saberá com quem está lidando. Como diz o GI Joe, "O conhecimento é metade da vitória." À porta da escola de Sócrates, na Grécia antiga, havia uma tabuleta que dizia: "Conhece-te a ti mesmo." Eu, de minha parte, vou lhe dizer que antes disso você tem de *"Ser você mesmo"*. Tudo começa com a pergunta: "Quem sou eu?"

TEMAS PARA REFLEXÃO

O ego é a origem de todo o seu sofrimento!

Seja você mesmo!

5

QUEM SOU EU?

> Como uma belonave que singra os mares, esta terra singra os céus.
> Nós, mortais, estamos todos a bordo de uma fragata
> universal que jamais soçobra, construída nos estaleiros de Deus.
> Navegando assim com ordens secretas, somos nós mesmos
> os portadores daquela carga selada cujo misterioso
> conteúdo ansiamos por desvendar.
> Não há mistérios fora de nós mesmos.
> — Herman Melville, em *Moby Dick*

> O Atman [o ser verdadeiro de todos os seres]
> é permanente e eterno, e é portanto a própria existência.
> — Filosofia Hindu

Para o ser humano, a pergunta "Quem sou eu?" é idêntica às palavras mágicas "Abre-te, Sésamo!" Porém, o importante não é a pergunta, mas o processo de respondê-la. Para mudar ou reprogramar os seus conhecimentos, você tem primeiro de descobrir quem você é, pois você é o que você conhece. Você representa a somatória de todos os seus conhecimentos acumulados ao longo dos anos. Seus conhecimentos determinam onde você mora, como você se veste, com quem você se casa e onde você trabalha. Nós nos orgulhamos de nossa lógica e de só fazer as coisas por determinados motivos. A lógica e o raciocínio que embasam as nossas ações têm por premissas os nossos conhecimentos e crenças, os quais, em sua maioria, são determinados pelo condicionamento e pela programação mental a que fomos submetidos. As pessoas dotadas de uma programação mental diferente, ou que por algum motivo decidiram reprogramar-se, têm uma outra lógica e um outro raciocínio. Em nossa cultura, são essas as pessoas que alcançam o sucesso. É por isso que é tão importante que você examine a sua programação mental. Para que você tenha uma mínima possibilidade de mudar o seu futuro financeiro, tem de começar por conhecer as crenças autolimitativas que, inconscientemente, o conduzem por um caminho de autodestruição.

No caso das milhares de pessoas com quem tive contato no decorrer dos anos, foi sempre essa a principal razão do fracasso. Treinando-as, eu percebia claramente que sua programação mental inconsciente dava origem às crenças e ações que violavam as leis naturais e universais que regem o sucesso. E a maioria das leis violadas diz respeito aos aspectos espirituais do sucesso, à espiritualidade do sucesso. É também por isso que aqueles 93%, de quem já falamos, nunca chegam à independência financeira. Eles não sabem que o sucesso resulta de atitudes conscientes *e* inconscientes (automáticas). Quase sempre, os problemas se devem às suas reações automáticas. Se as pessoas não examinarem essa estrutura de crenças pré-programada, suas reações serão sempre as mesmas, e já sabemos que elas não produziram e jamais produzirão o sucesso. Por mais talentosa, prendada ou hábil que seja uma pessoa, todas as suas tentativas de alcançar o sucesso permanente falharão até que ela examine sua programação mental e as atitudes autodestrutivas que dela resultam, e opere em si mesma as mudanças necessárias.

Para começar esse processo, você terá de encontrar um lugar tranqüilo onde possa ficar sozinho por um certo tempo. Não estou estabelecendo um tempo definido para o exercício porque ele é só o começo de um processo vitalício. É bom que você saiba desde já que o sucesso vicia. Para crescer continuamente, você tem de reexaminar constantemente os seus conhecimentos. Quando tiver o seu primeiro "gostinho" do sucesso vai querer continuar o processo de auto-aperfeiçoamento até morrer. É só assim que se pode alcançar um sucesso duradouro. Todos nós conhecemos pessoas que já foram bem-sucedidas mas que depois foram assaltadas pelo "azar". Posso lhe garantir que nem a sorte nem o azar influem na formulação do sucesso. Quando terminar de ler este livro, você terá certeza disso. As pessoas colhem os resultados daquilo que fizeram ou deixaram de fazer. Todos encontram-se exatamente na posição em que decidiram se colocar, seja ela uma posição boa, seja uma posição ruim. E, como já dissemos, as pessoas tomam decisões baseadas em seus conhecimentos. Por isso, para mudar sua posição, é absolutamente necessário que você mude o seu ser — e você é o que você conhece. Conhecimento é poder.

Quando você estiver num lugar tranqüilo, que não lhe ofereça distrações, medite por um instante no que está a ponto de fazer. Assim que você começar, toda a sua vida será diferente: será melhor. Você está tomando a decisão consciente de mudar a sua vida para melhor e de não ser como as inúmeras almas que passam por esta vida e, na velhice, refletem sobre o passado e dizem: "Eu deveria...", ou "Se eu tivesse...", ou "Eu poderia..."

Você está a ponto de assumir a plena responsabilidade pela prosperidade que vai acontecer em sua vida. Está a ponto de exercer o seu livre-arbítrio, talvez pela primeira vez na vida! É um momento de entusiasmo e também de temor. Talvez você se sinta apreensivo; muita gente se sente. Essas pessoas têm medo do que poderão encontrar caso examinem-se a fundo. Isso porque o exercício do "Quem sou eu?" não consiste em fazer um resumo histórico da própria vida. Não consiste num relato de onde você nasceu, onde você estudou, quantos filhos tem e o que fez na vida. Acredite ou não, todas essas coisas estavam predestinadas a você, baseadas em sua programação mental. O "Quem sou eu?" é um exame dessa programação. É muito mais do que um currículo. Sua base é a sinceridade. Trata daquele "você" que só você conhece. Trata dos seus pontos fortes e pontos fracos, e em geral são os pontos fracos que as pessoas têm medo de revelar. Em vez de vê-los como pontos passíveis de aperfeiçoamento, elas os vêem como sinais de mediocridade. Quando percebem que não são perfeitas, sua auto-imagem sofre e o ego é incapaz de suportar esse sofrimento. É preciso, porém, que você se lembre que, no geral, *o seu estado atual não é culpa sua*. Você é hoje o que decidiu ser, com base nos conhecimentos de que dispõe. E esses conhecimentos baseiam-se nas coisas que você aprendeu desde a infância. Você é a sua programação mental!

O pior disso tudo é que poucas pessoas são o que decidiram ser. Elas são o que outras pessoas decidiram que elas fossem ou as programaram para ser, como um robô eletrônico que, embora seja capaz de pensar, pensa sempre da mesma maneira, segundo a sua programação. Além de pensar da mesma maneira, pensa sempre as mesmas coisas — também segundo sua programação. Mas, como estou informando-lhe disso agora, também estou transferindo-lhe a responsabilidade por tudo o que vai ser ou deixar de ser de agora em diante. O lado bom é que, até agora, você não era responsável pelos resultados que obteve na vida, pois esses foram predestinados pela sua programação mental. O lado mau é que, a partir de agora, você é o único responsável!

Muitas vezes, as pessoas têm dificuldade para chegar ao fundo do seu ser. A resposta está em por que nós agimos como agimos. Nossas decisões de ação ou reação baseiam-se na estrutura do nosso ser, que é formada pelo conhecimento. Por isso, enquanto você não mudar de fato a sua programação interior, o melhor que tem a fazer é ignorar sua primeira idéia relacionada com o sucesso, ou pelo menos questioná-la seriamente antes de agir. É muito provável que sua primeira idéia seja uma idéia pré-programada, semelhante às dos 93% que não conquistam a independência financeira, como já dissemos. Pode até ser que essa idéia tenha partido do verdadeiro "você", daquele que já sabe o que fazer para alcançar o sucesso. Em última análise, o problema da maioria das pessoas é que elas simplesmente não pensam. Não fazem nada para mudar de vida e não entendem por que sua vida não muda. Fazem sempre as mesmas coisas, têm sempre os mesmos pensamentos, reagem sempre do mesmo modo. E depois se perguntam por que obtêm sempre os mesmos resultados. Uma pérola de conhecimento colhida nas ruas nos diz: "Se você continuar agindo como está agindo, vai continuar vivendo como está vivendo!" Isso é muito simples, é fundamental, mas às vezes as coisas mais simples são as mais difíceis de compreender.

Se você ainda não está convicto de que vive uma vida programada pelas idéias de outras pessoas, deixe-me dar um exemplo. Muitas vezes, enquanto caminhava ao lado de amigos, eu encontrava no caminho um animal qualquer, geralmente um cachorro. Eu imediatamente ficava gelado e sentia medo e apreensão, enquanto a outra pessoa sorria, aproximava-se do cão e fazia carinho nele. Eu achava que o meu amigo estava agindo insensatamente e correndo um risco muito grande. É claro que essa idéia era gerada pelo meu medo, o qual normalmente era proporcional ao tamanho do animal. Porém, por menor que fosse o cachorro, mesmo assim eu sentia medo. Lembro-me de que certa vez, no meio de um desses episódios, eu compreendi que minha reação era estranha. Nunca tinha sido mordido nem atacado por um cão nem por nenhum outro animal. A reação não tinha sentido. Assim, comecei a investigar o meu passado para entender por que reagia dessa maneira.

Lembrei-me de que minha mãe, desde que eu era pequenininho, me avisava para não confiar em animais, especialmente em cães. Lembro-me também de ter sido repreendido por fazer a mesma coisa que meus amigos faziam. Ficou indelevelmente gravada na minha mente a idéia de que todos os animais estranhos poderiam me ferir e que, portanto, eu deveria ter cuidado. É claro que, quando eu via meus amigos fazendo carinho em cães estranhos e os cães retribuindo o carinho com lambidas e abanar de rabos, deveria ter mudado de idéia, mas isso não aconteceu. Eu ainda acreditava que os cães me morderiam. O importante nisso tudo é a pergunta: quem, na realidade, tinha medo de cachorros? Eu ou minha mãe? Ou será que não era minha mãe em mim? Essa programação é tão forte que até hoje sinto-me apreensivo quando vejo um cachorro, muito embora já tenha consciência da programação e não tenha nenhum motivo verdadeiro para ter medo. Esse autoconhecimento me impede de agir baseado no medo, pois esse medo não é meu. Só faz parte de minha programação mental.

Vou dar um outro exemplo, desta vez diretamente relacionado com o sucesso. Na empresa onde trabalho atualmente, todos os novos vendedores têm de pagar para tirar sua licença profissional, que o governo exige daqueles que trabalham em nosso ramo. Em troca disso, eles recebem uma comissão anormalmente alta e a oportunidade de ganhar uma remuneração proporcional ao seu verdadeiro valor. Trata-se de uma oportunidade ilimitada, baseada unicamente no desempenho, e é isso, afinal de contas, que muitos novos vendedores dizem que buscam. Uma vez que a maioria dos candidatos a vendedor entra em contato conosco por ter visto um anúncio nos classificados, eles estão no espírito de quem procura emprego. Essa mentalidade, que vem acompanhada de uma série de crenças pré-programadas, impede que esses candidatos invistam algumas centenas de dólares em algo que lhes daria a oportunidade de ganhar centenas de milhares de dólares.

Por quê? Porque eles se negam a "pagar para trabalhar", como costumam dizer. Ficam entusiasmados com a profissão e o seu potencial de ganho, mas não conseguem vencer a primeira dificuldade, que é pagar a própria licença de vendedor. E por quê? Porque isso não é normal. O que eles não sabem é que, quando você não paga pela sua licença, geralmente acaba pagando muito mais, pois vai receber comissões menores e ganhar menos. Esses candidatos a vendedor querem o sucesso financeiro — querem um resultado acima do normal —, mas querem que ele resulte de ações normais e medíocres. Isso é impossível! Se fosse possível, todas as pessoas normais, a maioria delas, seriam bem-sucedidas. Para alcançar o sucesso, você tem de aprender a ir um pouco além do normal. A programação mental dos candidatos a vendedor não permite que eles façam um investimento no sucesso estando na situação de "empregados". Qual é a causa disso? A memória. O programa mnemônico de uma experiência negativa que eles mesmos tiveram ou que outra pessoa teve — alguém que perdeu dinheiro numa situação semelhante. Essas pessoas são totalmente movidas pela programação de jogar para não perder, em vez de jogar para ganhar — como se o sucesso não envolvesse necessariamente algum risco! Umas poucas centenas de dólares as impedem de realizar os sonhos de toda uma vida. Quando você examina as coisas sob outro ponto de vista, é isso que não tem sentido.

Se você tiver consciência de por que age como age, se souber por que reage de determinadas maneiras a determinados estímulos, isso o ajudará a saber quem você é. Munido desse conhecimento, você já não terá de ser vítima da sua programação mental e do seu condicionamento. Quando a programação se manifestar, você o saberá. Isso lhe dará a liberdade de escolher com inteligência a sua ação ou reação e de mudar o rumo da sua vida.

Antes de continuar, quero deixar uma coisa bem clara. O "você" revelado pelo exercício do "Quem sou eu?" não é o seu eu verdadeiro. É o seu eu condicionado. O eu verdadeiro está lá no fundo, à espera de que você o descubra. Que tal se fizermos isso primeiro? Vamos descobrir primeiro o eu verdadeiro, para que, quando fizermos por fim o exercício do "Quem sou eu?", você compreenda do que estou falando. O exercício dado a seguir foi concebido para revelar um pouco da beleza do seu verdadeiro eu.

Para fazê-lo, reserve cinco minutos do seu tempo só para você. Pegue uma folha de papel em branco e faça uma lista de todas as pessoas que você admira. Não têm de ser pessoas que estejam vivas. Inclua as pessoas que você conheceu no passado, personagens históricos e, até mesmo, personagens mitológicos. **Faça isso antes de continuar a leitura.**

Em seguida, ao lado de cada nome, escreva um adjetivo que dê o motivo de sua admiração. Se admira alguém pela capacidade de tomar boas decisões, por exemplo, você poderia usar a locução adjetiva "muito esperto"; mas, em vez disso, use um adjetivo simples, como "inteligente", "sábio" ou "esperto". Para descrever alguém que você admira por ser uma "boa mãe", use, por exemplo, o adjetivo "maternal". É importante que a palavra usada seja um adjetivo; por isso, em vez de "sabedoria", use a palavra "sábio". Você pode escrever mais de uma qualidade admirável para cada pessoa em sua lista. Isso inclusive é preferível, mas é importante que você descreva com adjetivos simples os motivos da sua admiração. **Faça isso antes de passar à etapa seguinte.**

Agora, quero que você faça ao pé da página um resumo da lista, de modo que as qualidades apareçam, cada uma delas, apenas uma vez. Assim, se você qualificou de "sábio" tanto o tio Harry quanto Abraham Lincoln, escreva "sábio" somente uma vez ao pé da página. **Faça isso agora.**

Depois de completar essa tarefa, examine sua lista definitiva antes de ir adiante.

O que vou lhe revelar agora é à prova de erros. Sua lista representa os valores que você admira em outras pessoas. Você escolheu alguns valores específicos a partir de uma lista indefinida de valores possíveis, porque são esses os valores importantes para você. A revelação de que falei é uma resposta à pergunta: "Por que eles são importantes para você?" Eu lhe digo: eles são importantes porque são eles os seus valores fundamentais. A sua lista é, na realidade, uma descrição do seu "verdadeiro eu". Sua lista é você! Agora, antes de começar a dizer que não, pense um pouco. Por acaso a lista não representa a pessoa que você gostaria de ser? O problema é que, para cada vez em que você foi "sábio", "honesto" e "leal", você se lembra de pelo menos uma outra vez em que não foi.

Um dos problemas da condição humana é que cada ser humano é também o seu próprio crítico mais feroz. Nós nos comparamos com o absoluto. Assim, se você foi honesto 99 vezes em cada cem e consegue se lembrar da única vez em que não foi — e vai conseguir, pois a honestidade é um de seus valores fundamentais —, certamente não vai se julgar honesto. Note que eu uso a palavra "julgar", pois é exatamente isso o que fazemos: julgamo-nos e determinamos a nossa própria sentença. Nesse caso, o melhor é lembrar que na vida (e no sucesso) nós só crescemos quando cometemos erros. Convém também, antes de julgar a si mesmo e a qualquer outra pessoa, lembrar-se das seguintes palavras de sabedoria: Mesmo Deus, em sua sabedoria infinita, espera a morte do homem para julgá-lo.

Ainda assim, os erros que você comete não negam a importância que esses valores têm para você. Os erros representam os momentos em que você vacilou, em que não conseguiu expressar o seu verdadeiro ser. Esse fato tem suas conseqüências, mas falaremos disso daqui a pouco; por enquanto, limite-se a aceitar que o motivo pelo qual você admira essas qualidades nas outras pessoas é que elas representam os valores que lhe são importantes. Você fez, então, uma lista dos seus valores. São os valores que definem quem você é, muito embora todos nós sejamos humanos e cometamos o erro de ir contra o nosso verdadeiro ser de tempos em tempos. Olhe a lista novamente. Nela você arrolou os seus valores fundamentais, os fundamentos do seu ser. *Seus valores fundamentais revelam a sua perfeição intrínseca.* Essa lista é o seu *eu verdadeiro!*

A importância dessa lista não está em deixar você muito contente por ser uma pessoa tão especial, embora eu não negue que seja bom passar alguns minutos pensando nesse fato. O maior valor que encontrei na lista se manifesta quando apresento comportamentos contrários aos meus valores fundamentais. No meu caso, por exemplo, arrolei a honestidade como um dos motivos pelos quais admiro meu cunhado Ricky. Quando tomo uma atitude desonesta e nego meu valor fundamental, sempre pago muito caro por isso, por mais que o ego se esforce para justificar minhas ações. Quando vou contra o meu ser profundo e nego um dos meus valores fundamentais, sinto-me oco por dentro. Sinto-me culpado, ferido e traído, como se alguém tivesse feito algo contra mim. Fui eu mesmo, porém, que o fiz! Sinto meu espírito enfraquecido, pois neguei o meu ser verdadeiro. Sinto-me culpado, pois sei que não deveria ter feito o que fiz.

Tudo isso me deixa meio "desligado". O interessante é que, embora eu já tenha feito este exercício e saiba exatamente o que me acontece quando vou contra mim mesmo, *nem sempre* tenho consciência da minha transgressão — mas sempre percebo os resultados. Tudo isso acontece independentemente da sua consciência, acontece mesmo que você jamais tenha feito uma lista. É uma daquelas leis universais que vigoram sempre, mesmo que você não tenha conhecimento delas. Se você não souber que está cometendo uma transgressão contra a sua verdadeira natureza durante o próprio ato da transgressão, saberá depois, pois não vai se sentir bem. Alguma coisa o incomodará sem que você saiba o que é.

Vou lhe dar outro exemplo. O altruísmo é um dos meus valores fundamentais. Para mim, é importante encontrar meu próprio valor ajudando as outras pessoas a realizar seus sonhos. Quando trabalho pensando nos outros, quando confirmo meus valores fundamentais, sou capaz de realizar coisas inacreditáveis. Quando ajo por motivos egocêntricos, parece que nada dá certo. Se recebo algo depois de ajudar os outros, não há problema. Mas, quando trabalho pensando somente em mim mesmo, encontro mil dificuldades. Só tomo consciência do que aconteceu quando sinto aquele vazio que me diz que algo estava errado. Esse conhecimento me permite mudar minha mentalidade e voltar a pensar nas outras pessoas. Para entrar nos eixos de novo, volto a confirmar meu valor fundamental, e assim é que entro de novo no fluxo e volto a realizar coisas inacreditáveis. *A contínua confirmação dos valores fundamentais na vida é essencial para o sucesso duradouro.*

O exercício apresentado a seguir foi feito para ajudar você a perceber que, além de ter um conjunto de valores fundamentais, você também tem valores que lhe foram incutidos. Chamo-os simplesmente de "valores condicionados". No capítulo seguinte, por exemplo, vou lhe dizer que a eficiência é um dos meus valores, mas não a incluí na minha lista. Não a incluí porque ela não é um dos meus valores fundamentais. Desde cedo me ensinaram que a eficiência era importante e, como seria de esperar, eu sempre me esforcei para ser eficiente. Eu me esforcei até o momento em que finalmente percebi que a eficiência não era um valor meu, mas de outra pessoa. Por isso, já não luto para ser eficiente — e sou eficiente, mas não pelos mesmos motivos de antes. Quero dizer que, hoje em dia, uso minha energia para afirmar meus valores fundamentais, para confirmar reiteradamente o meu verdadeiro ser e as coisas que me são importantes. Em outras palavras, na minha vida, eu procuro ser o meu verdadeiro "eu".

É mais difícil descobrir os valores condicionados do que os valores fundamentais. Gostaria de poder usar um expediente qualquer para facilitar essa descoberta para você, mas isso provavelmente seria contraproducente. No último exercício, eu usei um expediente desse tipo por várias razões. Em primeiro lugar, se eu simplesmente lhe pedisse que fizesse uma lista das coisas que você considera importantes, a lista assim obtida seria uma mistura de valores fundamentais e valores condicionados. Aí não haveria revelação alguma, pois essa confusão é um dos motivos pelos quais o sucesso até agora fugiu de você. Em segundo lugar, supondo que você tivesse discernimento suficiente para listar somente os seus valores fundamentais, eles seriam eliminados em seguida pela sua auto-imagem medíocre, que é a aflição das massas. No fim, todos os seus resultados seriam distorcidos pelo ego e você não sairia da estaca zero. Um dos objetivos dos exercícios é eliminar a influência soberana do ego. Em terceiro lugar, quando joguei a isca do primeiro exercício, eu já o levei a um ponto a partir do qual você não pode voltar ao estado anterior. A verdade a seu respeito já foi revelada, e todos os demais exercícios serão baseados nessa verdade. A partir de agora, vamos procurar aqueles aspectos de sua vida que negam essa verdade. (Uma mensagem minha para o seu ego: todos os seus planos foram por água abaixo! Sei muito bem que você não vai simplesmente "ficar sentado" e deixar que isso aconteça, mas, infelizmente para você, o domínio não é mais seu. Agora é só uma questão de tempo!)

Muito embora este exercício seja mais difícil, vou lhe dar uma idéia para ajudá-lo a descobrir os seus valores programados. O segredo está no fato de que eles vão parecer importantes, mas não fazem parte da sua lista de valores fundamentais. Digo "parecer" importantes porque já sabemos que eles não são importantes para o seu verdadeiro ser. Se fossem, estariam na outra lista. Eles parecem importantes porque alguém condicionou você a acreditar neles. O fato de alguém ter condicionado você a acreditar num determinado valor não diz nada sobre a qualidade intrínseca desse valor. O fator determinante é o efeito que ele tem sobre a sua vida. Assim, tomando de novo o exemplo da eficiência, que para mim é um valor condicionado; quando não conseguia realizar a contento as múltiplas tarefas pelas quais me responsabilizava, eu me recriminava. "O que há de errado comigo?" Essa auto-recriminação tinha um efeito negativo e piorava ainda mais a minha produtividade, muito embora a eficiência seja, em si mesma, um valor admirável.

Convém observar que os valores não são a única coisa importante em nossa vida. Quando você fizer este exercício, tome cuidado para não incluir na lista alguns de seus objetivos, como, por exemplo, ser respeitado ou ser amado. Eles podem ser importantes para você, mas não são valores, pois envolvem as ações de outras pessoas. São objetivos, ao passo que os valores são subjetivos. Os valores são as qualidades que devem estar presentes no seu ser ou nas suas ações. Para usar os mesmos exemplos, se você considera importante ser respeitoso e amoroso com as outras pessoas, esses são valores. Assim, tendo à mão a lista dos seus valores fundamentais, comece a arrolar os outros valores da sua vida, as outras coisas que você considera importantes mas que ainda não mencionou. Liste-as numa outra folha de papel. **Faça isso agora!**

Ponha à sua frente as duas listas, e você terá aí uma imagem verbal quase completa do seu ser. De um lado, tem o seu eu verdadeiro, definido pelos valores fundamentais; do outro, tem a pessoa que os outros lhe ensinaram a ser, a pessoa que você acha que deve ser, definida pelos seus valores condicionados. Quanto mais complementares forem as duas listas, tanto melhor será a sua vida. Porém, você talvez note que alguns dos seus valores condicionados contradizem alguns dos seus valores fundamentais. Isso causa conflitos interiores; quanto mais numerosas as contradições, mais sérios os conflitos, a ponto talvez de exigir tratamento psicológico. Essas contradições também explicam por que você não consegue alcançar o sucesso e conservá-lo!

Vou lhe dar um exemplo. Meus valores fundamentais são, entre outros, os de ser honesto, altruísta e amoroso. Quando fiz a lista das outras coisas que eu considerava importantes, incluí "levar a melhor". Trata-se de um valor do submundo. São três palavras que valem por uma e significam levar vantagem, ganhar, ficar por cima. Esse valor era muito importante nas ruas do Brooklyn, onde o aprendi. Você pode "levar a melhor" sobre o "sistema" ou "levar a melhor" sobre uma pessoa ou um grupo de pessoas. A maioria das pessoas que têm esse valor condicionado usa-o contra o sistema. Trata-se de um uso mais impessoal, que se manifesta na defesa mais comum dos transgressores: "Mas não estou fazendo mal a ninguém..." Eles querem dizer, na verdade, que não estão fazendo mal a ninguém que sejam capazes de nomear especificamente. As pessoas que "levam a melhor" sobre o sistema o fazem de várias maneiras. Levam materiais do escritório para casa, compram mercadorias roubadas, roubam toalhas, cinzeiros, etc. dos hotéis onde se hospedam, fraudam o imposto de renda, trabalham o mínimo possível ao mesmo tempo em que tentam transmitir a impressão contrária, ou simplesmente, de maneira mais geral, buscam o dinheiro fácil e todo tipo de atalho. Numa extensão desse mesmo tipo de mentalidade, eles também jogam na loteria, apostam nos cavalos e lotam os cassinos. No submundo, um dólar ganho numa aposta vale mais do que um dólar ganho de salário.

E, embora sejam a minoria, há também os que buscam "levar a melhor" sobre pessoas determinadas, ou grupos de pessoas. Simplesmente tentam levar vantagem sobre todos, o que no submundo é socialmente aceitável; tentam, em todas as oportunidades, enganar os outros para lhes tirar seu dinheiro e seus bens. (Isso cria uma espécie de mentalidade "selvagem" na qual só os fortes sobrevivem, e é por isso que a vida no submundo é tão difícil.) São as pessoas que furam a fila, que emprestam dinheiro e nunca pagam e que "costuram" no trânsito. São também as que rompem os compromissos assumidos, que "fecham" você no trânsito, que não pagam salários, que "pegam emprestados" os bens dos outros e que fazem promessas que não têm a intenção de cumprir.

Algumas chegam até a se profissionalizar no ramo de "levar a melhor". São os chamados "vigaristas". Vão desde o rapaz vestido de calças *jeans* que manipula uma bolinha e três cumbucas numa banca de rua até o homem que exibe o seu bronzeado em pleno inverno e, trajando um terno de mil dólares, procura convencer você a comprar um investimento ou uma mercadoria que, lá no fundo, ele sabe que não vale nada. Os vigaristas são aqueles que chamam suas vítimas de "otários" e, depois de "levar a melhor", saem cantando vitória e rindo da estupidez da vítima. Mal sabem eles que as pessoas que buscam sempre "levar a melhor" nunca realizam nada. Não realizam porque, para "levar a melhor", elas têm de transgredir muitas das leis universais que regem o sucesso. Para adotar esse tipo de comportamento, você tem de justificar a mentira para si mesmo. E no "levar a melhor" sempre há um vencedor e um perdedor. Em outras palavras, quem faz isso tem de aprender a ferir e magoar as pessoas, e, para tanto, tem de aprender a congelar os próprios sentimentos. São pessoas que nada sentem, que se assemelham a máquinas. Essa mentalidade maquinal as afasta do seu coração espiritual, da sua humanidade, daquele âmago profundo que é, na verdade, o único responsável pelo sucesso de uma pessoa.

Esse meu valor condicionado, de sempre "levar a melhor", foi um dos maiores obstáculos ao meu sucesso. Não é difícil ver que ele violava frontalmente os meus valores fundamentais de ser honesto, altruísta e amoroso. Até o momento em que eu evidenciei para mim mesmo a dicotomia dos valores, esse valor condicionado surgia para me tentar sempre que aparecia a oportunidade de pô-lo em prática. Hoje vejo que, todas as vezes em que cedi à tentação, eu perdia e diluía tudo o que já tinha alcançado. E não poderia ser diferente, pois eu transgredia as leis universais. Ainda bem que nunca fui muito hábil em "levar a melhor". Sempre que alguém me devolvia troco a mais ou me cobrava um preço menor do que o marcado, eu nada dizia, mas não sentia que tinha marcado um ponto — sentia-me culpado. Sentia-me culpado porque estava contrariando os meus valores fundamentais. Estava negando o meu verdadeiro ser. Eu ficava com uma sensação de vazio, mas não sabia o que ela significava.

Fui criado nas ruas do Brooklyn e alimentei dentro de mim esse valor condicionado por tantos anos que cheguei muito perto de perder todo o sentimento pelas outras pessoas. Se isso tivesse acontecido, eu estaria condenado a jamais realizar os meus sonhos nesta existência, pois teria violado a espiritualidade do sucesso. Se você, como eu, foi condicionado a adotar para si o valor do "levar a melhor", desafio você a redirecionar essa capacidade e *pôr à prova os seus próprios limites, não os das outras pessoas!*

Além da diferença evidente que existe entre os valores fundamentais e os valores condicionados — os primeiros são verdadeiros e os outros, não —, existem também muitas outras diferenças que podem ajudar você a distingui-los e a superar os possíveis efeitos negativos que os valores condicionados podem ter sobre sua vida. Aludi à principal diferença, mas agora vou defini-la de modo mais completo. Os valores fundamentais provêm do centro do seu ser e envolvem o seu ser inteiro. Os valores condicionados residem na mente e só nela. Os primeiros são espirituais; os outros, mentais. Os valores fundamentais são aqueles de cuja verdade você tem *certeza*, ao passo que os valores condicionados são os que você *aprendeu*. Quando você acha que transgrediu um valor fundamental, seu juízo sobre a transgressão aparece primeiro como um sentimento, que o leva a pensar. Sua consciência "fala" com você.

Já quando você transgride um valor condicionado, o juízo aflora primeiramente como um pensamento, que por sua vez desperta sentimentos.

Quando você viola um valor fundamental, os sentimentos, o juízo e os pensamentos assim produzidos são verdadeiros e geram resultados positivos, que o levam a ser uma pessoa melhor. Quando você vai contra um valor condicionado, os pensamentos, o juízo e os sentimentos assim produzidos são artificiais, pois esses valores não são realmente seus. Geram resultados negativos. Você se sente e se julga medíocre por não ter conseguido estar à altura da pessoa que você acha que deveria ser, que os outros o ensinaram a querer ser. A repetição dessa experiência abala a sua auto-imagem, gera dúvidas e é a origem de todos os seus sentimentos de mediocridade e inferioridade.

Todos os juízos negativos que você faz de si mesmo, todas as suas fraquezas e deficiências, resultam do fato de você ter valores condicionados. A repetição dessa experiência produz uma espiral descendente e autodestrutiva que, se não sofrer uma intervenção esclarecida, resultará numa vida fracassada, não só na área financeira, mas em todos os setores da existência. É esse o "sofrimento" de que o Buda falou. A iluminação do Buda ocorreu quando ele percebeu as ilusões criadas pelo eu condicionado, pelo ego. Ele percebeu que a pessoa que ele pensava que devia ser, que lhe ensinaram a ser, que ele fora condicionado a ser — percebeu que essa pessoa não tinha nem substância, nem fundamento, nem forma, nem continuidade. O Buda despertou para o fato de que seu eu condicionado o impedia de conhecer a verdade acerca de si mesmo e da vida em geral. O conceito oriental de iluminação envolve esse despertar, essa percepção. O passo seguinte consiste em agir de acordo com o que foi percebido.

O exercício apresentado a seguir foi concebido para ajudar você a fazer exatamente isso, e consiste num ensaio a ser escrito. O objetivo do exercício do "Quem sou eu?" é descobrir de que modo nós fomos condicionados a crer em certas coisas, sentir certas coisas e agir de determinadas maneiras. Muitas pessoas têm agido, pensado e sentido de um determinado jeito por tanto tempo que nunca se preocupam em se perguntar: "Por quê?" Essa pergunta tem o incrível poder de lançar luz sobre os assuntos, e é a chave que abre a porta dos potenciais de sucesso. *Use-a sempre.* Quero que você escreva a resposta a essa pergunta: "Por quê?" Para tanto, examine a sua vida do ponto de vista de um observador — sem acusar nem defender, mas simplesmente como um repórter imparcial que conta o que vê. Quero que você olhe para essa imagem sua, para a imagem condicionada, a fim de determinar se é ela mesma que você quer ser. Quero que você aprenda a olhar objetivamente para si mesmo.

Como treinador, sempre tive dificuldade para convencer meus alunos a fazer este exercício. As pessoas não gostam de escrever, principalmente sobre si mesmas, mas é exatamente aí que começam a entrar em choque com a realidade. Se você sentir resistência a fazer o exercício, vou ter de lhe fazer uma pergunta: "Você *realmente* quer alcançar o sucesso?" Muitas pessoas dizem que sim, mas, quando têm de tomar as medidas necessárias, o desejo de tomá-las com entusiasmo é que vai revelar a verdade. Pode ser que você tenha sido programado mentalmente para acreditar que o sucesso é algo que você deve buscar, mas que o seu verdadeiro eu não tenha esse desejo. Não há nada de errado nisso. É, aliás, uma coisa muito boa! Se esse é o seu caso, fique muito contente, pois você não terá de passar o resto da sua vida tentando ser algo que você não quer ser e se recriminando por não conseguir sê-lo. A percepção de que na verdade você não quer o sucesso financeiro será o sucesso para você, e meu objetivo com você terá sido alcançado. Essa revelação basta para mim, e deve ser agradável para você! Porém, mesmo que seja esse o seu caso, escrever a redação o ajudará em outros setores da vida. No geral, o sucesso em qualquer setor da vida segue os mesmos princípios do sucesso financeiro. O sucesso universal é isso: um sucesso universal!

Então, o exercício do "Quem sou eu?" é uma redação de duas ou três páginas escrita por você, o observador, sobre você mesmo. Investigue o comportamento desse indivíduo — você — e relate seus pontos fortes e pontos fracos. Primeiro documente todos os seus pontos fortes, as coisas de que você gosta em si mesmo; mas, como já dissemos, tome cuidado para que sua auto-imagem medíocre não comece a negá-las imediatamente. Eu, por exemplo, me vi como uma pessoa paciente, mas me lembrei de que, poucos dias antes, havia perdido a paciência com minha filha Daria. Isso acontece porque o pior crítico de cada ser humano é ele mesmo. Ninguém nos recrimina tanto quanto nós recriminamos a nós mesmos. A verdade é que não é possível ser de um único jeito o tempo todo. Isso faz parte da condição humana, da relação quântica e complementar entre as duas extremidades do espectro, o yin e o yang do universo. Afinal de contas, se a pessoa não tem a possibilidade de perder a paciência, podemos de fato considerá-la paciente? Por fim, o que estamos procurando aqui são os traços gerais do seu comportamento, suas características predominantes. Se você fizer um relato escrito de suas características positivas dominantes, poderá chegar mais rapidamente ao sucesso, pois será capaz de aproveitá-las ao máximo.

A etapa seguinte consiste em relatar as coisas que você gostaria de melhorar. Não as encare como deficiências. Lembre-se: provavelmente, essas imperfeições resultam de você ter tentado ser a pessoa que você acha que deveria ser, a pessoa contida em sua programação mental, e não o verdadeiro "você". Se você for sincero nesta parte do exercício, o sucesso será rápido e garantido. Se não, você estará fadado a reproduzir as mesmas atitudes autodestrutivas que têm afastado o sucesso de sua vida. Os que não aprendem com os erros passados estão destinados a errar de novo. Basta!

Antes que você comece a escrever, quero lhe avisar de alguns erros freqüentemente cometidos pelos que fizeram esse exercício no passado. O primeiro já foi mencionado de passagem. Muitas vezes, as pessoas cometem o erro de escrever na defensiva, como precaução para o caso de outra pessoa vir a ler a redação. Se você fizer isso, o exercício de nada lhe aproveitará, pois não revelará nada que possa ajudá-lo a mudar de vida. E lembre-se: suas fraquezas não são geradas pelo seu eu verdadeiro, mas por seus valores falsos e condicionados.

Em segundo lugar, as pessoas costumam negar observações feitas no mesmo exercício. Também falamos um pouco sobre isso. Um vendedor iniciante, por exemplo, escreveu no começo da redação que era introvertido e tímido. Dois parágrafos depois, afirmou que gostava muito de ficar ao lado de outras pessoas e interagir com elas. As duas observações são opostas, e, embora eu tenha dito que ninguém é dotado de uma qualidade sem ter algo da qualidade oposta, o nosso comportamento sempre tem uma tendência predominante. É essa predominância que queremos descobrir. A verdade é que esse novo vendedor, quando usou as palavras "introvertido" e "tímido", quis dizer que era solitário — fato doloroso demais para que ele o admitisse para si mesmo. Assim, muito embora gostasse de ficar com as pessoas e interagir com elas, lá dentro, lá no fundo, ele era um homem solitário. Essa revelação o ajudou a mudar de vida, mas no começo o ego dele não permitiu que ele enxergasse a verdade. A possibilidade da dor fez com que o ego entrasse no "modo de sobrevivência" e torcesse um pouco a verdade a fim de torná-la mais fácil de digerir. Vamos falar detalhadamente sobre isso num capítulo posterior, mas quero que você compreenda desde já que, neste exercício, o ego pode ser seu pior inimigo. Fique atento para seus truques. Afinal de contas, se você for como a maioria das pessoas, está sob o domínio do ego desde que nasceu; ele não vai se conformar com que você readquira o controle sobre sua vida. E o ego não dá a mínima para a verdade; só quer saber de ter o que quer na hora que quer.

No "modo de sobrevivência", o que o ego quer é uma existência mundana, ou seja, sem dor. Mas você quer mais do que isso e sabe que sem dor não há progresso. Eis aí um exemplo da dicotomia entre as diversas partes do nosso ser. Muito embora só tenhamos falado de dois níveis, essa percepção pode servir para nos abrir os olhos — a percepção de que temos vários níveis de mente e de consciência, todos querendo alguma coisa, e que essas coisas muitas vezes são opostas umas às outras. É isso que causa os conflitos interiores. Esses conflitos se intensificam quando um dos dois níveis atinge o predomínio sem que a pessoa o perceba.

O nível que predomina, para a maioria das pessoas, é o ego em seu "modo de sobrevivência" e operando a partir de valores condicionados. É como uma possessão! (Aliás, os possessos nunca sabem que estão possessos.) Porém, esse nível é apenas um aspecto do seu ser; não é o seu eu verdadeiro, mas a pessoa que você acha que deve ser. Se você não perceber isso, vai passar a vida inteira agindo como uma marionete que dança conforme a música tocada pelo ego. Viverá no piloto automático e nunca assistirá à realização de nenhum de seus sonhos. É você quem precisa controlar todos os aspectos e níveis do seu ser e não deixar que nenhum deles o controle. É como o CEO e o Conselho Diretor de uma empresa. As opiniões dos conselheiros são preciosas; mas, por mais poder que tenha qualquer um dos conselheiros, a decisão final cabe ao CEO — você. O segredo desse poder, desse controle sobre os diversos aspectos do seu próprio ser, está na realização bem-sucedida deste exercício: "Quem sou eu?" **Escreva sua redação agora!**

TEMAS PARA REFLEXÃO

Ponha à prova os seus próprios limites, não os das outras pessoas!

Os valores condicionados são a origem de todos os seus sentimentos de mediocridade e inferioridade. Seus valores fundamentais revelam sua perfeição intrínseca! A contínua confirmação dos valores fundamentais na vida é essencial para o sucesso duradouro.

Você não tem culpa pelo que é hoje em dia.

6

O Paradoxo do Caminho mais Fácil

> Todo problema humano tem uma solução fácil:
> elegante, plausível — e errada.
> — H. L. Mencken

Desde pequeno, eu achava importante encontrar os caminhos mais fáceis para fazer as coisas. Não me lembro exatamente de quando e como adquiri esse valor condicionado, mas, quando olho para minha vida, sei que ele existe. Além disso, não sei quem foi que o transmitiu, mas me lembro de ter aprendido desde muito cedo as seguintes lições:

"Você está fazendo isso do jeito mais difícil (errado)."

"Por que você tem de aprender todas as coisas 'na marra'?"

"Seja eficiente!"

O que importa não é "quem" ensina, mas "o que" é ensinado. Acrescente-se a isso o fato de eu ter sido praticamente criado nas ruas do Brooklyn, onde era constantemente incitado a "levar a melhor" sobre todos, e temos aí a fórmula perfeita para o fracasso.

Todas as pessoas de sucesso vão lhe dizer que o sucesso não é fácil. Consciente ou inconscientemente, elas estão lhe dizendo a verdade. Não estão dizendo que o sucesso é difícil, pois ele não é. Estão afirmando que ele não acontece por acaso. Você tem de pensar a respeito do assunto. Se acontecesse por acaso, ou naturalmente, todos seriam bem-sucedidos e o sucesso não seria um tesouro tão valioso. E ele só não acontece naturalmente porque *você* já não é natural. A programação e o condicionamento adquiridos no decorrer dos anos modificaram a sua natureza, o seu estado natural. O estado natural de sucesso, que é a experiência comum de todos os seres e coisas que compõem o universo, já é antinatural para você. Falaremos mais sobre essa idéia num capítulo posterior.

Dissemos que, para alcançar o sucesso, você tem de pensar. Mas pensar no quê? O importante não é tanto o que você pensa, como no pensamento positivo ou nos métodos de visualização, mas sim que você pense, ponha a cabeça para funcionar. A esta altura, você já deve estar confuso, e isso é muito bom. É exatamente isso que eu quero. Sua confusão lhe diz que você não entende o que estou dizendo, mas preciso do conhecimento que vou lhe apresentar para poder realizar seus sonhos. O ser humano é predisposto e condicionado a fazer as coisas do jeito mais fácil possível. Esse princípio está tão arraigado em seu ser que já é automático. Para podermos agir de outro modo que não o mais fácil, temos de pensar. Vou lhe dar um exemplo. Suponha que haja uma moeda no chão. Se eu lhe pedir que a pegue, você vai se inclinar para pegá-la com a mão. Não vai se ajoelhar, nem vai plantar bananeira para pegá-la com os dentes. Esses jeitos são mais difíceis e parecem absurdos. Nesse exemplo, nossa ação é automática e reflete o modo como costumamos viver.

Depois de treinar milhares de vendedores ao longo de muitos anos e de tentar ensiná-los a alcançar o sucesso, ainda fico perplexo com a "aparente" incapacidade deles de seguir as instruções recebidas. Não que eles não sejam capazes de realizar as tarefas, as quais não são muito difíceis; mas eles sempre conseguem encontrar um jeito "mais fácil" de realizá-las. Mas há um pequeno problema — eles não obtêm os resultados esperados. Economizam um pouco de trabalho, uma vez que encontram um jeito mais fácil, mas essa economia custa-lhes o sucesso. Vou lhe dar um exemplo. Fornecemos aos nossos vendedores os contatos de clientes em potencial. Pelo método de tentativa e erro, descobrimos que os vendedores tinham 60% a mais de chance de marcar um encontro com os clientes se os procurassem antes e falassem com eles diretamente, cara a cara. No treinamento, nós dávamos uma ênfase entusiástica a essa "verdade", pois era muito importante. E, depois de tudo isso, o que faziam muitos vendedores? Telefonavam para os clientes! E por quê? Eis a resposta: "Porque, pelo telefone, podemos fazer contato com mais clientes do que poderíamos se os procurássemos pessoalmente; assim, não perdemos tempo." Parece muito razoável, não é mesmo? A lógica desse argumento seria invencível, se não fosse por um detalhe — o sucesso não é lógico! Se fosse, todos seriam bem-sucedidos. Para as pessoas bem-sucedidas, o que é ilógico é não obter os resultados desejados.

Mais impressionante ainda é o caso dos vendedores que de fato saíam para se encontrar face a face com os clientes em potencial. Como seria de esperar, a maioria deles começava bem e conseguia vender muito. Depois de um certo tempo, porém, o número de vendas começava a cair. Nossas investigações revelaram que eles paravam de sair para se encontrar com os clientes, paravam de fazer algo que estava dando certo, e começavam a usar o telefone, o que não dava certo. Por quê? Porque a segunda alternativa era mais fácil.

E isso não é o pior. O pior é que, pelo que seria de esperar, eles voltariam ao sistema inicial quando vissem que o segundo sistema não dava certo. Mas não! Nós tínhamos de lhes evidenciar o erro que estavam cometendo. Por que não conseguiam percebê-lo por si próprios? A resposta está na nossa disposição pré-programada ao "fácil" e ao "automático". Se você não tiver consciência do que está fazendo, não poderá mudar. *Estar vivo é ter consciência!* Você tem de pensar! Ponha a cabeça para funcionar! Não pode passar a vida inteira no piloto automático, seguindo a rota errada, e ter a esperança de chegar ao destino desejado!

O paradoxo das ações "fáceis" é que elas deixam tudo mais difícil. A própria vida fica mais difícil. Na minha vida, eu já conheci o fracasso e o sucesso. Acredite-me quando lhe digo que o fracasso é mais trabalhoso do que o sucesso. No começo ele é mais fácil, mas, com o tempo, fica mais difícil. *O caminho mais fácil é o mais difícil!* É esse o paradoxo e é isso que as pessoas não compreendem. Se hoje mesmo você começasse a não fazer as coisas do jeito mais fácil, veria sua vida mudar drasticamente, quase que da noite para o dia. Não procure agir do jeito mais fácil, do jeito que dá menos trabalho. Procure antes agir da maneira mais produtiva possível.

Você verá que o jeito mais produtivo quase nunca é o mais fácil. Aliás, via de regra, eu elimino o primeiro pensamento, a primeira reação ou a primeira idéia que passam por minha mente. Por quê? Porque são as mesmas idéias que todas as outras pessoas teriam; e, se 93% delas fracassam, por que motivo eu faria o mesmo que elas? Além disso, esses pensamentos, reações e idéias na maior parte das vezes nem são meus. Vêm de outras pessoas e foram programados em minha mente enquanto eu ainda era criança. Isso é o mais provável. Uma coisa é certa: se eu não pensar, se não controlar meus pensamentos, acabarei sendo controlado por eles. Eu me tornarei um produto da minha programação mental, dos pensamentos de outra pessoa, e não serei um vencedor, mas uma vítima!

TEMAS PARA REFLEXÃO

Estar vivo é ter consciência.

O caminho mais fácil é o mais difícil!

7

SUAS EXPECTATIVAS SÃO SUAS DESCULPAS

> Quando um homem aponta um dedo acusador para outra pessoa, deve se lembrar de que três de seus dedos estão apontando para ele mesmo.
> — Louis Nizer, advogado

Na primeira sessão de treinamento, eu pedia aos novos vendedores que contassem aos demais o que esperavam do treinamento. Quais os temas que eles achavam que seriam tratados? O que eles precisariam aprender para chegar ao sucesso? As primeiras respostas vinham com facilidade, mas eu continuava a fazer a pergunta até obter pelo menos dez respostas. Nas centenas de sessões de treinamento que coordenei, a lista das expectativas quanto ao treinamento era sempre mais ou menos a mesma:

1. A Empresa
2. O Produto
3. Os Argumentos de Venda
4. A Concorrência
5. Os Clientes
6. Os Preços
7. A Burocracia
8. A Gerência
9. As Técnicas de Vendas
10. As Apólices (nós vendíamos um seguro).

À medida que as pessoas iam falando cada um dos itens, eu ia escrevendo-os num quadro branco à frente da sala. Sempre me surpreendeu o fato de ninguém incluir na lista o próprio vendedor! Segundo determinados estudos, o vendedor representa 85% da venda, mas ninguém esperava ter de aprender algo sobre esses 85%.

Certo dia, eu estava na parte de trás da sala e, quando olhei para a lista no quadro branco, compreendi que as expectativas deles também seriam as desculpas que dariam caso fracassassem. O fato de nunca mencionarem a si mesmos tornava-se ainda mais impressionante. Eu distribuía a cada um dos novos vendedores um exemplar de um estudo intitulado "Os Seis Fatores Primários Que Resultam numa Compra depois de uma Apresentação de Vendas", de Stephan Schiffman. Os primeiros cinco fatores diziam respeito ao vendedor: tom de voz, postura, aparência, aperto de mão e atitude (entusiasmo). O sexto eram todas aquelas coisas listadas no quadro branco. O consumidor não compra a empresa, o produto e as coisas relacionadas com isso. Compra o vendedor! Porém, nenhum de meus estagiários sentia a necessidade de se concentrar naquilo que o consumidor realmente compra.

A profissão de vendedor, como o sucesso, é apenas um reflexo da vida e de como ela é. Quando consegue vender algo, o vendedor exultante explica que foi ele o motivo do sucesso. Quando não consegue, ele indica todas as coisas, com exceção dele mesmo, como causas do fracasso. Esta segunda observação vale especialmente para os que buscam o sucesso.

O fato de que "as expectativas de uma pessoa tornam-se suas desculpas" me intrigava. Por que motivo as coisas que considerávamos necessárias, ou que esperávamos obter, se tornavam ocasiões que nos levavam a fugir da realidade? Percebi que todas as expectativas são montadas para proteger o nosso ego. Nós construímos uma explicação para o nosso fracasso antes mesmo de ele acontecer. É o instinto de sobrevivência do ego funcionando. Como nós achamos que o ego é o nosso verdadeiro ser, nós tentamos preservá-lo a todo custo, consciente ou inconscientemente, e mesmo à custa da verdade! Não se deve fazer confusão entre as expectativas e os objetivos. Os objetivos representam aquilo que vislumbramos para o nosso futuro. As expectativas são o que esperamos que os outros nos forneçam a fim de podermos realizar nossos objetivos e alcançar o sucesso! Nessas condições, as expectativas tiram das nossas mãos o poder de mudar nossa própria situação e, assim, aliviam-nos da responsabilidade pela mudança. As outras pessoas ficam supostamente dotadas de poder sobre o nosso destino. *Se você fracassar (e já fracassou), poderá apontar alguma coisa ou alguém fora de você como a causa do seu fracasso.*

Ouçam, meus amigos! Vocês já têm tudo de que precisam para alcançar o sucesso. Só lhes falta se darem conta desse fato. Quando isso acontecer, suas expectativas perderão todo o valor e vocês verão o que elas são realmente: desculpas para o fracasso. As Escrituras nos ensinam que Deus nos criou à Sua imagem e semelhança. Sejam lá quais forem as suas idéias a respeito de Deus, você não acha que Ele tem a capacidade de ser bem-sucedido? Acha por acaso que Ele precisa de outras pessoas para realizar Suas expectativas de sucesso? As respostas são evidentes. Também é evidente que, se nós fomos criados à Sua imagem e semelhança, somos dotados da mesma capacidade. O ser humano é a única criatura dotada da capacidade divina de criar. Essa capacidade se chama "progresso". O sucesso e o fracasso são duas capacidades que você tem nas mãos. Pessoas experientes já o ensinaram a fracassar, e ensinaram muito bem. Aliás, você ficou tão bom nisso que é capaz de fracassar repetidamente. Como fracassado, você é um sucesso! Agora chegou a hora de aprender a ser bem-sucedido.

O sucesso segue um fluxo parecido com o de um rio. Se você entrar nesse rio, ele o levará para onde você quer ir, sem que você tenha de fazer nenhum esforço. Você pode entrar no rio quando quiser, e pode sair dele também quando quiser. O fracasso também tem um fluxo como o de um rio, mas ele corre na direção contrária à do sucesso. Também nesse fluxo você pode entrar e sair à vontade. Como eu sei que as coisas são assim? A questão que mais incomoda as pessoas bem-sucedidas é a seguinte: como é possível que outra pessoa, pertencente à mesma empresa, vendedora do mesmo produto, em condições de mercado exatamente iguais, possa obter resultados diametralmente opostos? O que as deixa perplexas é isto: "Como isso é possível?" A resposta é que todas as pessoas são igualmente capazes de fracassar e de ser bem-sucedidas. Os resultados obtidos são diretamente proporcionais ao conhecimento que você tem do sucesso e do fracasso e do seu esforço consciente nesta ou naquela direção. Você já sabe bastante sobre o fracasso; essa parte é fácil. Mas acredite-me quando lhe digo que as pessoas de sucesso não têm tanta facilidade de fracassar. As coisas sempre "parecem" dar certo para elas. Elas "parecem" ter o toque de Midas. Os desinformados dão a isso o nome de "sorte".

Você acha que tem agora, dentro de você, a capacidade de pilotar um avião? Talvez você não saiba pilotar ou tenha medo de voar, mas, se alguém lhe ensinasse e você não tivesse medo, não acha que seria capaz? A resposta é: claro que sim. A capacidade de pilotar sempre esteve dentro de você; só o que lhe falta é o conhecimento. O mesmo vale para a sua capacidade de alcançar o sucesso financeiro, como valia também para a sua capacidade de dirigir um carro ou andar de bicicleta. Você sempre foi dotado dessas capacidades; quando aprendeu, conseguiu exercê-las na prática. Talvez a fase de aprendizado dos princípios tenha sido mais difícil, mas, quanto mais você os exercitou, tanto mais facilidade adquiriu, até o ponto de já não ter de fazer esforço algum para pô-los em prática. Hoje, para dirigir um carro ou andar de bicicleta, você nem mais precisa pensar. Faz essas coisas sem nenhum esforço. O sucesso funciona do mesmo modo. Quando, pela repetição, você se familiariza com os princípios do sucesso, ele se torna algo que já não lhe exige esforço. E você começa então a se perguntar como os outros podem fracassar. De fato, é como dirigir: quando você aprende, fica difícil desaprender. É por isso que as pessoas bem-sucedidas têm dificuldade de fracassar. Elas são tão experientes em matéria de sucesso quanto você é em matéria de fracasso. Como o fracasso é para você uma segunda natureza, o sucesso é para elas. Elas têm de se esforçar para não ser bem-sucedidas!

As pessoas bem-sucedidas não têm expectativas, ou seja, não têm desculpas para o fracasso. Por isso, não fracassam. Nunca vou me esquecer das palavras sábias que um mecânico de automóveis me disse há mais de vinte anos. Eu entrei na oficina mecânica empurrando o meu carro e o mecânico me perguntou qual era o problema. Eu respondi: "Não sei. De repente, ele não quis pegar." O mecânico então me disse: "Em se tratando de um carro, não existe 'de repente'!" Se você não controlar a manutenção do carro, o carro vai controlar você! Se você alimentar expectativas em relação ao carro, estará abrindo a porta para que ele apresente problemas "de repente".

Do mesmo modo, *você pode planejar o seu sucesso ou planejar o seu fracasso*. De um modo ou de outro, seu destino está em suas mãos. Seu plano pode ser não ter planos — não é um plano muito bom, mas é um plano. Ou seja, *você tem o poder de abrir mão do seu poder*. Se você tem a expectativa de que os outros façam alguma coisa para que você alcance o sucesso, está inconscientemente entregando o seu destino nas mãos de outras pessoas. Você sempre faz isso, pois é isso que aprendeu. E aprendeu tão bem que essa atitude se tornou automática. Em algum momento da sua vida alguém lhe ensinou que, sozinho, você não pode fazer nada. E isso não é verdade. Deus não cria seres inúteis! Criado à Sua imagem e semelhança, você é capaz de todas as coisas, inclusive de alcançar o sucesso!

TEMAS PARA REFLEXÃO

Suas expectativas tornam-se desculpas para o fracasso.

Você pode planejar o seu sucesso ou planejar o seu fracasso.

Você tem o poder de abrir mão do seu poder.

8

O Sucesso Está Naquilo que Você "Vê"

As pessoas só vêem o que estão preparadas para ver.
— Ralph Waldo Emerson

No decorrer dos anos, muitos me perguntaram: "O que devo fazer para ser bem-sucedido?" Minha resposta foi sempre a mesma: "Nada." Desde a infância nós aprendemos que o sucesso é fruto do trabalho duro, mas isso não é verdade. Esse é mais um princípio falso em que todas as pessoas acreditam até o momento em que encontram a verdade. A certa altura da história, todos pensavam que a terra era plana — com exceção de uns poucos "malucos". Em que acreditamos hoje? Pensávamos que o universo inteiro girava em torno da Terra. O que sabemos hoje? No desenvolvimento coletivo da humanidade, todo princípio é verdadeiro até que sua falsidade seja provada. Abra sua mente para todas as possibilidades.

O sucesso não está no que você faz, está no que você vê. *As pessoas bem-sucedidas não vêem o mundo como as outras pessoas. Elas criam sua própria realidade.* As ciências do comportamento chegaram à conclusão de que a realidade é subjetiva. Duas pessoas que vêem exatamente a mesma coisa podem elaborar interpretações completamente diferentes para o que foi visto. Isso porque todo acontecimento tem dois lados: um positivo e um negativo — um bom e um mau. Nada do que ocorre neste mundo é totalmente positivo ou totalmente negativo. É sempre as duas coisas, e é você quem decide para qual das duas vai olhar. As pessoas bem-sucedidas, na maior parte das vezes, decidem olhar para o lado positivo. Para elas, todos os seres e coisas conspiram para deixá-las ainda mais bem-sucedidas. É como um plano divino que aos poucos se desenrola. Elas percebem que tudo quanto ocorre as prepara para seus sonhos de sucesso e as aproxima da realização deles, sem que tenham de despender nenhum esforço. E, no fim, é isso mesmo o que acontece!

O que você vê resulta diretamente do que você sabe, e o que você sabe resulta do que você vê. Trata-se de um ciclo confuso, que gera a si mesmo e cumpre suas próprias previsões, e do qual é impossível sair sem consciência. Ao que você vê damos o nome de "percepção" e "interpretação". Você interpreta os acontecimentos baseado nos fatos que tem à disposição. Esses fatos ficam guardados na memória, e é por isso que a maioria das pessoas não consegue sair do ciclo de fracasso. A menos que façam um esforço consciente para ver a realidade de outra maneira, é o passado delas que gera e produz o seu presente e o seu futuro. O passado se "reproduz" no presente e no futuro. Esse ciclo de fracasso é vicioso e vai ficando cada vez mais forte, de tal modo que o fracasso passa a *ser* a realidade dessas pessoas — a realidade passada, presente e futura!

Você interpreta os acontecimentos com base nos *fatos* que tem à sua disposição. Também os "fatos" costumam ser subjetivos. Muitos fatos são considerados como verdadeiros até que se tornem inválidos. E o que os torna inválidos? O questionamento e a investigação. Para mudar a sua maneira de ver as coisas, você tem de mudar a si mesmo, tem de mudar a pessoa que vê. Todas as suas habilidades, técnicas, esforços, dedicação, etc. de nada lhe valerão se você não tiver essa peça do quebra-cabeça. É como uma receita de bolo. Se você dispõe de todos os ingredientes, com exceção da farinha, que tipo de bolo poderá fazer? O questionamento dos seus "conhecimentos" é a farinha da receita do sucesso. *A verdadeira prosperidade e a verdadeira sabedoria não estão nas respostas que você obtém, mas nas perguntas que faz.* O conhecimento das respostas, quando é aceito, restringe você a um determinado nível de conhecimento e compreensão. Pense nisto: A humanidade em geral não tem idéia de quanto conhecimento ainda lhe falta. Segundo as estatísticas, nos últimos vinte anos a humanidade adquiriu tanto conhecimento quanto já tinha adquirido nos últimos milênios de história. E, em virtude das inovações tecnológicas, o conhecimento humano vai dobrar de novo nos próximos dez a quinze anos, e depois de novo nos cinco ou dez anos seguintes, e assim por diante. Isso significa que, daqui a 25 anos, a humanidade terá quatro vezes mais conhecimento do que tem agora. Ou seja, atualmente nós conhecemos somente 25% do que conheceremos daqui a 25 anos. Daqui a 25 anos, os homens verão o mundo de maneira diferente.

Você pode esperar até lá, mas também pode começar o processo agora. Este livro tem o objetivo de inspirá-lo a agir — agora! Você tem de cogitar a possibilidade de que seus atuais conhecimentos não sejam corretos. Se ainda não alcançou o sucesso, a possibilidade de isso ser verdade *no seu caso* é de 93%. Se um relógio novo, de mecânica perfeita, for ajustado para a hora errada, ele ainda estará errado amanhã, daqui a dez anos e daqui a cinqüenta anos. Para que hora seu relógio está ajustado? Você tem coragem suficiente para procurar descobrir? Se você ainda não alcançou o sucesso, parece-me que a possibilidade de seu relógio estar marcando a hora errada ou de você estar usando a receita errada seria um grande alívio, pois significa que o erro não está em *você*, mas no rumo que você tomou. Se você está indo de carro para determinado lugar e não chega ao destino programado, quanto tempo tem de esperar para começar a questionar seus planos de viagem? Quanto tempo tem de esperar para começar a duvidar do programa que está seguindo? Seu destino é a felicidade e o sucesso financeiro faz parte dessa felicidade. Isso só acontecerá, porém, com aqueles que têm consciência de que o seu rumo — seja bom, seja ruim — foi predeterminado. Se não estiver chegando aonde você quer, mude de rota!

Isso nos leva de volta à pergunta: "Por quê?" Por que eu ajo do jeito que ajo? Por que me sinto decepcionado quando determinadas coisas acontecem, ou quando ouço determinadas palavras? Por que reagi desta ou daquela maneira a um determinado conjunto de circunstâncias? Tente "ver" as coisas de maneira diferente. Toda história tem pelo menos três lados — quais são os outros dois? (O terceiro é sempre o verdadeiro.) Sei muito bem como reajo a determinadas circunstâncias; como reagiria uma pessoa de programação mental muito diferente da minha, ou oposta? Em outras palavras, quem sou eu? Para responder a essa pergunta, é preciso ter sinceridade. O pior pecado que o homem pode cometer é o de enganar a si mesmo. Lembre-se, o erro não está em você; está no rumo que você tomou. Como quer que termine a sua vida, você não prefere que seja você mesmo o autor do seu destino?

Depois de terminado este exercício — e pode ser que ele demore (quanto mais velho você for, mais trabalho vai ter para desfazer sua programação mental) —, o sucesso se torna relativamente fácil. Como o ciclo do fracasso, também o ciclo do sucesso alimenta e gera a si mesmo. É natural e fluido. Pode ser que você tenha de trabalhar muito pouco (fisicamente). E, se tiver mesmo de "fazer" algo, dependendo do ramo que escolheu, o mais provável é que não tenha de fazê-lo por muito tempo. Na verdade, sua atividade não será um fardo. Será um gosto, pois você sabe onde quer chegar e para onde está indo. As pessoas de sucesso e as que estão a ponto de alcançar o sucesso não saem para o trabalho; saem para se divertir! Divirta-se; aproveite o seu processo com o mesmo anseio de uma criança que está indo para o parque de diversões. O simples fato de saber para onde está indo deixa a criança contente e entusiasmada. Muitas vezes, o ato de chegar ao destino não é tão emocionante quanto a espera. Por isso, aproveite o processo, o caminho que leva ao sucesso. Você merece ser bem-sucedido e é esse o seu destino. Você nasceu para ser feliz!

TEMAS PARA REFLEXÃO

As pessoas bem-sucedidas não vêem o mundo como os outros.

Elas criam a sua própria realidade.

A verdadeira prosperidade e a verdadeira sabedoria não estão nas respostas que você obtém, mas nas perguntas que faz.

9

ENTRE NO FLUXO

> Não sei qual será o seu destino, mas posso lhe dizer uma coisa: só serão realmente felizes os que buscarem e trilharem um caminho de serviço ao próximo.
> — Albert Schweitzer

Você já viveu um daqueles dias em que nada do que faz dá errado? Talvez não tenha sido um dia inteiro, talvez tenha durado apenas uma hora, mas, naqueles momentos, tudo aquilo em que você tocava se transformava em ouro. Até mesmo os aparentes erros revelavam-se proezas geniais! Se você já teve essa experiência, sabe o que significa "entrar no fluxo". O fluxo é um indício e um exemplo da perfeição do universo. É como se você bebesse na própria fonte da sabedoria divina. Você não sabe como isso acontece, mas vê os resultados. Creio que esses momentos são marcados pela inspiração divina e nos dão uma idéia de qual pode ser o nosso potencial, mas a maior parte das pessoas não compreende essa mensagem. Chamam tudo isso de sorte.

Se você já viu o filme *Let It Ride* [Um Dia de Sorte], com Richard Dreyfus, vai se lembrar que ele fazia o papel de um viciado em corridas de cavalos que vive um desses dias de "fluxo". Normalmente, ele é um grande perdedor que nunca consegue identificar os cavalos vencedores, e o vício das apostas coloca em risco seu casamento e seu emprego. Mas o filme mostra que, nesse dia de fluxo, não importa o que ele faça, ele simplesmente não consegue perder: ganha todas as apostas que faz, atrai a atenção de belas mulheres, é admirado por todos os que o rodeiam e, quando faz a escolha errada, ganha do mesmo jeito. Num determinado páreo, por exemplo, ele escolhe o cavalo errado mas não chega ao caixa a tempo de apostar. Depois percebe que ganhou, por não ter conseguido fazer a aposta. No decorrer do dia, sua atitude positiva vai crescendo a ponto de se tornar contagiosa e criativa. Muda a vida das pessoas que o rodeiam e acaba por mudar a sua própria vida. O filme tem um final muito feliz. O personagem central fica rico, recupera o casamento e vive feliz para sempre.

Eu já vivenciei alguns desses dias de "fluxo". Eles aconteceram enquanto eu estava nas corridas de cavalos, nos cassinos, trabalhando como vendedor e praticando esportes. Nesses dias, eu era aparentemente infalível. Mas essa frase revela por que esses períodos são tão curtos para a maioria das pessoas. Elas pensam que são elas a fonte da infalibilidade. Seu ego cresce até sobrepujar todas as outras coisas, e tudo o que lhes resta no fim é uma idéia exagerada da própria grandeza. No dia seguinte, quando acordam, elas percebem que sua infalibilidade foi-se embora e que elas não são mais semidivinas, mas normais.

Você se pergunta: "Por que o dia seguinte não é igual ao dia anterior?" E tem razão de perguntar, pois ele poderia ser igual. Porém, enquanto o ego se meter no caminho, a experiência não poderá ser reproduzida. As pessoas que conseguem reproduzi-la são chamadas de bem-sucedidas. Talvez você conheça uma dessas pessoas, alguém que conheça o sucesso em todas as atividades com as quais se envolve, alguém que tenha o "toque de Midas". A maioria das pessoas vê isso como pura sorte, pois, se não visse, se sentiria chamada à ação. Mas não se trata de sorte: a pessoa "entra no fluxo" e nele permanece. Nem sempre tem consciência do que está fazendo. Faz isso porque isso dá certo, muito embora não conheça a lei universal que determina esse fato.

Como eu já disse, o ego é um dos obstáculos a esse estado de "fluxo". Quanto mais o ego predomina, tanto menor é a possibilidade de a pessoa conhecer esse estado de infalibilidade. Isso porque, para atender às exigências do ego, você tem de se voltar para dentro. Quanto mais a sua energia ou atenção se concentra dentro de você, tanto mais você se recolhe e se isola do resto do mundo. Porém, *ninguém alcança o sucesso sozinho*. Isso nunca aconteceu e nunca acontecerá. Todas as pessoas de sucesso que eu já conheci dão testemunho de que isso é verdade. O sucesso verdadeiro e duradouro só acontece com aqueles que conhecem a verdade. Pouco importa que a conheçam de nascença ou passem a conhecê-la depois. *Só há um caminho para o sucesso: dar sucesso aos outros. O sucesso só é possível por meio das outras pessoas.*

Toda a energia e a atenção que você dirige para fora serão refletidas de volta para você. Quanto mais você projeta, mais você recebe. Esse é o estado de fluxo, e você pode controlá-lo. Se a sua energia e a sua atenção forem centradas nos outros, você vai prosperar. Terá o toque de Midas. O número de "coincidências" felizes em sua vida aumentará drasticamente. As coisas que você quer virão até você!

Sei que isso parece estranho e diferente. E é bom mesmo! Se eu estivesse lhe ensinando algo que parecesse familiar e agradável, eu não estaria lhe ensinando nada. As informações só parecem familiares e agradáveis quando você já as conhece. Mas, se você já conhecesse estas verdades, já teria alcançado o sucesso! *O que me cabe é ajudar você. O que lhe cabe é querer ser ajudado.* Não tenho a esperança de que você acredite nessas idéias e compreenda-as imediatamente. Mas, se você admitir a possibilidade de elas serem verdadeiras, logo tudo se esclarecerá naturalmente. Quando você sabe qual é o aspecto que a verdade tem, ela já não pode se esconder de você. Lembre-se de que os professores que você teve na vida só puderam lhe ensinar o que eles já sabiam, e nada além disso. Eu, de minha parte, estou tentando ensinar-lhe o que eles não sabiam. Existem certas leis universais, como a lei da gravidade, que vigoram sempre, quer você tenha consciência delas, quer não.

Se você fizer uma investigação aprofundada, vai perceber que esta lei do sucesso é verdadeira, que só há um caminho para o sucesso: dar sucesso aos outros. Por quê? Porque todas as coisas da vida que valem a pena só vêm a você depois de você tê-las dado aos outros. Se você encontrar alguém para amar, será amado. Se fizer outra pessoa feliz, ficará feliz por sua vez. Se ajudar os outros a alcançarem o sucesso, será bem-sucedido. Está começando a perceber agora do que se trata?

Vou lhe contar a história de quando percebi claramente esse fato. Quando comecei a trabalhar como vendedor, o primeiro produto que eu vendia era um seguro de saúde. O programa que eu oferecia era especial, uma vez que combinava o poder aquisitivo de trabalhadores autônomos para garantir-lhes uma cobertura maior e mensalidades menores. Como eu já tinha sido autônomo, percebi de imediato o valor dessa idéia e do produto que a incorporava. O preço era competitivo e a cobertura, abrangente. Levei seis semanas para obter minha licença e, durante esse período, minha ânsia de começar foi crescendo cada vez mais. Eu mal podia esperar para aproximar-me dos clientes e lhes contar o quanto esse produto era excelente.

Meu gerente de vendas nos tinha dito que, para alcançar o sucesso nesse negócio, era preciso marcar quinze reuniões por semana. No primeiro mês, porém, embora eu conseguisse marcar quinze reuniões por semana, só conseguia vender um plano por semana, ao passo que outros colegas vendiam quatro ou cinco. Fiquei desanimado e pensei em largar tudo. Por que os clientes não percebiam o quanto era revolucionário o produto que eu estava vendendo? Comecei a pensar que talvez o erro estivesse em mim. Pergunte ao melhor vendedor da empresa se eu podia assistir a uma de suas reuniões de apresentação do produto ao cliente. Ele concordou. Cinco minutos depois de começada a reunião, a verdade caiu em cima de mim como se fosse uma tonelada de tijolos: era óbvio que esse vendedor estava lá para ajudar os clientes, não para ajudar a si mesmo. Era isso o que me faltava.

Veja você, eu fui para o ramo de vendas porque poderia ganhar bastante dinheiro nessa profissão. Evidentemente, era isso que todos os clientes viam em mim. Eu estava lá só para ganhar dinheiro e, por isso, ganhava muito pouco. Quando consegui esquecer minhas comissões e comecei a me preocupar com os clientes e sua satisfação, não só comecei a vender muito como me tornei o maior vendedor do país! Em última análise, porém, o que mudou? O produto, o preço, a concorrência e todos os outros fatores externos continuavam os mesmos. A única diferença estava em mim, e isso fez toda a diferença. Hoje em dia, quando dou treinamento aos novos vendedores, costumo dizer-lhes em tom de piada que, naquelas primeiras quatro semanas, os únicos clientes que eu tive foram os que eu não consegui dissuadir de comprar o produto. Porém, esse acontecimento me ensinou para sempre uma lição: o sucesso só é possível por meio das outras pessoas. Todas as pessoas de sucesso estão rodeadas de outras que se beneficiam desse sucesso. Os bem-sucedidos são os heróis de muitos. Se levar o sucesso para a vida de outras pessoas, você criará para si mesmo um fluxo contínuo de sucesso.

TEMAS PARA REFLEXÃO

O que me cabe é ajudar você. O que lhe cabe é querer ser ajudado.

Só há um caminho para o sucesso: dar sucesso aos outros.

O sucesso só é possível por meio das outras pessoas.

Ninguém alcança o sucesso sozinho.

10

Concentração

> Quem faz duas coisas ao mesmo tempo
> não faz nenhuma das duas.
> — *Bits & Pieces*, janeiro de 1999

Provavelmente, o menos compreendido dos aspectos essenciais do sucesso é a capacidade de se concentrar. O motivo, a meu ver, está na natureza paradoxal das definições dadas para a palavra "concentração". Para entendê-la melhor, vamos substituí-la pela palavra atualmente usada na língua inglesa para designar a mesma coisa: *focus* ou "foco". O "foco" pode ser definido como o ponto a partir do qual toda a sua energia emana para fora, uma energia cujo campo de atuação, portanto, vai ficando cada vez mais largo à medida que se afasta de você. A isso se chama *foco virtual*. Ao mesmo tempo, o "foco" é definido como o ponto sobre o qual você concentra todas as suas energias, de modo que o campo de atuação dessas energias fica cada vez mais estreito à medida que se afasta de você. A isso se chama *foco real*. Não é difícil saber qual dos dois focos, dos dois tipos de concentração, é necessário para o sucesso. O próprio nome deles já diz tudo. Você prefere um sucesso real ou um sucesso virtual?

Além das definições paradoxais, há um outro fator que prejudica a concentração: a nossa programação mental. As palavras de sabedoria que nos formaram custam caro para a nossa capacidade de concentração. Estou falando de palavras como "Não coloque todos os seus ovos na mesma cesta", ou "Não queime as pontes pelas quais você passou", ou "Sempre deixe uma porta aberta" e outras assassinas do sucesso. Na verdade, para ser verdadeiramente bem-sucedido, você precisa fazer exatamente o contrário do que dizem as pessoas que costumam citar essas "sábias" palavras. Se você não fechar todas as portas, terá uma alternativa a que recorrer se não alcançar o seu objetivo. O problema é que essa alternativa é sempre uma coisa já conhecida, com a qual você se sente à vontade. Quando as dificuldades aparecem, a velha porta que você deixou aberta começa a parecer muito convidativa. Ela representa a segurança e o sucesso virtual e é de fácil acesso. O sucesso verdadeiro não é fácil nem seguro! As "portas" de que estou falando são as redes de segurança que armamos ao nosso redor para podermos "jogar para não perder".

Para alcançar o verdadeiro sucesso, você precisa da verdadeira concentração. Precisa se concentrar em um único resultado positivo à exclusão de quaisquer resultados negativos e também de outros resultados "seguros", erroneamente considerados positivos. Lembre-se de quando você, ainda criança, queria aprender a andar. A possibilidade de não conseguir não figurava entre as suas opções. Você estava determinado, senão obcecado, a alcançar o seu objetivo. Concentrava toda a sua energia e toda a sua atenção nessa finalidade. Não se perguntava "se" ia conseguir andar ou não, mas "quando" ia conseguir andar! Além disso, a segurança de andar engatinhando não o atraía em absoluto. Quando decidiu de uma vez por todas que saber andar era o único objetivo aceitável, você fechou mentalmente a porta para a idéia de continuar engatinhando.

Outra idéia errônea que nos é incutida desde cedo é a capacidade de fazer várias coisas ao mesmo tempo. Somos programados para crer que tal capacidade é desejável. Aqueles que não conseguiam "correr e mascar chicletes" ao mesmo tempo eram ridicularizados e considerados fracassados. Durante 44 anos, eu me depreciei porque me comparava a essa "verdade". Embora já estivesse no caminho do sucesso, eu considerava a minha incapacidade de fazer várias coisas ao mesmo tempo como uma deficiência. Então, um dia, minha mente se iluminou e percebi que isso não passava de um valor condicionado. Li num artigo que a maioria das pessoas não tem disciplina suficiente para fazer uma só coisa, perseverar numa só coisa dia e noite até que esteja terminada, conservá-la como ponto focal de sua vida. Dizia o artigo que a capacidade de fazer uma coisa de cada vez é um dom. Na realidade não é um dom, embora essa idéia tenha me consolado muito naquela época. É uma disciplina. Qualquer um pode aprender a se concentrar, mas trata-se de uma capacidade adquirida e aperfeiçoada pela experiência e pela repetição.

Por fim, como você pode saber se sua concentração está correta? Ela é suficiente quando o seu objetivo — a coisa na qual você se concentra — consome a maior parte dos seus pensamentos e ações durante o tempo em que você está acordado. O ser humano sempre realiza o seu objetivo principal. Esta é outra lei da natureza que vigora sempre. A pessoa sempre obtém aquilo que realmente quer. A coisa que você quer também quer você! Infelizmente, a maior parte das pessoas não sabe qual é o seu principal objeto de concentração. Conscientemente, elas querem uma coisa; inconscientemente, lá no fundo, querem outra. Por exemplo, você já se perguntou por que as pessoas prosseguem envolvidas em relacionamentos doentios semana após semana, mês após mês, ano após ano? Pense nas esposas de drogados, alcoólatras, espancadores e pedófilos. Por que prosseguem com o relacionamento depois de perceber claramente que o companheiro não tem a menor intenção de mudar? Prosseguem porque esse é o caminho mais cômodo e seguro. Reclamam, gemem, choram e lhe dizem o quanto estão fartas, mas nada fazem para mudar. Por quê? Seria de imaginar que pessoas metidas nessa situação gostariam de mudar de vida imediatamente. É o inferno em vida! Porém, o diabo que você já conhece é melhor do que o diabo que você não conhece.

O medo do desconhecido é tão grande que supera em muito a dor do vício e da crueldade. As pessoas permanecem em situações torturantes porque gostam de se ver como vítimas. A realidade, evidentemente, é que elas estão lá porque querem. É uma escolha que fazem todos os dias. Minhas palavras podem parecer cruéis, mas o fato é que essas pessoas estão onde querem estar. Sua situação satisfaz a necessidade que elas têm de segurança, a segurança do que já é conhecido, e, por mais que isso pareça perversão, é verdade.

Outro exemplo de concentração incorreta está na história de um homem de negócios chamado Lou. Lou aproveitou uma oportunidade para abrir seu próprio negócio. Tinha entusiasmo, motivação e talento suficientes para tanto. Por um ano e meio foi todos os dias para o trabalho e fez tudo o que dele se esperava, mas, no fim, faliu. A empresa faliu pelo mesmo motivo que provoca a falência da maioria das empresas: falta de capital — ou pelo menos assim parecia. Um exame mais atento, durante o qual Lou respondeu a certas perguntas essenciais, revelou a verdade. Respondendo a uma das perguntas, Lou disse que pelo menos a empresa lhe permitira economizar uma boa soma em dinheiro. Que revelação! A verdade é que Lou não fracassou; muito pelo contrário! Sem que ele soubesse, seu principal objetivo de concentração era economizar dinheiro. *O ser humano sempre realiza o seu objetivo principal — mesmo que não o conheça.*

Se Lou estivesse realmente comprometido com a idéia de construir uma empresa de sucesso, não teria tido condições de economizar sequer um centavo até a empresa dar certo. O dinheiro é um instrumento usado na construção de novos negócios. Lou não quis comprometer todos os seus recursos com sua empresinha. Aquele capital a mais teria mudado tudo, não só pelo seu valor monetário, mas também pelo que significava. Junto do dinheiro, haveria um compromisso com um objetivo. Mas Lou preferiu a segurança de jogar para não perder. Continuando a investigação, ficamos sabendo que, antes de abrir a empresa, Lou estivera envolvido a fundo com os jogos de azar. Tinha sido responsável pela criação de uma atmosfera financeira extremamente negativa em sua casa. O jogo quase acabou com o seu casamento e com todos os seus demais relacionamentos. Para Lou, o fato de economizar dinheiro era prova de que ele era um bom pai, um bom marido, uma boa pessoa. Era prova também de que já não era escravo do hábito do jogo. Lou venceu, mas à custa de sua empresa. Seu verdadeiro objetivo principal, oculto, era a vitória sobre o demônio do jogo. Se ele soubesse disso conscientemente, talvez pudesse ter adiado a sua entrada no mundo dos negócios ou mudado o seu objeto de concentração.

A verdade nua é que a concentração de que você precisa para atingir o sucesso — ou, aliás, para realizar qualquer coisa — tem de ser superior a todas as outras coisas em sua vida. Enquanto está acordado, você tem de dedicar *toda* a sua energia à realização do seu objetivo. Falaremos sobre isso de modo mais detalhado no Capítulo 11, "Limitações Energéticas Pessoais". Por enquanto, basta saber que o seu objetivo deve vir antes de qualquer outra coisa. Deve ser o centro da sua vida. Já perdi a conta do número de pessoas que fracassaram porque, no início, não dedicaram tempo nem energia suficientes à realização do seu objetivo! Diziam que tinham de passar mais tempo com as crianças, com a esposa, com os pais, fazendo seu trabalho voluntário, cuidando de seus *hobbies*, etc., e davam essas coisas como motivo de não poder dedicar mais tempo ao trabalho. Em outras palavras, queriam continuar levando a mesma vida de antes e simplesmente acrescentar-lhe o sucesso. Impossível!

Se você ainda não é bem-sucedido, o mais provável é que o seu estilo de vida não seja favorável ao sucesso. *Não se pode mudar de vida (alcançar o sucesso) sem mudar de vida* — por isso, a vida *precisa* ser mudada! Porém, não é necessário ignorar definitivamente os outros aspectos importantes da sua vida. Quando você já estiver próximo de atingir o seu objetivo, poderá então dispor de tempo e energia para cuidar das outras necessidades que você considera importantes. Só que a essa altura você já terá adquirido a capacidade de se concentrar.

A concentração intensa é, em geral, o fator do sucesso que as pessoas mais negligenciam, e isso normalmente ocorre porque elas se vêem às voltas com uma auto-imagem medíocre. Precisam se ver — e fazer com que os outros as vejam — como um bom pai, uma boa esposa, um bom filho, um bom cidadão, um bom religioso, etc. É esse mais um dos motivos pelos quais o exercício do "Quem sou eu?" é tão importante. Se você crê subconscientemente que tem deficiências em um ou mais desses aspectos da vida, a melhor coisa que pode fazer é trazer essa crença à tona, identificá-la (ou seja, perceber que tal crença tem por base um valor condicionado) e lidar com ela. Assim, suas possibilidades de sucesso não serão inconscientemente arruinadas. Quando você estiver próximo do sucesso, vai poder cuidar de outros assuntos com a mesma concentração. E, como já será relativamente bem-sucedido, provavelmente já poderá contar com o dinheiro e a segurança de que necessita para cuidar deles com mais rapidez e eficácia do que antes.

Para concluir, a concentração é tão importante para o ser humano quanto a bússola para um navio ou avião. Quando o navio ou o avião parte para o seu destino, ele sai várias vezes da rota e tem de reajustar sua direção, às vezes centenas de vezes no decorrer de uma única viagem. É a vigilância constante sobre a bússola que garante que os ajustes possam ser pequenos de cada vez. Sem essa vigilância e essa flexibilidade constantes, a certa altura teria de ser feita uma mudança drástica de direção, e é possível que, em determinadas circunstâncias, se julgue que o esforço de fazer essa mudança não vale a pena. Por fim, devo dizer que todos são bem-sucedidos! As pessoas podem não alcançar o sucesso no que imaginavam ser o seu objetivo principal, mas sempre realizam seu objetivo primário real, mesmo que o desconheçam. A lição aqui é a seguinte: conheça o seu objetivo! Conhece-te a ti mesmo!

TEMAS PARA REFLEXÃO

O ser humano sempre realiza o seu objetivo principal — mesmo que não o conheça!

Não se pode mudar de vida sem mudar de vida!

11

LIMITAÇÕES ENERGÉTICAS PESSOAIS

> A energia que poderia ser usada para a realização de objetivos complexos, para a promoção de um crescimento benéfico, é desperdiçada em padrões de simulação que não fazem senão caricaturar a realidade.
>
> — Mihaly Csikszentmihalyi, em *Fluxo*

Uma das coisas que você percebe quando adquire mais consciência de si mesmo é que, no decorrer de um dia, você gasta uma determinada quantidade de energia. Você sabe que isso é verdade porque, a certa altura, fica cansado e sente a necessidade de "recuperar as forças". As forças estão no nosso nível de energia. Você já percebeu que se sente forte e vibrante quando está cheio de energia? E que, por outro lado, se sente fraco e desanimado quando seu nível de energia está baixo? Essas coisas não são meras sensações. São indicações do seu nível de energia. São um verdadeiro barômetro da sua eficiência no dispêndio de energia para a realização e a criação. A cada dia, você tem uma quantidade limitada dessa energia à sua disposição, e seu sucesso vai depender de quão sabiamente você a utiliza.

A consciência da energia não é uma coisa fácil, mas é essencial. Você já reparou que, quando está na presença de certas pessoas ou fazendo certas coisas, se sente mais energizado, ou então enfraquecido? As pessoas e as coisas que aumentam a nossa energia são importantes, mas mais importantes ainda são os drenos de energia que encontramos. Eles nos roubam os humores criativos que nos permitem criar a riqueza em nossa vida. As pessoas negativas constituem um perigoso dreno de energia quando você tenta melhorar a sua vida. Parece que, assim que você fica de pé e começa a ver o que os outros não vêem, em busca de uma vida melhor, começa a atrair a negatividade alheia.

É como se a vida o pusesse à prova para verificar a sua força de vontade. Você já viu o que acontece quando você põe muitos caranguejos dentro de um balde grande? Assim que um deles começa a escalar o balde para escapar, os outros o agarram para tentar sair também, e assim nenhum deles chega à liberdade. O mesmo acontece com um grupo de pessoas. Assim que uma delas começa a galgar os degraus do sucesso, as outras "grudam" nela e inibem-lhe o progresso. Muitas vezes, o que acontece é que ela passa a viver de novo como as outras (cai de novo no balde).

As pessoas que nos rodeiam têm seus motivos para querer ou não querer que cheguemos ao sucesso. *O sucesso pode ser seu, mas todas as outras pessoas participam dele.* As que mais vão magoá-lo são as que se sentirem ameaçadas pelo seu sucesso. Estou convicto de que a maioria das pessoas que querem arruiná-lo o faz porque você representa uma ameaça ao torpor em que ela vive. Se você conseguir de fato alcançar o sucesso, será uma lembrança viva do que elas poderiam realizar se não tivessem tanto medo. Vai trazer à tona todas as coisas negativas que elas pensam sobre si mesmas quando estão na sua presença. Elas deveriam vê-lo como um exemplo de como todas as pessoas podem mudar para melhor, mas, em vez de encará-lo como uma fonte de motivação, encaram-no como uma ameaça. Em vez de olhar para o lado positivo, olham para o negativo — aliás, é por isso mesmo que estão onde estão!

Você poderá identificar essas pessoas pelas precauções que elas recomendarão que você tome. Elas lhe dirão: "Tome cuidado, você está se arriscando demais!" Vão lhe dizer para "deixar a porta aberta" e lhe darão outros conselhos aparentemente sábios e lógicos. Sempre que uma pessoa lhe oferece um conselho, a primeira coisa que você tem a fazer é olhar para onde as idéias dela a levaram. É para lá que você quer ir? Lembre-se: a menos que elas tenham conseguido o mesmo que você quer conseguir, não têm nenhum conhecimento direto do qual você possa aproveitar. Procure alguém que tenha esse conhecimento! Lembre-se: todas as pessoas que fazem parte da sua vida têm um interesse em vê-lo alcançar o sucesso ou desmoronar no fracasso. Os conselhos que elas lhe dão são sempre determinados pelos interesses que têm, e essa imperfeição intrínseca dos conselhos pode minar-lhes completamente a eficácia, por mais bem-intencionado que seja o conselheiro.

Acho que é por isso que muitos gurus do sucesso nos dizem para não divulgar os nossos objetivos (sonhos). Dizem isso porque, se você partilhar seus sonhos com as outras pessoas, elas começarão a agir segundo o fato de seu objetivo representar para elas uma possibilidade positiva ou negativa. É como um móbile sobre o berço de um bebê. Quando uma pessoa (você) o move, todas as outras mudam de posição a partir do movimento da primeira (você) — e as pessoas detestam a mudança! É importante observar, ainda, que as pessoas que o rodeiam não têm consciência do que estão fazendo, e por isso não podem ser consideradas responsáveis por não lhe dar apoio ou por lhe oferecer conselhos inúteis. Se elas tivessem consciência de si mesmas, fariam parte do grupo das pessoas bem-sucedidas cujos conhecimentos você deve buscar para ter auxílio em sua empreitada. Uma vez que você compreende isso, já não tem motivo para irar-se contra elas nem para se sentir ofendido ou magoado. Se fizesse isso, estaria comprometendo sua energia com outra coisa que não é o objetivo que você quer realizar.

Outro aspecto sob o qual as limitações energéticas são importantes diz respeito à concentração somente numa coisa ou num objetivo. No decorrer de um dia, você perde muita energia simplesmente para atender às necessidades da sobrevivência e de uma vida responsável. As necessidades básicas por si mesmas roubam uma boa porção da sua energia. Não há como evitar esse uso da energia, mas existem muitas atividades às quais nos dedicamos que na realidade não são necessárias e representam um desperdício de energia. São desnecessárias porque nem atendem às nossas necessidades básicas nem nos aproximam do nosso sonho.

Quando comecei minha carreira de vendedor, por exemplo, eu trabalhava em casa. Usava o telefone para marcar minhas reuniões de apresentação de produto. Se você já tentou marcar reuniões de venda pelo telefone, sabe que o primeiro telefonema é o mais difícil. Muito embora o telefone esteja bem à sua frente, parece que está a um quilômetro de distância; e, quando você finalmente consegue pegá-lo, parece pesar uns quinhentos quilos. Eu me sentava em frente do telefone por pelo menos quinze minutos e tentava despertar em mim a coragem e a motivação necessárias para começar. Quando eu enfim começava, os telefonemas subseqüentes ficavam progressivamente mais fáceis.

Por estar em casa, porém, eu estava vulnerável a certas distrações e drenos de energia. Minha esposa, por exemplo, me pedia que lhe fizesse o favor de passar na lavanderia e pegar a roupa limpa. Ela estava sobrecarregada pelos cuidados da casa e de nossos cinco filhos. Segundo ela, se eu lhe fizesse aquele favor, isso a ajudaria muito e não levaria mais de quinze minutos. É claro que eu queria ser um bom marido e um excelente pai, e por isso consentia em ajudá-la. Você sabe do que estou falando, não sabe? Todos os dias em que eu trabalhava em casa, tinha muitas oportunidades de demonstrar que era um bom pai e um bom marido e aproveitava todas elas. Quem não faria o mesmo? Além disso, os favores que ela me pedia eram sempre bem pequenos. Mas, quando comecei a calcular quanto me custava o simples ato de buscar a roupa na lavanderia, comecei a encarar as coisas de outro modo.

Quando eu por fim retomava o ritmo dos telefonemas, os quinze minutos já se haviam transformado em uma hora. Nessa hora, eu teria sido capaz de marcar pelo menos uma reunião. Quando dividi o número médio de reuniões pela comissão média que ganhava numa semana, cheguei à conclusão de que cada reunião marcada era equivalente a 50 dólares. Como eu não usava aquela uma hora para marcar reuniões, minha família perdia 50 dólares toda vez que eu saía para buscar a roupa na lavanderia. Se eu perdesse uma hora por dia, ganharia 250 dólares a menos no final da semana. Quando percebi isso, toda vez que minha esposa me pedia algo que me forçaria a deixar o trabalho, eu lhe dizia que ela tinha de me pagar 50 dólares. No começo ela me olhava como se eu estivesse maluco; mas, quando eu lhe mostrei as contas, ela por fim concordou em me deixar trabalhar sossegado e dedicar-se às suas atividades como se eu não estivesse em casa mas no escritório. Desnecessário dizer que meu desempenho melhorou muito. Quanto mais eu examinava detidamente a minha vida, mais eu percebia os drenos desnecessários de tempo e energia e os eliminava.

Como gerente de vendas, já testemunhei inúmeras vezes os resultados adversos obtidos por vendedores bisonhos que tentam alcançar o sucesso mas, ao mesmo tempo, são os seus próprios piores inimigos. Como os vendedores que eu treinava não ganhavam salário, mas só comissão, muita gente relutava em correr esse risco. De modo consciente ou sutil, desde cedo nós aprendemos que o trabalhador merece o seu salário. E, embora eu acredite nisso, está implícita aí a idéia de que o trabalhador tem de ter uma "garantia" de que vai ganhar algo, quer seja produtivo, quer não. A ausência de um salário semanal fixo assustava muita gente.

Para afastar esse medo, os novos vendedores tentavam colocar-se em situações mais seguras. Muitos trabalhavam à noite em outra coisa ou tinham outra fonte de renda que, a seu ver, só exigia um mínimo de atenção. O único problema era que todo o tempo e energia que dedicavam para garantir essa segurança era um tempo e uma energia de que não podiam dispor para realizar seus sonhos de sucesso. Isso vai contra tudo o que dissemos a respeito da concentração e tem resultados desastrosos.

Lembre-se: todo ser humano realiza o seu objetivo principal. Se o mais importante para você é a segurança, é isso que você vai obter, em geral à custa de tudo o mais. Isso se aplica também a quaisquer passatempos ou atividades que você tenha. Como eu já disse, se aplica até às suas idéias de o que é ser um bom pai ou mãe, marido ou esposa, filho ou filha. É verdade que esses títulos são importantes, assim como os nossos passatempos e atividades. Porém, quando preferimos essas coisas ao sucesso, quando elas são mais importantes para nós do que o sucesso, elas nos roubam o tempo e a energia que precisaríamos investir em nossa busca do sucesso. O sucesso tem de vir em primeiro lugar, tem de ser a coisa *mais importante* da sua vida, tem de ser aquilo a que, de início, você dedica *todo* o seu tempo e a sua energia, com exceção dos que despendem em suas mínimas necessidades de sobrevivência.

De início, essa idéia não parece muito empolgante, mas o bom é que, quando você a adota, o sucesso acontece muito rapidamente e lhe permite então cuidar desses outros aspectos da sua vida. Além de o sucesso vir rapidamente, você ficará impressionado com a facilidade com que será capaz de dedicar-se às outras coisas que quer fazer. Isso porque *o sucesso numa coisa lhe ensina a ter sucesso em qualquer coisa*. Quando você consegue por fim vencer o medo, a moda e a programação mental errônea, o sucesso fica simples e garantido!

Quando falo das limitações da energia pessoal e do uso que você dá a essa energia, não me refiro somente à energia física, mas também à energia mental e espiritual. Certa vez, Thomas Edison foi ridicularizado por não se lembrar do número do telefone de sua própria casa. Ele respondeu que não tinha por que atulhar a mente com dados que podiam ser facilmente registrados numa caderneta. Vou ampliar essa resposta: por que uma pessoa deve usar sua energia mental para se lembrar de um dado pouco importante quando pode usá-la para pensar? Podemos escolher entre usar a mente como um armazém de informações e usá-la para pensar.

Foi Napoleon Hill quem escreveu o primeiro livro sobre como alcançar o sucesso. O livro se chamava *Think and Grow Rich* [*Pense e Fique Rico*]. Ele não disse "Trabalhe e fique rico", nem "Aja e fique rico". Escolheu especificamente a palavra "pense" porque é isso que a maioria das pessoas não faz. Elas gastam sua energia mental com atividades que não as aproximam nem um pouco de seus sonhos. A preocupação, o medo, a opinião das outras pessoas e um sem-número de outros drenos mentais roubam o sucesso e a energia criativa que a mente pode usar para garantir o sucesso. Quais são os drenos que roubam a sua energia mental? Quais as explicações e justificativas que você dá para não se concentrar no seu sonho? Como você e as pessoas que o cercam minam — sem querer ou por querer — as suas tentativas de alcançar o sucesso? Quando é que você vai se decidir a dedicar todas as suas energias à realização do seu sonho? São essas as perguntas que resultam no sucesso.

TEMAS PARA REFLEXÃO

O sucesso é seu, mas todas as outras pessoas participam dele.

O sucesso numa coisa lhe ensina a ter sucesso em qualquer coisa.

12

O QUE É O SUCESSO?

> O que você faz pelo próximo,
> faz por si mesmo.
> — Paulus

A questão de o que é o sucesso tem sido debatida há séculos. A meu ver, todos concordam em que o sucesso, no geral, é subjetivo. Existem também diversos tipos de sucesso, assim como existem diversas áreas da vida nas quais podemos alcançar o sucesso. Este livro tem o objetivo de ajudar você a alcançar o sucesso financeiro — a riqueza. Nesse contexto, existem alguns axiomas nos quais podemos nos basear. Em primeiríssimo lugar, *o sucesso é a felicidade*. Em sua forma mais diluída, o sucesso é o nosso desejo de concretizar a paz em nossa vida. É aquela sensação de segurança, aquela capacidade de enfrentar o futuro desconhecido, que nos permite viver o dia de hoje com um sorriso nos lábios. A busca da felicidade é o impulso básico que nos motiva a alcançar o sucesso. Para além disso, as coisas não são tão claras. Essa obscuridade é causada pelo surgimento do ego, a pessoa que você pensa que é. O ego, você, se apossa desse objetivo celeste da felicidade por meio da riqueza e, mediante os processos de pensamento que desenvolve, ou o favorece ou o nega.

Certas pessoas pensam erroneamente que o sucesso consiste na acumulação de dinheiro. Em geral, essa idéia resulta do fato de o ego ser uma espécie de filtro cego. O ego, quando não é submetido a algum tipo de controle, só pensa em si e não tem nenhuma consciência do mundo que o cerca. Sem um controle consciente, o ego se torna como um macaco em loja de louças, destruindo tudo o que encontra em seu caminho; ele se torna também a fonte da sua própria destruição. A falta de consciência do ego nos coloca na posição de escravos dele, e, por isso, nós também nos escravizamos às coisas que ele produz. É por isso que as pessoas que concebem o sucesso como a acumulação de dinheiro geralmente são consumidas por todos os medos relativos ao dinheiro. Elas se tornam escravas do dinheiro.

Quem está tentando tirar de você o seu dinheiro? Quem é seu amigo só por causa do seu dinheiro? Em quem você pode confiar? Esses medos negam a própria base da busca do sucesso — a saber, a felicidade. Como alguém pode ser feliz com esses medos atormentando-lhe a mente? O sucesso, a riqueza, não é a acumulação de dinheiro. Essa motivação é egocêntrica, mas o único caminho que leva ao verdadeiro sucesso é o que passa pela cooperação dos outros. O ideal é que uma massa de pessoas conspirem para que você alcance o sucesso. E é simples obter isso: basta *dar a um grande número de pessoas um interesse pessoal em seu sucesso*. Se elas tiverem algo a ganhar pelo fato de você ser bem-sucedido, elas o ajudarão ativamente a chegar lá. O dinheiro que resulta do sucesso não passa de um subproduto de todo o processo.

Muitas pessoas bem-sucedidas já disseram que o dinheiro "é só um instrumento de avaliação do sucesso", porque o que dá felicidade não é o dinheiro, mas o processo, o ato de chegar a ser bem-sucedido. A riqueza resultante é o meio de que você dispõe para recompensar as pessoas que conspiraram para que você alcançasse o sucesso. Ao redor de todos os homens e mulheres de sucesso há um sem-número de pessoas que participam desse bem. Quanto mais você partilhar a sua riqueza com os outros, tanto mais eles se esforçarão para ajudá-lo a ser mais bem-sucedido ainda. É por isso que as pessoas bem-sucedidas têm o toque de Midas; é por isso que os ricos ficam mais ricos. Se você agir corretamente, o cosmo inteiro vai colaborar consigo.

Provavelmente, a lei menos compreendida do sucesso duradouro é a que reza que o sucesso não é obra de um único indivíduo nem é obtido somente para o bem desse indivíduo. As pessoas bem-sucedidas são as que mais generosamente contribuem para causas que aliviam os males da humanidade. Creio verdadeiramente que a Força Superior, o universo, etc., dá a riqueza duradoura às pessoas que sabem o que fazer com ela. Essa questão me foi esclarecida por uma colega chamada Jerri Lynne, com quem trabalho há muitos anos e que me conhece melhor do que a maioria das pessoas. Certo dia, ela comentou: "Finalmente descobri por que você ganha tanto dinheiro: é porque você dá muito dinheiro!"

Dar dinheiro é comparável a plantar as sementes de colheitas futuras. As doações são investimentos. Não é assim que eu as considero no momento em que estou doando, mas que outro nome podemos dar à destinação de recursos que depois voltam para você decuplicados ou mesmo centuplicados? Encontro pessoas e causas dignas e merecedoras das minhas contribuições e, a partir daí, funciona a lei da compensação. *Pela lei da compensação, nenhuma ação fica sem a sua recompensa.* As boas ações colhem bons resultados e as más ações, maus resultados. Ela sempre funciona. Por isso, tome cuidado com as sementes que você planta hoje. São elas que vão determinar o que você vai colher amanhã!

Eu seria descuidado se concluísse este capítulo sem tratar da mais indefinível de todas as características do sucesso financeiro. Esse caráter indefinível resulta de uma daquelas leis universais que vigoram sempre, quer você tenha consciência delas, quer não. Para afirmá-lo da maneira mais simples possível, *a busca da riqueza afasta a riqueza!* De início, é difícil compreender essa idéia, quando pensamos em todos os conceitos condicionados que temos a respeito da fixação de metas e da concentração da intenção. Mas, se você deixar que sua mente se expanda um pouco, vai perceber que, na vida, todas as coisas que valem a pena estão sujeitas a essa mesma lei universal.

Considere o caso do amor, por exemplo. Quantas pessoas cometem o erro de sentir pena de si mesmas porque não estão comprometidas com um relacionamento amoroso? Não encontram quem as ame. Já aquelas que "encontraram" o amor sabem que isso só aconteceu porque elas amaram a outra pessoa primeiro. Pelo ato de dar, nós recebemos. O amor que tanto queríamos estava bem à mão, dentro de nós. Só se concretizou em nossa vida quando o manifestamos, mas já existia desde antes. Nós procurávamos como loucos por algo que já tínhamos. Se você ainda não teve a felicidade de ser amado por alguém, essas palavras lhe parecerão insensatas. Serão incompreensíveis. Porém, a sua incompreensão não muda a lei. Quando você provar o amor em sua vida, conhecerá a verdade. Depois disso, o que lhe será incompreensível é o fato de as pessoas não compreenderem o quanto tudo é simples. Essa é a espiritualidade do amor.

A mesma coisa vale para outro estado ao qual atribuímos um altíssimo valor — a felicidade. Desde a escola primária aprendemos sobre a "busca da felicidade". Essa idéia até faz parte da nossa Declaração de Independência. O paradoxo, porém, é que a busca da felicidade é contrária à experiência da felicidade. As pessoas dizem: "Se eu tivesse outro emprego, seria feliz." "Se encontrasse a pessoa certa, seria feliz." Em virtude de sua programação mental, elas impõem condições para a felicidade e suas expectativas tornam-se suas desculpas. É essa a parte da "busca" na idéia de "busca da felicidade", mas elas a entenderam ao contrário. A felicidade não é um subproduto de todas essas condições, mas a própria fonte delas! As pessoas voltam sua atenção para as coisas erradas e, por isso, a felicidade foge delas. Os que são felizes sabem disso. Se você for feliz, a pessoa certa vai encontrá-lo, o dinheiro vai encontrá-lo e o emprego certo vai bater na sua porta. O que vem primeiro é a felicidade; depois, você a vive à medida que a transmite aos outros. Ela já está dentro de você, à espera do momento de ser vivida. É essa a espiritualidade da felicidade. Tudo aquilo que damos, nós recebemos!

Outra experiência a que damos muito valor é a aquisição de conhecimento. Nós aprendemos que "conhecimento é poder", e isso é verdade. Mas não há nada que seja desconhecido; só há o inexplorado. A invenção da lâmpada elétrica não criou a eletricidade. A energia elétrica já existia desde o princípio dos tempos, à espera de ser percebida, à espera de ser descoberta. O fato de sermos uma parte deste universo infinito nos franqueia imediatamente o acesso a todos os seus tesouros de conhecimento. A Bíblia nos diz que fomos criados à imagem e semelhança de Deus. Nessa imagem e semelhança estão incluídas todas as qualidades, inclusive a do conhecimento. A verdade dessa idéia está oculta na raiz da palavra "educação". A palavra "educar" significa "extrair de". Quando uma pessoa é educada, o conhecimento é extraído de dentro dela. Não poderia ser extraído se já não estivesse ali! O ato da educação formal permite que as coisas já conhecidas sejam "reconhecidas". A operação de uma máquina de fac-símile é um mistério, senão um milagre, até o momento em que "reconhecemos" sua operação. Depois disso, ela se torna apenas mais um aparelho que nos simplifica a vida.

Para "reconhecer" o conhecimento que você já tem, ensine. Ou seja, dê conhecimento. A antiqüíssima parábola sobre o professor que aprende mais do que o aluno contém a validade dessa forma de agir. O mesmo se pode dizer da sabedoria do ditado "Quando o discípulo está pronto, o mestre aparece". A verdade é que o mestre está sempre presente; é o discípulo que não está. Não estou falando de uma presença física, mas da presença na consciência. Quando se apresenta a consciência das leis que regem o conhecimento e o universo em geral, o discípulo se torna o seu próprio mestre. A busca do conhecimento é uma falácia. Você já sabe tudo o que quer saber. Se você quiser aprender — ensine! Essa é a espiritualidade do conhecimento.

Como acontece com todos os tesouros da vida, acontece também com a riqueza. Quanto mais você se concentrar na aquisição de dinheiro e bens, tanto mais eles fugirão de você. Oscar Wilde disse certa vez: "Só há uma classe de pessoas que pensa mais em dinheiro do que os ricos: os pobres. Aliás, os pobres não conseguem pensar em mais nada." E o que pensam eles a respeito do dinheiro? Pensam na falta de dinheiro. E sabe o que acontece na vida deles? A falta de dinheiro. Os pensamentos que conservamos na mente tornam-se a realidade. Todos os pesquisadores do sucesso que já passaram por esta terra lhe dirão a mesma coisa: Napoleon Hill, Earl Nightingale, a lista é infinita. Todos eles conhecem a mesma verdade. Entretanto, também é verdade que pensar na posse das riquezas fará com que elas se afastem de você. Se você quiser mesmo ter a riqueza em sua vida, faça-a aparecer na vida de outras pessoas. É dando que se recebe. É por isso que está escrito na Bíblia: "Àquele que tem, tanto mais lhe será dado até que fique rico; da pessoa, porém, que nada tem, mesmo o pouco que tem lhe será tirado."

Eu parafraseei um pouco a palavra sagrada, mas você entendeu. Os ricos ficam mais ricos e os pobres ficam mais pobres. *O sucesso não é um estado de vida, é um estado da mente.* É por isso que a pessoa de sucesso pode ser bem-sucedida em quase tudo, senão em tudo. É por isso que a pessoa verdadeiramente bem-sucedida que perde a sua riqueza a recupera tão rapidamente. Não é o dinheiro que torna a pessoa bem-sucedida, é o seu ser interior. Essa é a espiritualidade do sucesso. Primeiro você é um sucesso no interior; depois, esse sucesso se mostra no exterior. Para conhecer as maravilhas e os tesouros do mundo, olhe para dentro de si.

TEMAS PARA REFLEXÃO

O sucesso é a felicidade.

O sucesso não é um estado de vida, é um estado da mente.

Dê a um grande número de pessoas um interesse pessoal em seu sucesso.

A lei da compensação determina que nenhum ato fique sem a sua recompensa.

A busca da riqueza afasta a riqueza.

13

VOCÊ ESTÁ DESTINADO AO SUCESSO

> Quando o homem se identifica com o Um, todas as coisas estarão completas. Quando chega ao ponto de não ter mais sentimentos subjetivos, os seres espirituais se submeterão a ele.
> — Chuang Tzu

Sucesso é felicidade. Na verdade, todas as formas de sucesso fazem parte da tentativa da pessoa de atingir a felicidade. O sucesso financeiro não é exceção a essa regra. O que as pessoas querem não é nem o dinheiro, nem a fama, nem o respeito. É a felicidade que o dinheiro, a fama e o respeito podem lhes dar. É essa a motivação básica que nos leva a suportar tudo o que temos de suportar para alcançar o verdadeiro sucesso — a felicidade. Quando você se concentra no dinheiro, na fama ou no respeito, o sucesso não costuma durar muito. A aquisição dessas coisas gera automaticamente o medo de perdê-las, e esse medo torna-se uma profecia que se concretiza.

Enquanto filho de Deus, enquanto partícipe da consciência universal, você tem o direito natural de ser feliz, sejam quais forem as suas crenças. Um de meus gerentes, chamado Victor, estava fazendo uma palestra para um grupo de vendedores iniciantes, e uma das coisas que ele disse me impressionou por ser muito verdadeira. Ele disse: "Vocês sabem o quanto são especiais? No momento da sua concepção, havia milhões de possibilidades, pois havia pelo menos duzentos milhões de espermatozóides capazes de fertilizar cada óvulo. Porém, só vocês conseguiram. Vocês superaram dificuldades quase insuperáveis só para poderem nascer. Vocês acham que isso aconteceu por nada? Ou que superaram essas dificuldades por um motivo?

Vocês nasceram para chegar à grandeza. O simples fato de terem nascido é prova disso, mas a maioria das pessoas vive na mediocridade e mal consegue sobreviver. Nada do que vocês tiverem de enfrentar na vida será tão difícil quanto o que vocês já enfrentaram e superaram. Vocês são a própria grandeza!"

Se você não percebe que está destinado ao sucesso, isso se deve em parte ao fato de ver a si mesmo como isolado de tudo que o cerca. Isso vem do ego. Quando nos vemos separados do restante da natureza, a simplicidade de nosso destino nos escapa. Pense nisso. Como você se vê? Acaso traça uma separação entre você e o mundo? Traça uma separação entre você e eu? Entre você e a natureza? Isola-se de tudo o que acontece à sua volta, como se fosse um simples observador? Por acaso não somos essencialmente ligados a tudo quanto existe? Não há duas pessoas que vejam o mundo exatamente da mesma maneira, pois cada um de nós cria a nossa própria realidade. A realidade é subjetiva.

Você já ouviu esta expressão: "A vida é o que você faz dela." Trata-se de uma expressão absolutamente verdadeira. As coisas que vemos e o modo pelo qual as vemos (nossa percepção) criam as nossas crenças sobre o que é real e o que não é (nossa realidade). Assim, o mundo, seu mundo, é feito por você. Não existe separação entre a sua pessoa e as suas experiências, pois é você quem cria as experiências. Se você tirar seu "eu" do mundo, o mundo deixará de existir. Isso porque você e o mundo (seu mundo) são inseparáveis. Quando você morrer, morrerá também o mundo, ou pelo menos o mundo e a realidade que pertencem exclusivamente a você. Seu mundo, sua interpretação do mundo, não podem existir sem você. Não há separação entre você e o mundo. Você *é* o mundo!

Se você for capaz de entender esse conceito, o sucesso será uma coisa simples, e vou lhe dizer por quê. Quando você se vê como uma entidade separada de tudo o que o rodeia, esse todo que o rodeia é visto como uma coisa só, uma unidade. E sabe por quê? Porque ele é uma coisa só! Quando você olha para uma árvore, tem de se concentrar para vê-la separada das outras árvores e do restante da paisagem. Por que tem de se concentrar? Porque na realidade ela não é nem separada nem isolada das outras coisas. Quando você olha para fora, vê todas as coisas juntas porque elas estão juntas. Para isolar algum elemento do nosso campo de visão, temos de nos concentrar. O paradoxo é que, por causa do ego, nós temos de nos concentrar para ver a *nós mesmos* como unidos às outras coisas e não separados delas. Precisamos nos concentrar para nos ver unidos a tudo o que vemos.

Se a árvore tivesse olhos, e tivesse a felicidade e a infelicidade de ter um ego, você acha que ela nos veria como parte de todas as outras coisas, parte do universo? É claro que sim: ela nos veria da mesma maneira que nós a vemos. Agora olhe de novo para a árvore... quanto ela pode crescer? Não há limite para o seu crescimento. Ela cresce o quanto pode. Está destinada a realizar plenamente o seu potencial.

Tudo o que nós vemos do mundo natural é perfeito. *A natureza é a perfeição em ação. O universo é a perfeição em ação.* E quanto esforço a natureza e o universo têm de fazer para alcançar essa perfeição? Nenhum: são o que são. Quanto esforço consciente a árvore tem de fazer para crescer? Ela não faz esforço; simplesmente cresce. Esse é o seu destino e, como ela não tem ego, realiza esse destino. Também nós, como partes do grande todo, temos um destino a realizar. Assim como a árvore cresce o máximo possível, nós também estamos destinados a ser tudo o que podemos ser. Nesse caso, quem é que estabelece os limites para o seu potencial? Você mesmo.

Dentro de um robusto carvalho, há uma bolota. Dentro da bolota há a promessa não só de um outro robusto carvalho, mas de toda uma floresta de robustos carvalhos. A promessa contida em cada semente é ilimitada. Dentro de cada um de nós jaz a semente da felicidade, de uma felicidade sem limites, não só financeira como também emocional, física, espiritual, completa. Essa felicidade cabe a nós por direito natural. Nós nascemos para realizá-la. Estamos destinados a alcançá-la!

A compreensão da idéia de que temos o direito natural de alcançar o sucesso, quando levada às últimas conseqüências, resulta num sucesso que não exige esforço. Você já se perguntou por que as pessoas bem-sucedidas fazem com que o sucesso pareça uma coisa fácil? É porque ele é fácil. E, quanto melhores elas são, mais fácil ele parece. *Como todas as coisas no universo já são perfeitas, você também é.* Tudo o que lhe falta é parar de atrapalhar a si mesmo! Nós temos um dom que nos diferencia de todos os demais seres vivos: o livre-arbítrio. É o nosso maior dom e a nossa maior desvantagem. Tudo na vida é assim, paradoxal, pois, se não fosse pelo livre-arbítrio, nós alcançaríamos naturalmente a mesma perfeição de todos os demais seres do universo.

Infelizmente, nosso livre-arbítrio nos dá uma alternativa à perfeição. O que faz a diferença é a consciência que temos dessa alternativa. É isso o que as pessoas querem dizer quando falam de "desapego". É a maldição do ego. A pessoa que pensamos ser, ou que achamos que temos de ser (ou seja, o ego), nos impede de ser o que podemos ser! A programação mental, o condicionamento, as lembranças do passado e as coisas que aprendemos antes de adquirir o discernimento afetam para sempre todas as nossas ações e decisões. Seremos para sempre as vítimas de nossa programação mental. Ela sempre terá poder sobre nós até tornarmos possível (fazermos acontecer) um dia de ajuste de contas, um dia em que começamos a avaliar com sinceridade quem nós somos e por que fazemos as coisas que fazemos. Quando esse dia chega, nosso condicionamento começa a perder o domínio que tem sobre nós. E, quanto mais nos revelamos a nós mesmos, tanto menor é esse domínio, até o momento em que ele se inverte e nós adquirimos poder sobre o condicionamento. Quanto maior esse poder, maior o nosso sucesso.

Quando nascemos, somos perfeitos. A felicidade é para nós um modo de vida, com exceção de algumas necessidades básicas. É por isso que a alegria no sorriso de um bebê é tão verdadeira. É por isso também que, quando vemos um tal sorriso, sentimos uma vontade incontrolável de sorrir também. O bebê nos faz lembrar de nossas memórias mais antigas, de como nos sentíamos quando éramos bebês. Felicidade pura! Nenhuma preocupação! Depois disso, o mundo começou a condicionar você, a criar a pessoa que, hoje, você acha que deve ser. Mas você já era perfeito desde o início, e, quanto mais dominar e eliminar o condicionamento, tanto mais voltará ao estado de perfeição. Por acaso o bebê tem medo de alguma coisa? Não! O que você poderia fazer se não tivesse medo? Tudo! Nisso está a perfeição!

A inocência e a sublime felicidade que a acompanha, e que você tinha quando nasceu, lhe foram tiradas. Porém, você tem o direito de tê-las. Está destinado a tê-las de volta. Você não é a vítima de um plano diabólico para arruinar a sua vida. Os seres humanos têm feito isso uns com os outros desde a aurora dos tempos. Somos criaturas do hábito. Nós fazemos e transmitimos o que aprendemos — o condicionamento. Não importa saber quando tudo isso começou. O importante é quando vai terminar. E você tem de tomar conscientemente a decisão de não deixar mais que o condicionamento determine o seu viver.

Isso me lembra de uma das minhas cenas favoritas do cinema. No filme *Network* [Rede de Intrigas], a certa altura, todos os personagens põem a cabeça para fora da janela do próprio apartamento e gritam: "Não agüento mais! Chega!" Quando é que você não vai agüentar mais? Quando é que você vai perceber o que lhe aconteceu e finalmente tomar posse da sua própria vida? O dia em que você fizer isso será o marco inicial do seu sucesso.

TEMAS PARA REFLEXÃO

A natureza é perfeição em ação. O universo é perfeição em ação.

Assim como todas as coisas no universo já são perfeitas, você também é.

Você está destinado ao sucesso!

14

O Ambiente e a Culpa

Mares tranqüilos nunca criaram um bom marujo.
— Herman Melville

A coisa mais importante que a vida me ensinou é a não ter remorso de nada.
— Somerset Maugham

A meu ver, um dos maiores obstáculos à conquista do sucesso é o sentimento de culpa. As pessoas se sentem culpadas pelo que fizeram, pelo que não fizeram, pelo que estão fazendo agora ou pelo que não estão fazendo agora. Em algum momento da vida, nós ficamos com a idéia de que precisamos ser continuamente castigados pelos nossos maus atos. E quem seria o melhor carrasco para aplicar esse castigo senão nós mesmos, uma vez que cada um de nós é o seu crítico mais ferino? Já vi muitos superastros promissores sabotarem o próprio sucesso. Acreditamos que não temos o direito de ser bem-sucedidos (felizes) por causa das coisas que fizemos ou deixamos de fazer. Sei do que estou falando, pois a culpa não só me impediu de realizar o que eu podia realizar como também me levou a viver de maneira extremamente autodestrutiva.

Nasci e cresci nas ruas do Brooklyn, em Nova York, num bairro "barra-pesada" chamado Fort Greene. Eu me lembro que, quando criança, eu era constantemente maltratado. Era o alvo predileto do valentão das vizinhanças. Não gostava de brigar — podia me machucar. Mas, quanto mais eu me acuava, tanto mais atraía os valentões. Era freqüentemente o objeto de brincadeiras de mau gosto e, por causa disso, era constantemente ridicularizado. Era um solitário; não tinha escolha. Não era um rapaz da moda e os únicos amigos que tinha eram os que sofriam o mesmo destino que eu, de ser oprimidos pelos valentões. Não era íntimo de ninguém e costumava brincar sozinho. Era fisicamente fraco em comparação com os outros meninos e isso só fazia piorar as coisas. Não praticava nenhum esporte, pois não conseguia. Quando se escolhiam os times para um jogo de beisebol, ninguém queria ficar comigo. E pudera: eu não sabia nem rebater nem pegar a bola no ar. Nos esportes, eu era capaz de prejudicar qualquer time de que participasse.

Minha mãe e meu pai tinham dificuldade para manifestar seu amor por mim. Hoje, sei que me amavam profundamente. Na época, porém, eu me julgava indigno de ser amado. Quem poderia culpá-los? Eu mesmo não me amava. Quem seria capaz de amar um menino fraco, tímido e covarde que estava sempre correndo de outro mais forte? Na infância, meu único ponto forte era a escola. Eu era um excelente aluno e, no primeiro grau, quase só tirei a nota 10. Meus pais se orgulhavam disso, mas logo esse fato se tornou uma espécie de obrigação. Se eu tirasse 9,8 numa prova, meu pai me perguntava por que eu não tinha tirado 10. Eu tinha fracassado. O fato de tirar boas notas, porém, só piorava minha situação junto aos valentões. Eles me odiavam por fazê-los parecer burros, e eu pagava por isso. Não só era considerado um caxias como tinha a aparência de um: grandes óculos de aro de chifre, combinando com meu nariz grande, e um penteado cuidadosamente elaborado pela mamãe toda manhã. No que diz respeito ao sexo oposto, eu não tinha sangue-frio suficiente. Nenhuma menina queria ser vista com um covarde inútil de quem todos zombavam. Eu me achava feio. Senão, por que as meninas não gostavam de mim?

Meu pai, que me servia de modelo, era um personagem muito interessante. Digo isso agora, pois na infância eu quase não o via. Em geral, ele saía antes de eu acordar e voltava depois que eu já tinha ido dormir. Eu costumava pensar que ele trabalhava muito. Meus pais eram do tipo que não falam de seus problemas na frente das crianças. Achavam que tínhamos de ser protegidos das dificuldades da vida. Porém, quanto mais velho eu ficava, e quanto mais drástica se tornava a situação, tanto mais eu fui percebendo o que acontecia. Meu pai era jogador. Nas noites em que eu pensava que ele estava trabalhando, ele estava jogando cartas ou apostando nos cavalos. À semelhança da imensa maioria dos jogadores, ele geralmente perdia; mas, quando ganhava, nós pensávamos que estávamos no Natal. Quando meu pai ganhava, todos ganhavam. Ele era um homem extremamente generoso, mas só ganhava de vez em quando, e pouco.

Porém, não posso culpá-lo. O jogo era a tentativa que meu pai fazia para ser bem-sucedido. É isso o que aprendemos nas ruas. Lá, o sucesso consiste em ganhar no bicho ou na loteria ou em acertar os três primeiros colocados no nono páreo do hipódromo de Aqueduct. Além disso, a paternidade não era uma especialidade do meu pai. Suas expectativas eram muito altas e, às vezes, pouco realistas. Ele nunca disse nada, mas suspeito de que, no segredo, ele queria garantir que eu não ficasse igual a ele. A pressão, porém, não me ajudou. Eu me tornei pior do que ele, pois a constante certeza de não ser bom o suficiente me puxava cada vez mais para baixo.

A figura masculina mais presente em meus primeiros anos foi a de meu avô. Era um homem simples que gostava de prazeres simples. Gostava de cozinhar, gostava do seu jardim, amava sua família. Por suas ações, transmitia-me esse amor pelos prazeres simples. Hoje, sou grato pelo que aprendi com ele, mas na época ele não foi capaz de evitar que eu passasse pelas experiências que tive de enfrentar no caminho que escolhi para mim.

Quando a infância transformou-se em adolescência, minha falta de autoconfiança e a fraca idéia que fazia de mim mesmo começaram a levar-me à derrocada. Como queria mudar de vida, procurei alternativas em meu ambiente. Entrei para uma gangue de rua, os "Juvenile Gents". Na época não sabíamos que o epíteto *juvenile** caía em nós como uma luva. Nós ficávamos em "nosso" parque sem fazer nada. Bebíamos, jogávamos, roubávamos lojas, roubávamos carros, consumíamos drogas e matávamos as aulas do colegial. Éramos legais! Eu era legal! Tinha até uma namorada, a Julie. Foi a primeira menina com quem tive um certo compromisso. Ela não era muito popular, mas era a melhor que eu pude obter. Comprei uma tornozeleira para ela. É claro que o relacionamento não durou muito.

Eu costumava cabular as aulas para jogar bilhar, para ficar à toa ou para fazer outras coisas tão importantes quanto essas. Minhas notas desceram do 10 ao zero, e eu me orgulhava disso. Estava numa escola muito competitiva, a Brooklyn Technical High School. Era cheia de tipos estudiosos e inteligentes, que não tinham a menor idéia de como era importante ser "o máximo". A escola era competitiva, mas eu preferi não competir. Quando estava na escola geralmente estava na sala do diretor. Pelo menos lá eu podia encontrar algumas pessoas "normais".

Essa espiral descendente foi ganhando cada vez mais impulso e eu fui piorando cada vez mais. A gangue ficou mais ativa. Quisemos então aumentar nossa "área". Mas havia um problema: para aumentar nossa área, teríamos de tomar a área de alguém. Para isso, precisávamos de um "co-

---

* Em inglês, *juvenile* pode significar, pejorativamente, "pueril", "imaturo". (N.T.)

mandante". Era esse que comandava a gangue nas guerras de gangue. Era em geral o mais valente do grupo e muitas vezes lutava mano-a-mano com o comandante da outra gangue em frente a ambos os grupos antes de começar a briga das gangues. O conselho se reuniu para tomar uma decisão. Um cara chamado Ronnie se levantou e disse: "Vinny deve ser o nosso comandante." Não acreditei no que ouvi. Até então, tinha sido capaz de esconder muito bem minha covardia. Tinha conseguido evitar todos os confrontos com uma cara de mau e um jeito arrogante e ameaçador de andar, que comunicava sem palavras: "Não mexam comigo!"

Mas agora eu teria de brigar para valer. Teria de machucar outras pessoas e, o mais importante, poderia me machucar também. Minha vida inteira passou por diante dos meus olhos. Será que Ronnie tinha perdido a razão? E não era só eu que achava isso: alguns dos outros rapazes perguntaram se ele tinha enlouquecido. Alguns deles faziam parte dos que me brutalizavam na infância, e se lembravam de o quanto eu era um alvo fácil.

Ronnie contou-lhes uma história da qual eu tinha me esquecido completamente. Ele era forte; ninguém mexia com ele. Um dia, quando éramos mais novos, ele e seus amigos correram atrás de mim até em casa. Em geral, eu era mais rápido do que meus perseguidores, mas Ronnie corria tanto quanto eu. Se eu diminuísse a velocidade para entrar no prédio de apartamentos onde morava, seria pego; então, corri direto para o quintal, onde fiquei encurralado.

Por algum tempo minha rapidez na corrida me permitiu escapar, mas por fim me vi correndo direto para onde Ronnie estava. Instintivamente, levantei o punho fechado e o mandei para o chão. Pulei em cima dele, peguei um tijolo e estava a ponto de atingi-lo no rosto quando minha mãe, da janela do apartamento, gritou para mim e me mandou parar. Ronnie disse que ninguém mais havia conseguido nocauteá-lo e que, se não fosse pela minha mãe, ele não teria a mesma aparência. Segundo seu raciocínio, eu devia ser o comandante porque nenhum outro membro da gangue jamais chegara tão perto de ganhar dele na briga. Instantaneamente, todos adquiriram respeito por mim. Senti-me ao mesmo tempo satisfeito e amedrontado, pois mais cedo ou mais tarde todos descobririam o que eu já sabia: eu era um covarde. E quando eles finalmente o descobrissem não haveria cara de mau ou andar ameaçador que pudesse me salvar. Foi essa a primeira experiência que eu tive com o exercício de "agir como se", que é uma versão rudimentar, popular, da visualização.

Agi como se eu fosse corajoso, como se fosse um verdadeiro comandante, e por fim me tornei um comandante. Até as outras gangues me respeitavam como comandante, o que não é fácil. Meu medo me motivou a ser o que eu não era. O "agir como se" transformou-se enfim em realidade, pois, quando você age como se algo fosse verdade, e não precisa da cooperação dos outros para que assim seja, esse algo acaba por se tornar verdade. Eu era o comandante da gangue! Não é exatamente a realização que buscam as pessoas de sucesso, mas, nas ruas, é uma posição honrada e respeitada.

Saí da Brooklyn Tech no terceiro colegial porque, se lá ficasse, eu não me formaria. Fui para uma escola particular a fim de completar os créditos que me permitiriam realizar o sonho da vida dos meus pais. Tanto de um lado da família quanto do outro, eu seria o primeiro a freqüentar uma universidade. Tornar-me-ia um contador, quem sabe até um advogado. A faculdade mudou o meu jeito de ver o mundo.

Na faculdade, eu era um pino quadrado num buraco redondo. Sobressaía como um polegar inchado. Aquelas pessoas não vinham das ruas. Eram educadas, inteligentes, maduras e aptas à convivência social. Eu era inteligente, mais ou menos educado, imaturo e socialmente inepto. Era tímido demais. Não só não era capaz de começar uma conversa como também não conseguia continuar uma conversa começada por outra pessoa. Minhas respostas eram curtas e grossas. Eu sempre deixava que os outros falassem, enquanto eu ficava quieto. As coisas que eu tinha a dizer não eram importantes. Escolhia meus amigos pela sua capacidade de falar. Como sozinho não conseguiria conhecer as pessoas, fazia-o por meio dos amigos.

Um desses amigos era o Tony. Ele conhecia todo mundo, especialmente as meninas. Seu apelido era "boca motorizada". Rapaz, como ele falava! Era exatamente do que eu precisava para contrabalançar minha timidez e minha falta de autoconfiança. Como Tony era corajoso e sociável, eu teria pelo menos, e por fim, a oportunidade de conhecer uma mulher.

Na época, estavam para se realizar as eleições para o diretório acadêmico, e Tony me perguntou se eu gostaria de entrar para a sua chapa. Ele tinha um jeito todo especial de levar as pessoas a concordar com o que tinha em mente. Muito embora eu não soubesse nada sobre o assunto, uma vez que ainda estava lutando para me adaptar, concordei com relutância. Esqueci o assunto até que foram publicadas as relações dos membros das chapas. Vi meu nome arrolado como candidato à presidência e, depois dele, vários outros nomes para os outros cargos. "Alguém cometeu um erro", pensei. "Ou isso, ou o Tony ficou completamente maluco. Não posso ser presidente. Nem consigo falar!" Procurei Tony e lhe falei sobre aquilo, que eu julgava ter sido um engano. Tony disse que não era engano nenhum. "Você é candidato a presidente. Não se preocupe. Tudo vai dar certo." "Tudo vai dar certo", pensei. "Rapaz, estou encrencado. Agora é que todos vão descobrir o quanto eu sou tímido e inseguro."

Eu me lembro do meu discurso de campanha. Foi um exemplo lamentável de oratória, mas de algum modo eu ganhei! "Esse pessoal é louco", pensei. "Querem que eu os comande, e não consigo nem comandar a mim mesmo." Mas os comandei. Foi um batismo de fogo, semelhante a quando eu havia sido comandante da gangue. Em pouco tempo, eu já estava discursando perante assembléias e manifestações integradas por alunos de várias faculdades. Discursei perante delegações de professores, negociei com o reitor da Universidade da Cidade de Nova York e até me dirigi à Assembléia Legislativa do estado, em Albany. Não tive escolha. As pessoas confiavam em mim e contavam comigo. Foi essa a minha motivação, que não me deixou espaço nem tempo para me sentir amedrontado e inseguro.

No segundo ano de faculdade, conheci Marlene. Era a mulher dos meus sonhos. Apaixonei-me por ela na primeira vez em que a vi. Meu Deus, como ela era bonita! A essa altura, eu já era muito conhecido. Era um BMOC (*Big Man on Campus* — "Homem Importante no Câmpus"). Saía com dezenas de garotas, mas Marlene estava fora do meu campo de ação. Mesmo assim, eu não conseguia negar o que meu coração me dizia. Eu a amava; ela teria de ser minha. Não foi fácil. Eu queria simplesmente o que todos os outros rapazes da universidade queriam — Marlene. Casei-me com ela seis anos depois, e até hoje ela me dá a mesma alegria que me deu na primeira vez em que a vi. Foi a primeira coisa na vida que eu quis com todo o meu ser. Foi também um exemplo do que uma pessoa pode conseguir quando quer de verdade uma coisa. Marlene poderia transformar num paraíso a vida de qualquer homem, mas meu inferno ainda estava à minha espera.

A convocação para o exército interrompeu minha passagem pela faculdade. Eu tinha perdido o direito de ter a convocação adiada, pois havia perdido o ano escolar por ter ficado internado num hospital em Porto Rico depois de um acidente de motocicleta. A idéia de ir para a Guerra do Vietnã me assustava. Não se pode assustar uma bala com uma cara de mau! Além disso, se eu tinha mesmo de servir ao exército, queria ser fuzileiro naval. Naquela época, meu ego tomava muitas decisões. Os fuzileiros me transformaram num homem, mas só fizeram adiar por mais alguns anos a inevitável derrocada.

Sofri um ferimento no campo de treinamento, o que foi bom, pois obtive uma dispensa médica. Voltei para casa a fim de terminar a faculdade durante a noite enquanto trabalhava em Wall Street como contador durante o dia. Descobri que eu odiava a contabilidade. Hoje em dia, estou quase convicto de que as pessoas só escolhem uma matéria principal na faculdade para saber exatamente o que *não* vão fazer pelo resto da vida. Abri meu próprio negócio. Era algo que eu sempre quis fazer. No começo, fui sócio de meu pai e meu irmão numa loja de ferragens, mas a loja não era capaz de agüentar os nossos hábitos de jogatina. Por isso, saí e fui trabalhar sozinho. Abri um pequeno negócio de comércio por atacado numa garagem alugada.

Sonhava em chegar a ganhar um milhão de dólares em vendas, e isso aconteceu. Porém, em vez de ter sido uma realização, foi o começo de minha ruína. Era um objetivo egocêntrico, do tipo que não dura; e, como eu não estabeleci para mim nenhum outro objetivo, nenhum objetivo superior e centrado nos outros, comecei a vagar sem objetivo pela vida. Sem direção, fiquei entediado.

Foi então que encontrei a cocaína. Por quatro anos, assisti ao processo da minha própria degeneração, até chegar àquilo que todos temem para si mesmos. Moral e espiritualmente, emocional e fisicamente, eu era um nada. Destruí a vida de todas as pessoas que me cercavam. A culpa era intolerável. Cheguei a pensar em me suicidar para livrar as pessoas da dor que eu lhes causava. Quando cheguei ao fundo do poço, quando as coisas não podiam ficar piores do que já estavam, odiei a mim mesmo e busquei ajuda. Entrei em tratamento e rezei para me recuperar.

Enquanto estava em tratamento, percebi que, pela lógica, eu deveria estar morto. Percebi que a cocaína tinha sido uma tentativa de suicídio, mas que Deus tinha outros planos para mim. Um sem-número de pessoas havia morrido por muito menos do que eu fizera comigo mesmo, mas eu não morri. Por quê? Comecei a perceber que devia haver um motivo nisso tudo, um motivo maior do que eu mesmo, e foi isso que me pôs no caminho da recuperação. Percebi que minha vida tinha um objetivo. Por que tinha sido poupado? Percebi também que, para realizar esse objetivo, eu já devia ter os dons necessários. Foi isso que motivou em mim a pergunta: "Quem sou eu?" Não foi fácil ir além do ódio, do nojo e do remorso pelo que eu era e pelas coisas que tinha feito. Na época, eu não sabia que meus valores condicionados eram as verdadeiras causas de minhas falhas e imperfeições, que na verdade não passam de áreas da vida nas quais podemos ainda melhorar. Porém, à medida que as fui encarando de frente e olhando-as nos olhos, elas passaram a parecer menos horríveis. Por fim, consegui começar a procurar pelos meus pontos fortes, meus dons. Percebi que era habilidoso no trato com as pessoas e conseguia rapidamente estabelecer um relacionamento com elas. As pessoas confiavam em mim e eu conseguia ver como elas eram realmente, por trás das defesas que estabeleciam para se proteger.

Percebi também que eu era muito intuitivo. Usei esses dons para ajudar as outras pessoas que estavam em tratamento comigo, ajudá-las a encontrar o seu próprio caminho de recuperação. Minha vida finalmente passou a significar alguma coisa, e encontrei meu próprio valor ao ajudar as outras pessoas. Depois de 36 anos, finalmente comecei a viver. Quando estava pronto para voltar ao mundo, respondi a um anúncio no jornal e escolhi a área de vendas para fazer carreira. Achei que, como tinha conseguido convencer a mim mesmo a manter um hábito saudável, conseguiria também convencer as outras pessoas a comprar meus produtos. Com tudo o que aprendi a respeito de mim mesmo, consegui em um ano e meio o que a maioria das pessoas não consegue nem em uma vida — a segurança financeira. Subi muito rápido na hierarquia empresarial, sempre procurando me lembrar de que o sucesso e a felicidade nos vêm quando ajudamos outras pessoas a alcançar o sucesso e a felicidade.

Hoje em dia, sou rico, feliz e bem-sucedido. Não contei minha história para me gabar, mas para deixar claro que, por mais baixo que você chegue, ainda pode vir a terminar por cima. Por pior que seja sua opinião a respeito de você mesmo, por mais que você tenha nojo de ser quem é, as coisas não precisam continuar como estão. Tudo começa, porém, com a pergunta: "Quem sou eu — de verdade?" Se você, como eu, encontrar em si certas coisas de que não gosta, mude-as. É simples assim. Garanto que as coisas de que não gosta em si mesmo não são, em geral, resultado da hereditariedade. São as coisas que você mesmo criou em si por meio de sua história de vida. Eu não nasci covarde nem cocainômano. Eu me tornei essas coisas. *Mudei* para ficar assim, e, do mesmo modo, poderia mudar para ficar de qualquer outro jeito — inclusive uma pessoa bem-sucedida. Você pode mudar todas as coisas que já fez na vida e das quais se envergonha, pois tem poder para isso. Fui ao fundo do poço, ao mais fundo que pode ir um ser humano, mas mesmo assim consegui chegar de novo em cima, e você pode fazer o mesmo.

Por mais maluco que possa parecer, sou grato por todas as experiências negativas que tive na vida. Estou muito feliz agora, e, se você está feliz onde está, não pode pensar mal do caminho que o levou até lá! Sou grato pelos valentões, pela jogatina, pelas gangues e especialmente pelo vício da cocaína. Olhando para trás, percebo que tudo isso fez parte da formação que fez de mim a pessoa que sou agora. Parece-me que, neste caso, a lição não está em nos arrepender das nossas falhas e deficiências, mas em nos alegrar com elas.

Sei que isso é diferente de tudo o que você já ouviu. Dê graças a Deus pelas suas infelicidades, pois, se o ferro não for levado ao fogo, jamais se transformará em aço. Como disse Napoleon Hill em seu grande livro *Think and Grow Rich*, "Cada adversidade leva dentro de si a semente de um benefício equivalente a ela, ou ainda maior". *Aprenda com as adversidades e com suas fraquezas em vez de considerá-las motivos de culpa e de remorso!* Como eu já disse, lembre-se das sábias palavras que me foram ditas quando eu mais precisava delas: Mesmo Deus, em sua sabedoria infinita, espera a morte do homem para julgá-lo. Dê a si próprio o mesmo tempo para respirar que Deus lhe dá; então, o sucesso será para você um objetivo muito mais fácil de ser atingido!

TEMA PARA REFLEXÃO

Aprenda com as adversidades e com suas fraquezas em vez de considerá-las motivos de culpa e de remorso!

15

O Mito das Metas

> Não há esperança para uma idéia que a princípio não parece insana.
> — Albert Einstein

Mais uma vez, vou lhe dizer algo que se opõe frontalmente ao que o mundo lhe ensinou. As metas em geral, ou mais precisamente as estratégias atuais de estabelecimento de metas, o impedem de alcançar o sucesso! De todos os conceitos que já lhe apresentei, este talvez seja o mais surpreendente, pois a maioria das fórmulas atuais de sucesso tem o estabelecimento de metas como um de seus elementos fundamentais. Até agora, você tem seguido esses ensinamentos e está se perguntando o que há de errado com você, uma vez que não obteve os resultados esperados. Isso ocorre porque você não está se concentrando nas coisas certas.

No ramo do treinamento para o sucesso, a idéia de estabelecer metas tornou-se tão aceita que ninguém se preocupa de questionar a sua validade. Não estou dizendo que a pessoa não deva saber para onde está caminhando; isso seria suicídio. O que estou dizendo é que a concentração e a fixação naquilo que você quer não farão com que você o obtenha. Já li livros de sucesso que sugerem que você faça todo o possível para ter constantemente diante dos olhos a imagem da sua meta — desde colar uma figura da sua meta no espelho do banheiro ou no painel do carro até andar por aí com uma imagem dela em tamanho A4 fixada na corrente do chaveiro. Não conheço ninguém que tenha realizado suas metas dessa maneira, embora deva existir alguém. O segredo do sucesso não está em alcançá-lo, mas em conservá-lo. Às vezes as pessoas tropeçam no sucesso, mas permanecer bem-sucedido são outros quinhentos. É por isso que tantos ganhadores da loteria voltam ao estado em que se encontravam antes de ter comprado o bilhete premiado. Eles não ganharam o sucesso; só ganharam dinheiro! Pergunte a qualquer pessoa bem-sucedida o que foi mais difícil: chegar ao topo ou permanecer nele. Sem uma verdadeira consciência do sucesso, qualquer realização específica torna-se uma experiência de curta duração.

A lei do desapego, que é uma das leis do sucesso, reza que temos de nos desapegar dos resultados de nossas ações, e é exatamente esse o problema das técnicas de estabelecimento de metas ensinadas hoje em dia. É tão perigoso concentrar-se nas metas por si mesmas que *o estabelecimento de metas deveria vir com uma tarja de alerta*. Assim como Norman Vincent Peale escreveu sobre os muitos exemplos do *Poder do Pensamento Positivo*,* é infinitamente mais importante reconhecer o poder do pensamento negativo. Napoleon Hill e Earl Nightingale expressaram o mesmo princípio complementar: os pensamentos que você conserva na mente tornam-se a sua realidade, seja ela boa ou má. Cada vez que você pensa na sua meta, como muitos sistemas insistem que você faça, depara diretamente com o fato de que ainda não a alcançou. Por causa disso, desperta em si todo o poder do pensamento negativo, e o pensamento que fica sempre presente na sua mente, e que você ainda reforça, é o pensamento da ausência. Você se concentra no fracasso!

Além disso, a concentração constante num objetivo egocêntrico expõe você ao perigo de fazer com que a busca do sucesso seja comandada pelo ego. Até o momento em que você examina o seu condicionamento e assume o domínio sobre ele, por meio do exercício do "Quem sou eu?", o ego é o seu pior inimigo. Enquanto você não o domina, é ele que domina você. Enquanto for essa a situação, você tomará decisões tolas e improdutivas. O ego é a raiz do egocentrismo; e, como o sucesso é alcançado por meio da cooperação de outras pessoas, essa prática geralmente não tem resultados muito positivos.

Lembro-me de que certa vez decidi que minha equipe seria a número um em vendas no país. Por quê? Para que eu recebesse o reconhecimento e a glória que acompanhavam essa posição. Como era de esperar, ninguém mais se empolgou com a minha "meta" e é claro que, sem a equipe, eu nada consegui. E, obviamente, nada aconteceu. Quando percebi que meu objetivo era egocêntrico e egoísta, repensei o meu desejo. Desde o começo do trabalho como vendedor e ao longo de toda a minha carreira, sempre consegui o que queria ajudando outras pessoas a conseguir o que elas queriam. Zig Ziglar diz: "Você pode obter tudo o que deseja na vida, desde que ajude as outras pessoas a obter o que desejam." Essas palavras valem o seu peso em ouro.

Comecei a pensar em minha equipe de vendas, em como aquelas pessoas eram excelentes, em como mereciam o reconhecimento do país inteiro pelo trabalho duro a que se dedicavam. Três quartos do ano já haviam se passado e nós estávamos em terceiro lugar, tão lá atrás que nos era impossível alcançar o primeiro. Impossível para uma meta mecânica, mas não para um sonho! Quando comecei a me concentrar em obter para os membros da equipe o reconhecimento que mereciam, todas as coisas entraram no lugar. Eu sabia que isso aconteceria. A equipe achou que não fosse possível — como todas as outras pessoas, aliás. Nem sequer valia a pena contemplar a hipótese de recuperar todo aquele terreno perdido. Porém, o sucesso não é lógico. Estabeleci o objetivo e me concentrei no caminho. Esqueci o meu número um e pensei no reconhecimento para os membros da equipe. O resto é história.

O ato de se concentrar nos quereres do ego, na sua meta, gera medo — o medo de não chegar lá. A programação mental negativa inadvertidamente entra em cena e você começa a retrair-se da meta. Começa a inventar as desculpas (expectativas) que vai usar caso a meta não se concretize. *A concentração numa meta egocêntrica impede que você a atinja.*

Eu, por exemplo, quando comecei a escrever este livro, senti medo. Tinha medo de não conseguir fazê-lo bem feito, e esse medo era indício da presença dominadora do meu ego. Por isso, tive grande dificuldade para escrever e percebi que estava tentando escrever pelo motivo errado. Assim, para escrever um bom livro, tive de suprimir meu egoísmo. Tive de me esquecer do resultado almejado. Tive de deixar de lado a idéia de que o livro fosse um *best-seller*, ou mesmo de que fosse simplesmente publicado. Meu *objetivo* era escrever um livro, não ser o famoso escritor de um *best-seller*. Uma tal *meta* seria sem dúvida baseada no ego, e era ela que estava me impedindo de escrever. Quando comecei a pensar nas pessoas para quem estava escrevendo, as palavras começaram a fluir. Aprendi assim uma grande lição: *O importante não é aonde você quer chegar, mas por que você quer chegar lá!* Se este livro puder ajudar uma única pessoa a mudar de vida, terá valido a pena. Talvez você seja essa pessoa.

A corrida para chegar ao primeiro lugar entre as equipes de vendas e a experiência de escrever me travaram por um motivo muito simples, que é o mesmo motivo pelo qual as atuais estratégias de estabelecimento de metas não funcionam. Quando tentamos alcançar uma meta, o ego entra em cena e o "eu" se torna a coisa mais importante. Quando, além do "eu", existem outras pessoas envolvidas, é preciso empregar uma estratégia diferente. O problema não está tanto em ter uma meta, mas no sentido que atualmente se dá à palavra "meta". Creio que ninguém acha ruim que se tenha a visão de qual pode ser o resultado final. Qualquer pessoa precisa ter uma idéia de para onde está indo, se quer mesmo chegar lá. Porém, quando Colombo zarpou para descobrir novos mundos, não decidiu teimosamente aonde queria chegar com seus navios. Não definiu um curso inflexível rumo a um destino rigidamente determinado. Seguiu o fluxo dos ventos e das correntes marítimas e tinha uma idéia geral de onde queria chegar. Se estava mesmo procurando a Índia, errou por alguns quilômetros! Entretanto, fez uma das mais impressionantes descobertas de seu tempo! Muitas das pessoas bem-sucedidas que entrevistei para escrever este livro logo lhe dirão que você nem sempre tem de terminar no exato lugar em que planejou chegar. Às vezes, o universo é mais sábio. Você tem de ser flexível, e muitas das atuais técnicas de estabelecimento de metas não deixam espaço para a flexibilidade.

Proponho que, em vez de estabelecer metas, você estabeleça objetivos. Os objetivos permitem uma certa flexibilidade, ao passo que as metas são mais rígidas. Entretanto, não é essa a maior diferença entre os dois. A principal diferença está na formulação de cada um. As atuais estratégias de estabelecimento de metas ensinam que, quando uma pessoa estabelece para si uma meta, tem de começar por decidir o que quer (desejo) e depois pensar em como obter isso que quer (pensamento). Essa estratégia e a meta resultante têm suas raízes na emoção (desejo), à qual se segue um processo de pensamento. Usando esse processo, as metas geralmente são egocêntricas ou mesmo pura e simplesmente egoístas.

Estabelecer um objetivo é diferente. Nesse processo, o que vem primeiramente é o pensamento, que recebe depois o apoio da emoção (desejo). É o oposto do caminho seguido pelas pessoas que formulam metas. Os pensamentos pelos quais você estabelece o objetivo começam com o bem que você pode fazer às outras pessoas, ao mundo ou ao mercado. Você pode estabelecer a meta de abrir um negócio para ficar rico, e provavelmente fracassará (como nove em cada dez pessoas); ou pode abrir um negócio para ajudar as pessoas, pondo no mercado o que houver de melhor, e terá, assim, uma chance muito maior de ficar rico.

Talvez isso pareça uma sutileza, mas faz toda a diferença. Pense no exemplo de quando eu quis ter a equipe que mais vendesse no país. Quando comecei, queria ter essa equipe por motivos egoístas. Queria ser o número um e fiz um plano para tanto. O plano não previa que mais ninguém fosse o número um — só eu. Não admira que ninguém quisesse colaborar com o meu plano. Porém, assim que eu me voltei para a idéia de fazer da equipe a equipe número um, o universo inteiro passou a conspirar a meu favor. Nós reforçamos o pensamento com a emoção e alcançamos o nosso objetivo quase sem esforço. No fim, eu ganhei um prêmio por ser o melhor gerente regional do país, mas, dessa vez, eu sabia quem merecia o crédito por aquilo ter acontecido; e quando fiz meu discurso de aceitação do prêmio, fiz questão de que todos os presentes o soubessem também. A lição é simples: *se o seu resultado final ajudar as pessoas, no final você será ajudado também!*

Em geral, a meta que tem suas raízes no desejo está destinada a não ser alcançada, pois o desejo é uma expressão do ego. Como o ego indomado é o pior inimigo do ser humano e, no caso da maioria das pessoas, é condicionado negativamente desde o nascimento pela regra dos 93%, não vale a pena sequer considerar a hipótese de ter uma meta baseada no desejo (no ego). A meta seguirá inevitavelmente o seu programa de fracasso. Não obstante, é assim que a maioria das fórmulas de sucesso sugere que você formule suas metas. Ela pede que você se pergunte: "O que você quer?" — e isso é a pior coisa que você pode fazer! Essa pergunta traz à tona a programação mental negativa e fracassada do seu ego desconhecido e indomado, de tal modo que *o seu querer o afasta do objeto do querer!* Como a meta tem suas raízes nos desejos do ego destrambelhado, você jamais a alcançará. O estabelecimento de metas baseadas no desejo e no pensamento é um processo que sempre dá errado.

É absolutamente indispensável que você domine o ego, pois, como já dissemos, até você adquirir poder sobre ele, é ele que tem poder sobre você. Além disso, todas as coisas que tiverem suas raízes no ego terão sobre você o mesmo poder. Isso acontece porque a programação negativa consiste, em parte, no medo que motivou tanta gente a "aprender" o que sabe. O ego fundamentado no medo gera desejos igualmente fundamentados no medo, os quais, por sua vez, produzem metas baseadas no medo. Todas as coisas que têm suas raízes no medo terão poder sobre você. É o medo que comanda o espetáculo. Como será você capaz de realizar qualquer coisa nessas circunstâncias? E, mesmo que realize, só o medo permanecerá: o medo de perder o que você conseguiu. Não é muito compensador, não é mesmo? Você finalmente obtém algo mas não pode aproveitá-lo, porque tem medo de perdê-lo.

O melhor é deixar o ego e suas armadilhas completamente de lado até dominá-lo totalmente. Para tanto, crie o objetivo em sua mente e depois sustente-o com o desejo (emoção). Nesse processo, o desejo é completamente diferente do desejo que o motiva a estabelecer metas. Quando você formular seus objetivos a partir do pensamento, tome cuidado para não dar margem ao egocentrismo. Lembre-se de que ninguém chega ao sucesso sozinho. Quanto mais o seu objetivo ajudar outras pessoas a alcançarem o sucesso, tanto mais facilidade você terá para concretizá-lo. Quanto mais você servir aos outros, tanto mais eles o servirão. "O que plantares, isto também colherás", ou, como se diz por aí, é a lei do "bate-e-volta".

Em tese, você terá formulado em sua mente um objetivo voltado para os outros, e dará apoio a esse objetivo com suas crenças, por meio das emoções. Nada no mundo pode fazer frente a essa combinação! Na verdade, você verá maravilhado que todas as forças do universo formarão fila para aproximá-lo de seu objetivo. Você se tornará uma espécie de ímã para o sucesso. Tudo lhe parecerá fácil, pois de fato será!

Quando você dominar o ego, vai notar, entre outras coisas, que seus desejos em geral vão mudar. De egoístas passarão a ser altruístas. É por isso que tantas pessoas verdadeiramente bem-sucedidas são filantropas. Os não-iniciados acham que, quanto mais elas dão, mais recebem. Não só eles "acham" isso como isso de fato acontece! É por isso que, no estabelecimento de objetivos, o desejo é diferente daquele que norteia o estabelecimento de metas. Não é um desejo e uma emoção egoístas, mas um desejo e uma emoção altruístas. É por isso que, na introdução deste livro, eu lhe recomendei que encontrasse uma boa causa para apoiar. Boa parte do bem que acontece neste mundo é realizado pelas pessoas de sucesso.

Alguns dirão que a distinção que estabeleci entre metas e objetivos é mera questão de semântica. Com todas as minhas forças tenho de discordar, muito embora admita que a distinção é bem sutil. Na administração de vendas, há uma sutil diferença entre ser um administrador e ser um líder, mas essa diferença é total no que diz respeito aos resultados. Os administradores administram o que já aconteceu, ao passo que os líderes fazem as coisas acontecerem. Quer maior diferença do que essa? As metas podem ser produtivas quando você está lidando com uma realidade meramente física e mental, algo que não envolva nenhuma outra pessoa — como estabelecer a meta de conseguir correr dez quilômetros, por exemplo. Porém, se o seu objetivo tiver um lado espiritual, o que sempre acontece quando outras pessoas estão envolvidas, o estabelecimento de metas será prejudicial à obtenção do sucesso. Voltamos assim ao estilo militar de pensamento, já mencionado, e especificamente aos seus princípios de vitória e escassez, que falam diretamente ao ego e às emoções egoístas. Em última análise, todas as metas baseadas no ego fracassam. O sucesso financeiro, como todos os demais objetivos preciosos da vida, tem um lado espiritual; se esse lado for negligenciado, os resultados serão desastrosos. Com exceção do homem, o universo e tudo o que nele existe não têm necessidade alguma de metas. Simplesmente realizam o seu potencial máximo. *Seu destino universal é o de realizar o seu potencial máximo.*

Espero que as coisas sobre as quais falei neste capítulo estejam claras. Elas são importantes para que você alcance finalmente o sucesso que nasceu para realizar. As técnicas de estabelecimento de metas ensinadas hoje em dia têm sua origem no fracasso, e é por isso que até agora não o levaram a nada. Num capítulo posterior, discutiremos os fatos científicos que estão por trás disso. Uma outra observação que ajuda a explicar o que há de errado com a idéia convencional de estabelecimento de metas foi publicada num livro chamado *Stop Setting Goals* [*Pare de Estabelecer Metas*], de Bobb Biehl. Ele diz que muita gente estabelece metas quando deveria estar resolvendo problemas. Relata que as metas deixam muitas pessoas desmotivadas, pessoas que, pelo contrário, são motivadas pelo processo de resolução de problemas. As pessoas e as empresas que estabelecem metas buscam atingir grandes alturas, ao passo que deveriam, em alguns casos, estar resolvendo os problemas que afetam seus planos já existentes. Segundo Biehl, esse comportamento não só é irresponsável como também causa ansiedade, conflito, tensão e perda de energia.

A espiritualidade e o misticismo também têm algo a nos dizer acerca das metas e do seu estabelecimento. Em *Questions to a Zen Master* [*Perguntas a um Mestre Zen*], de Taisen Deshimaru, lemos o seguinte:

> Ter uma meta, não só no *zazen* [meditação], mas também na vida cotidiana — querer algo, querer obter algo — é uma doença da mente. Você não precisará de uma meta se, aqui e agora, estiver concentrado no que estiver fazendo: no trabalho quando estiver trabalhando, no alimento quando estiver comendo.... Aqui e agora, se estiver concentrado, sua concentração o seguirá até a morte e infalivelmente o iluminará; mas isso não é o mesmo que ter uma meta. Por outro lado, é preciso que você tenha um ideal [um objetivo]. Mas um ideal e uma meta são coisas completamente diferentes.

As intuições espirituais do misticismo, resultado de milhares de anos de introspecção e cuidadosa reflexão, levaram às mesmas conclusões, posto que por meio de métodos diversos de investigação. O outro princípio importante descoberto pelo misticismo é um que já foi mencionado de passagem: o conceito de desapego. O desapego está em não se fixar no resultado final das ações e confiar em que o universo, a Força Maior, etc. colocarão você na melhor situação possível, que pode ser muito diferente da que você tem em mente. A experiência me diz que a situação em que ficamos é sempre a melhor possível. Daí a sabedoria das palavras: "Cuidado com o que você pede, pois o seu pedido pode ser atendido!" O conceito espiritual de desapego funciona porque dá a flexibilidade necessária para que você tenha consciência das soluções e oportunidades alternativas. Porém, o motivo pelo qual ele funciona se opõe frontalmente aos princípios empregados nas estratégias de estabelecimento de metas tão em voga hoje em dia. Essas estratégias propõem graus diversos de fixação no resultado final desejado. O desapego e a fixação na meta são opostos, de tal modo que o "desapego das metas", preconizado por algumas fórmulas de sucesso, torna-se uma impossibilidade. O "desapego das metas" é um oxímoro, como "pequeno grande homem"!

Sugiro que, depois de terminar de ler este livro, você leia regularmente este capítulo sobre o "mito das metas". É absolutamente necessário que você desprograme da sua mente tudo o que as populares fórmulas de sucesso lhe ensinaram a respeito de metas. Os estrategistas do estabelecimento de metas têm fatos e números a apresentar, e a maioria das fórmulas citam um estudo já bastante conhecido para comprovar a importância das metas e do seu estabelecimento. Segundo esse estudo, os graduandos de 1953 da Universidade Yale foram objeto de uma pesquisa para saber se tinham ou não tinham metas específicas; e, caso as tivessem, se as tinham posto por escrito. Uma certa porcentagem afirmou que tinha metas, mas só 3% de todos os graduandos tinham escrito suas metas em algum lugar. Depois de vinte anos, a equipe entrou em contato com os mesmos graduandos e constatou uma coisa impressionante. Aqueles que tinham metas tinham se saído muito melhor, do ponto de vista financeiro, do que os que não tinham. E o mais espantoso é que os 3% que haviam posto suas metas por escrito tinham mais dinheiro do que todos os demais 97% *juntos*!

Esse assombroso estudo, que confirma o valor do estabelecimento de metas, só tem um problema: ele nunca foi feito! (revista *Fast Company*, dez./jan. de 1997). A Universidade Yale não tem nenhum registro dessa pesquisa; e os próprios pesquisadores, quando se lhes pediu que confirmassem seus dados, não o puderam fazer. Nunca provaram que a história era verdadeira. E ela simplesmente não pode ser verdadeira, porque, como eu e você sabemos muito bem, o estabelecimento de metas não funciona. As metas baseadas no ego devem ser tidas como o que são realmente: fontes de fracasso e frustração. Para chegar ao sucesso, você precisa antes de mais nada abrir espaço para o sucesso dentro de você, minimizando os efeitos do seu ego. Esvazie-se do seu ego. O ego é a fonte do medo, e o medo mata!

TEMAS PARA REFLEXÃO

O estabelecimento de metas deveria vir com uma tarja de alerta!

A concentração numa meta egocêntrica impede que você a atinja.

O importante não é aonde você quer chegar, mas por que você quer chegar lá!

Se o seu resultado final ajudar as pessoas, no final você será ajudado também!

Seu querer o afasta do objeto do querer!

Seu destino universal é o de realizar o seu potencial máximo.

16

Estar Vivo é Ter Consciência

> A maior revolução da minha vida foi a descoberta de que as pessoas podem mudar os aspectos exteriores de sua vida mediante a mudança das atitudes interiores da mente.
> — William James

O sucesso duradouro em qualquer campo da vida é atingido pelo domínio do ego. Isso pode ser feito de modo consciente ou inconsciente. Porém, se for feito de modo inconsciente, o sucesso poderá ser perdido tão rapidamente quanto foi encontrado, pois a pessoa não sabe qual é o estado em que precisa estar para dar continuidade à sua experiência. O ego é a idéia que temos de nós mesmos. É aquela voz que fala conosco bem baixinho quando estamos tomando uma decisão, e fala de novo depois, quando os resultados de decisão se evidenciam. Aliás, o ego é aquela voz que fala conosco a maior parte do tempo.

Quando nascemos, já chegamos a este mundo equipados com um ego que depois vai sendo programado pelas várias pessoas e acontecimentos que compõem a nossa vida. No começo, o ego nos ajuda a sobreviver. Protege-nos dos perigos que desde o nascimento nos bombardeiam. Quando o bebê nasce, não tem consciência de nada que não possa fazer. Não tem medo de fazer quase nada, pois, para ele, tudo é possível. Chamamos essa atitude de inocente e ingênua e ensinamos o bebê a ter medo para se proteger. Ensinamos para o bebê que há certas coisas que ele pode fazer e outras que não pode. Comunicamos-lhe nossas realizações e nossos fracassos para que ele parta de onde nós chegamos. Programando o seu ego, ensinamos-lhe quem ele é. É claro que, na realidade, nós ensinamos à criança quem *nós* somos. Para o bem ou para o mal, construímos uma réplica de nós mesmos, e é a partir desse ponto que todos nós começamos a viver.

A ironia disso tudo é que nós passamos o resto da vida — isso quando conseguimos acordar — tentando obter de novo a mesma inocência, o mesmo maravilhamento e as mesmas capacidades que tínhamos quando viemos a este mundo. *Passamos a vida inteira a procurar o que já estava conosco desde o início!*

São os condicionamentos do ego que habilmente ocultam a realidade do nosso ser e dificultam para nós o gozo das coisas mais preciosas da vida. O ego é a máscara que esconde o ser verdadeiro revelado pelo exercício dos valores fundamentais — o ser que já era perfeito desde a sua criação, criado à "imagem e semelhança" da Força Superior — o ser que, como o universo e a natureza, já é a perfeição em ação.

Às vezes fico a pensar se a vida não seria somente um desafio ou uma prova a que o espírito decidiu se submeter: uma espécie de jogo no qual o nosso ser verdadeiro chega a este mundo sem memória e se fecha numa mente e num corpo que usa como fonte de percepção sensorial para ter a experiência desta dimensão "física". Esse ser, além disso, se disfarça por trás de um ego que vai sendo condicionado desde o nascimento e nos leva a crer que é ele que nós somos. O objetivo do jogo é descobrir: "Quem sou eu — na verdade?" Nós temos pensamentos, emoções e experiências físicas e mentais, mas nada disso é o nosso verdadeiro ser. São somente as experiências que temos. Porém, o ego nos deixa cegos para esse fato. Passamos a vida inteira tentando enxergar através dessa cortina de fumaça para encontrar o nosso verdadeiro ser. É um jogo difícil, cuja solução tem por passo inicial a consciência.

Se não tomarmos consciência do papel do ego na nossa vida, seremos para sempre a vítima dele. Periodicamente temos intuições e pistas de qual é o nosso verdadeiro ser; mas, se não tivermos uma consciência cabal do ego, estaremos sempre predispostos a viver num mundo de faz-de-conta. *O caminho da verdade, o caminho do sucesso, começa com a consciência.* Quando você toma consciência do ego, toma consciência também dos jogos e das trapaças que ele faz com você. É ele, por exemplo, que cria a polaridade de bom e mau. O juízo que você faz de um acontecimento, se é bom ou se é mau, é determinado pelo fato de você querer ou não os resultados desse acontecimento. O resultado desejado é uma função do ego. Não existe bom e mau; só existe "o que é".

Como saber se isso é verdade? Porque o que é bom para uma pessoa pode ser ruim para outra. Daí o ditado: "O veneno de um homem é o alimento de outro." Tomemos como exemplo um caso extremo. A morte de um ente querido causa muita dor a muitas pessoas. A dor, aliás, pode durar a vida inteira. Mas e se esse ente querido estivesse doente, sofrendo muito, e tivesse ele mesmo rezado para que Deus o libertasse por meio da morte? A morte não seria bem-vinda para ele? Não seria um bem? Com efeito, certas religiões e certas culturas encaram a morte como motivo para comemoração.

Outro exemplo extremo é o dos maus-tratos físicos. É muito difícil encontrar alguém que defenda os maus-tratos físicos como um bem, mas, se você conversar com um masoquista, vai ouvir uma outra versão da história. Ele não só vê o espancamento como um bem como também pode até chegar a ter um orgasmo por causa da dor! Nesse caso, o que é o bom e o que é o mau? É aquilo que o ego nos diz. O ego, portanto, é a origem da maior parte das dores e dos sofrimentos que experimentamos neste mundo; e, enquanto não tivermos consciência disso, seremos uma vítima dele. Nossa consciência e a nossa percepção de o quanto o ego nos domina nos põem no caminho da aquisição de domínio sobre o ego, para não termos mais de ser seus escravos.

Já examinamos um dos mecanismos pelos quais o ego nos escraviza: as imagens polares do bom e do mau. Vamos investigar agora alguns dos outros expedientes de que o ego indomado se vale para nos vitimizar e impedir que alcancemos o sucesso. Já dissemos que o ego é aquela voz que fala conosco bem baixinho. A pessoa verdadeiramente inconsciente acredita que é ela mesma que está falando ou pensando. Isso faz parte da cortina de fumaça que o ego lança para nos manter "adormecidos". Uma vez que todas as pessoas são mais ou menos iguais, sua voz interior provavelmente lhe diz as mesmas coisas que a minha me diz. Por exemplo, quando eu sei que tenho de fazer alguma coisa, mas não "sinto vontade" de fazê-la, a voz do meu ego começa a falar.

Certa vez, eu estava numa viagem de visita aos vários escritórios de venda de minha região. O plano era ir de avião da Filadélfia a Columbus, em Ohio, encontrar um dos meus subgerentes, alugar um carro e ir de carro até Louisville, no Kentucky. O avião atrasou (quem diria...) e só chegou em Columbus às nove horas da noite. Depois, no caminho de Louisville, o trânsito encompridou a viagem de três horas para quatro horas e meia. Quando chegamos no hotel, desfizemos as malas e fomos para a cama, já eram duas da manhã. A reunião estava marcada para as sete e meia, de modo que eu teria de acordar às seis e meia. Essa idéia me deixou mais cansado do que eu já estava e meu ego aproveitou a oportunidade: "Você é o gerente regional. Pode fazer o que quiser. Quem ousaria questioná-lo? Você trabalha demais e precisa dormir. Qualquer pessoa pode compreender isso. Não é você que vai fazer o treinamento; por isso, se você chegar atrasado, ninguém vai se importar." Tudo isso me pareceu muito bonito, mas eu tinha de ser um modelo para os outros, e a responsabilidade dessa missão ainda sobrepujava todos esses excelentes motivos para ficar na cama. O que as pessoas iriam pensar se o líder, o chefe, não chegasse à reunião na hora? O que eu estaria comunicando aos outros se não chegasse às sete e meia em ponto, bem vestido, entusiasmado e sorridente?

Quando todas aquelas razões lógicas não me dissuadiram de fazer o que eu sabia ser o correto, o ego me deu um tiro à queima-roupa. Sacou sua arma secreta, que no passado sempre tinha efeito. A voz disse bem baixinho: "Durma oito horas: *você merece!*" Apesar de toda a minha auto-análise, de toda a introspecção, de toda a minha consciência, essas palavras chamaram a minha atenção e alimentaram o meu desejo. Foi então que me lembrei de quantas vezes essas mesmas palavras tinham me metido em encrencas. Lembrei-me das palavras que o próprio ego depois me diria caso eu acatasse a sua justificativa — "você merece". Se eu seguisse seus conselhos e fizesse o que eu "merecia", ele depois me repreenderia: "Por acaso você é um líder? Por acaso serve de modelo para os outros?" "Mas que belo líder você é, que belo modelo! Você é o pior líder e o pior modelo que eu já vi! Devia ter vergonha de se aproveitar da sua posição para se levantar tarde. Você deveria estar ensinando as pessoas a serem bem-sucedidas, não fracassadas. *Seu perdedor!*"

Depois de ouvir essas palavras, eu costumava ficar deprimido. E, pior ainda, descontava nas pessoas ao meu redor, repreendendo-as pelo seu comportamento irresponsável. Não admirava que elas fossem fracassadas. Que bando de perdedores! Na psicologia, isso se chama projeção — você acusa todos ao seu redor pelas suas próprias ações culpadas. Que jogo infernal, não é mesmo?

O importante a notar aqui é que o jogo acontece quer você tenha consciência dele, quer não. Se você está no meio de um campo de futebol americano e o jogo começa, não se surpreenda se você for derrubado. A falta de consciência do jogo não o protege de sofrer as conseqüências dele. A única solução está em perceber que o jogo sempre acontece. Com isso, você poderá assumir uma atitude defensiva, especialmente quando se encontrar no meio do jogo chamado "você merece". Isso também o impedirá de ser derrubado tantas vezes. E, quando a oportunidade se apresentar — e você reconhecerá o momento, pois estará consciente, participando do "jogo" —, você poderá partir para o ataque e marcar um ponto. Esse é um dos elementos essenciais do sucesso. É a consciência. É essa a diferença que existe entre estar conscientemente acordado e conscientemente adormecido. Com isso você deixa simplesmente de existir e passa a viver!

TEMAS PARA REFLEXÃO

Passamos a vida inteira a procurar o que já estava conosco desde o início!

O caminho da verdade, o caminho do sucesso, começa com a consciência.

Estar vivo é ter consciência!

17

IMAGENS ESPIRITUAIS DO SUCESSO

> Todas as tribulações da vida acontecem porque nos recusamos a nos sentar em silêncio no nosso quarto, durante alguns momentos por dia.
> — Blaise Pascal

O que está embaixo é como o que está em cima. O átomo é semelhante ao universo e o microcosmo, ao macrocosmo. O que está dentro é semelhante ao que está fora. Há muitas maneiras de dizê-lo, mas todas dão na mesma — em nosso mundo, todas as coisas estão inexplicavelmente interligadas e dependem umas das outras. É por isso que você precisa primeiro alcançar o sucesso no interior, e depois ele irá para o exterior a fim de manifestar-se a todos. É possível que o processo aconteça ao contrário, mas será mais difícil sustentá-lo. O motivo dessa dificuldade é que, quando isso acontece, nós começamos a acreditar no que os outros dizem de nós — que somos maravilhosos. Assim, o ego indomado fica ainda mais forte e mais selvagem, a ponto de ficar completamente descontrolado e produzir em nós um egocentrismo cada vez maior. A isso logo se segue o fracasso. É por isso que certas pessoas chegam a algo que parece ser o sucesso mas não conseguem permanecer nesse estado. O fato de não controlarem o ego tem suas conseqüências.

Diz-se que o homem é composto de três grandes partes: a física, a mental e a espiritual. O sucesso só pode durar quando é experimentado nas três. Das três, a parte que mais escapa à consciência das pessoas é a espiritual, por ser a menos tangível. Todos nós fomos programados para crer que a realidade é o que captamos pelos sentidos. O corpo físico é evidentemente real para nós, pois pode ser captado por todos os sentidos. A parte mental nós conhecemos bem, pelos nossos constantes pensamentos. Mas a parte espiritual é ignota. Em geral opera incógnita, além do alcance dos cinco sentidos, até o momento em que tomamos consciência dela. Então passamos a percebê-la conscientemente.

A espiritualidade não se identifica necessariamente com a religião, embora possa se identificar. Seja qual for a forma que assuma para você, creio que sua essência está em três elementos fundamentais. Em primeiro lugar, cada um de nós é composto de vários níveis de existência física e não-física, nenhum dos quais constitui por si o nosso ser, todos os quais são nossos e estão sujeitos aos nossos comandos. Em segundo lugar, estamos intrinsecamente ligados a todos os seres e a todas as coisas que constituem este universo. O que afeta um afeta todos. E, em terceiro lugar, existe um poder ou uma entidade maior do que nós. O ser humano individual não é o centro do universo — não, pelo menos, pelos motivos que pensa que é. Somos simplesmente uma parte do todo e, por causa disso, por nosso intermédio, esse todo é conhecido ou tornado real. Uma das coisas que percebi é o imenso número de paradoxos que constituem a realidade. Muito embora sejamos apenas uma parte do todo, uma peça do universo, esse todo está dentro de nós. *Dentro de nós está o universo inteiro.* O sucesso duradouro depende do conhecimento e da compreensão desse princípio espiritual.

Para conhecê-lo, um dos meios de que dispomos é a meditação. Muitos ocidentais consideram a meditação uma espécie de magia ou charlatanice. Por causa disso, pouca gente admite que pratica a meditação, mas você se surpreenderia em saber quantas a praticam de fato, especialmente as pessoas de sucesso. Elas não se importam com o fato de a meditação não ser socialmente aceitável. Conhecem os benefícios que ela lhes dá: a paz, a alegria, a sensação de segurança, o efeito impressionante que tem para reduzir o *stress*, o qual por si já seria recomendação suficiente para a sua prática. E, o mais importante, as intuições que você pode ter durante a meditação, que podem causar revoluções na sua vida e lhe poupar anos e anos de trabalho e angústia. Mas para meditar é preciso ter prática.

Gostaria de poder lhe mandar sentar-se, fechar os olhos e imediatamente começar a meditar e a conhecer, em grande profundidade, esse mundo interior desconhecido que é o seu. Infelizmente o processo não é tão fácil, mas é assim que começa. No começo, quando você fechar os olhos, vai ouvir dentro da sua cabeça o mesmo palavreado incessante que já ouve de olhos abertos — só que pior. Quando os olhos estão abertos, pelo menos você tem coisas para ver, que o distraem da conversação interior constante.

Quando os olhos estão fechados, tudo o que existe é essa conversação, a infindável torrente de pensamentos que nos passa pela mente. Estima-se que tenhamos mais de 150.000 pensamentos por dia, e que 90% deles são idênticos aos que tivemos ontem. A maior parte do tempo, eles simplesmente acontecem. Entram e saem da mente. É quase como assistir a uma exibição rápida de *slides*. De vez em quando um pensamento chama a nossa atenção; então, nós exercemos controle sobre a mente e pensamos nele por certo tempo. Sem a capacidade de concentração, que aliás é uma capacidade adquirida e necessária para prolongarmos esse exercício, outra idéia logo aparece e faz a mente voltar à sua desenfreada corrida.

Deepak Chopra, um vidente que merece o meu respeito, observa que o espírito se oculta no espaço intermediário entre os pensamentos. Entre dois pensamentos há um instante de silêncio, e o objetivo da meditação é prolongar esse silêncio para que dure mais do que um instante. Isso nos possibilita o acesso ao nível da consciência superior. Nesse espírito está a sabedoria infinita; segundo Deepak Chopra, ele é um campo de infinitas possibilidades. Mas não é possível chegar lá da noite para o dia. Aos poucos, com uma eficácia cada vez maior, você adquire poder sobre os pensamentos e começa a controlar o projetor de *slides*.

Há muitos métodos que você pode usar, e o importante não é qual método você usa, mas que você use um. Na meditação, os caminhos que levam ao mundo interior são vários, mas toda caminhada começa com um primeiro passo. Vou lhe relatar o processo que funciona para mim. A primeira coisa necessária é a intenção. Se você não fizer um esforço determinado para meditar, será pura perda de tempo. Isso significa que você tem de encontrar o momento e o lugar certos. Como eu tenho cinco filhos, é quase impossível encontrar um momento e um lugar tranqüilos quando eles estão acordados. Por isso, medito antes de eles se levantarem pela manhã. Tenho na sala uma poltrona confortável na qual me abanco e depois fecho os olhos.

Sento-me ereto, com a cabeça inclinada para a frente, o queixo junto ao peito, e respiro fundo três vezes, limpando os pulmões, para marcar minha entrada no mundo interior. Concentro-me na sensação do ar entrando e saindo das narinas e na respiração. Depois, desloco a atenção para as solas dos pés e sinto-os repousando no chão. Imagino raízes saindo-me dos pés e entrando na terra abaixo de mim. Imagino que elas se enrolam em torno de um grande cristal pulsante que representa a vida vibrante da terra. A ciência nos diz que tudo tem uma vibração e que, quando fazemos contato com essa vibração, podemos conhecer o objeto da nossa atenção. Faço isso para me "aterrar", para me plantar solidamente sobre uma experiência espiritual do mundo físico. Isso me põe em contato com a terra. Imagino que um fluxo de energia positiva sai do cristal pulsante, entra no meu corpo pelos pés e vai até o topo de minha cabeça. De lá ele transborda e me envolve, revestindo-me de um escudo protetor de energia positiva, uma armadura se quiser, que repele todos e quaisquer pensamentos, energias e emoções negativos que porventura venham a passar pela minha área de influência durante aquele dia.

Imagino então um globo pulsante de luz branca que lança seus raios para baixo, sobre mim — raios pulsantes de energia positiva que caem sobre mim e me lavam. A luz branca envolve todo o meu corpo e me cura. Tira de mim todas as energias negativas que possam estar comigo e, passando pelos meus pés, entra na terra abaixo de mim. Muitas vezes, a sensação que me vem é de tanta paz que fico com um sorriso nos lábios.

Em seguida, percebo que o cristal pulsante abaixo de mim e o globo pulsante de luz branca acima de mim estão vibrando ou pulsando na mesma freqüência. Sincronizo então o meu batimento cardíaco, minha vibração, com a vibração deles até que eu, o mundo acima e a terra abaixo de mim nos tornemos uma só coisa. Os três estão sincronizados e pulsando no mesmo ritmo. Percebo-me conscientemente como uma parte do todo, uma parte inalienável de tudo o que existe. Com essa compreensão, volto a atenção de novo para a respiração; sinto o ar a entrar e sair de minhas narinas, sempre de olhos fechados, tentando aquietar os pensamentos. Concentro-me na respiração para eliminar o palavreado incontrolável que fica na minha mente. No começo, a concentração na respiração era quase impossível. Assim que eu tentava pôr a consciência na respiração, os pensamentos passavam a lutar pelo seu espaço, pelo seu direito à existência. Mas, toda vez que perdia a concentração, eu voltava a centrá-la na inspiração e na expiração. Não é possível lhe dar uma idéia de o quanto foi frustrante a minha primeira tentativa de aquietar a mente, mas nossa capacidade aumenta com a experiência.

É por isso que a intenção de meditar é tão importante. A mente e os pensamentos vão pôr à prova sua perseverança. O bom é que, cada vez que você pratica, a meditação fica mais fácil. É uma questão de prática. Muitas vezes os mestres prescrevem um "mantra" para nos ajudar a sair dessa dificuldade. O mantra é um som — uma palavra ou uma sílaba — que não tem significado nenhum, mas que dá à sua voz interior algo para fazer. Você usa a voz interior para ajudá-lo a criar a experiência que está tentando ter, em vez de ficar conversando interiormente sem parar, uma conversa que não é produtiva para a experiência da meditação.

Diz-se também que cada um de nós tem um mantra pessoal que os mestres espirituais podem nos ajudar a descobrir. Meu mantra é a palavra "rithy". Não precisei de um mestre espiritual para descobri-la. Simplesmente me veio à mente um dia enquanto eu meditava. Não a uso com freqüência, mas, quando o faço, sincronizo as sílabas com a respiração. Quando inspiro, minha voz interior diz "ri". Quando expiro, ela diz "thy". A palavra "rithy" não tem nenhum significado que eu conheça, mas me ajuda a me concentrar quando a fala interior está incontrolável.

Quando você se concentra na respiração e aquieta a mente até torná-la tão vazia quanto uma lousa nova, pode começar a imaginar que está indo para o centro do seu ser. Quando o seu estado meditativo se aprofundar, você naturalmente deixará para trás a consciência da respiração e entrará em seu espaço interior. Saberá que está lá porque mal será capaz de sentir seu corpo; e, quanto mais fundo for, menos estará fisicamente presente. Uma vez lá, muito embora esteja de olhos fechados, você poderá focalizar o olhar para contemplar o espetáculo de seu mundo interior. E que espetáculo! Com prática suficiente, chegará a ver dentro de si as mesmas coisas que vê quando contempla o céu noturno. As centelhas de luz que espocam lá em cima são as mesmas que você vê quando olha para o fundo do seu ser. Esse vasto panorama de mundos desconhecidos não fica somente fora de nós, mas também dentro.

Assim como há um universo ao nosso redor, há um universo dentro de nós. No centro desse universo há uma luz clara e pulsante que fica cada vez maior à medida que a meditação se aprofunda. A certa altura, a luz fica tão grande que o envolve por inteiro, e o que você sente então é uma paz que vai além da capacidade de expressão das palavras. Na primeira vez em que isso me aconteceu, experimentei tamanha paz e alegria que lágrimas surgiram-me nos olhos. Senti essa paz e alegria pelo corpo inteiro e, por uma fração de segundo, pareceu que meu corpo começou a vibrar. Tenho de admitir que a sensação foi tão boa que fiquei com medo e encerrei-a prematuramente. Porém, a lembrança dela estará sempre dentro de mim. Nada, em toda a minha vida, me deu tanta paz, satisfação e contentamento.

Acho que é importante observar que, embora eu tenha tido essa experiência na meditação, sou somente um iniciante. Certamente não cheguei lá, e estou apenas começando a conhecer as maravilhas do meu mundo interior. Muitos gurus, monges e outros que se dedicam a essas experiências espirituais chegam a estados de consciência muito mais elevados. Essa foi só a minha experiência. E, ao contrário do que certas pessoas pensam, você não tem de raspar a cabeça, vestir uma bata alaranjada ou levar vida de eremita para meditar. Com a prática, é algo muito fácil de fazer. Você não precisa se enclausurar num mosteiro ou num templo. Pode fazê-lo em casa.

A meu ver, é importante que você não estabeleça metas para a meditação. Creio que você deve ter um objetivo quando medita, mas também deve confiar que sua meditação há de se desenrolar no seu próprio ritmo, da melhor maneira possível. Quando consigo aquietar a mente e diminuir aquela falação sem fim, não procuro formular nenhum pensamento e nenhuma intenção específica, mas também não tento impedir os pensamentos de me virem à mente. Com efeito, percebi que os pensamentos que tenho depois de entrar no estado de quietude são intuições brilhantes. Você leu sobre muitas dessas intuições neste livro. Quando isso acontece, faço questão de escrever a idéia que tive quando termino a meditação. Enquanto escrevia este livro, isso aconteceu muitas vezes, e eu nem sempre compreendia imediatamente as intuições que punha por escrito depois da meditação. Porém, minha missão é a de pegar essas intuições e defini-las numa linguagem compreensível para que você possa colher o fruto desses ensinamentos.

Percebi por fim que sou apenas um veículo, uma espécie de repórter, que recebe a imagem da intuição e tem a responsabilidade de pôr essa imagem em palavras para que você também possa "vê-la". Cheguei também a ter sonhos propriamente ditos durante a meditação, mas isso não acontece com freqüência. Plenamente acordado, entro num estado onírico no qual vejo pessoas, lugares e coisas que nem sempre compreendo, mas tenho a confiança de que depois vou compreender. Certa vez, durante um desses estados de sonho, eu lia um conceito que escrevi para este livro (e é por isso, aliás, que sei que o livro será publicado) e pensava em como era difícil explicar o conceito, muito embora eu o conhecesse. Gostaria de me lembrar qual era o conceito, mas talvez a imagem tenha me vindo só para me dar a certeza de que o livro seria publicado e atingiria o seu objetivo — mudar a vida das pessoas. O futuro dirá.

Parece-me que, quando a meditação termina, é importante não sair dela de repente, mas aos poucos. Não sei porque, mas pressinto que é perigoso entrar num estado profundo por meio de um processo e depois sair dele rapidamente, sem um processo. Quanto a mim, simplesmente trago de volta a minha atenção e me lembro de que estou na sala de estar; então, sinto o meu corpo repousando sobre a cadeira. Com os olhos ainda fechados, respiro fundo três vezes para terminar o processo do mesmo modo pelo qual o comecei. Abro os olhos devagar e em geral tenho de esfregá-los para conseguir enxergar o que está em volta. Uma coisa interessante acontece quando abro os olhos. Tudo parece mais luminoso. Sei que alguém me dará uma explicação lógica desse fenômeno, mas prefiro acreditar que esse é o aspecto verdadeiro das coisas, e que é assim que elas são até que o tédio da visão constante apague a luminosidade do mundo que nos cerca.

Tudo isso pode lhe parecer muito estranho, e talvez a meditação lhe pareça uma coisa sobrenatural. Asseguro-lhe, porém, que é muito natural. Aliás, é bem possível que você já tenha meditado alguma vez. A oração é uma forma de meditação, como também os devaneios. Sei que você já fez uma ou outra dessas coisas, provavelmente ambas. Qualquer estado de ser que aquiete a falação constante da mente, mesmo um único pensamento contínuo, é uma forma de meditação. Assim, se a meditação é algo que você já praticou de uma forma ou de outra, posto que inconscientemente, não lhe será muito difícil ou incômodo fazer de novo, sob outra forma, algo que você já fez. Entrar de propósito no espaço que existe entre os pensamentos, e prolongar esse espaço, são só mais uma forma de algo que você já conhece.

A percepção de que existe alguma coisa além do mundo sensorial que você vê todos os dias abre a porta para um reino de possibilidades infinitas. *A maior fronteira dos mundos a descobrir não está no espaço sideral, mas no espaço interior.* É na percepção de que você é o centro do universo, e ao mesmo tempo uma simples e minúscula partícula desse universo, que reside a sabedoria do paradoxo. É a sua simplicidade que torna essa idéia tão complicada e confusa, e ao mesmo tempo tão intrigante.

Se a espiritualidade é tão essencial para que você alcance a riqueza e o sucesso duradouros, adivinhe qual é o inimigo número um dela? Isso mesmo, acertou: o ego! O ego se alimenta da falsidade e da confusão e, como um animal selvagem, recusa-se a se deixar domar. Gosta de dominar a situação e enfrenta com resistência qualquer ameaça a esse domínio. É por isso que, de início, é tão difícil fazer calar a fala constante da mente na meditação.

Muitas pessoas compararam o comportamento do ego ao de um macaco excitado. Se você já viu um macaco excitado, no zoológico, sabe que ele grita sem parar enquanto pula de galho em galho, mais ou menos como o ego, que fala sem parar enquanto passa de pensamento em pensamento. O macaco pega um pedaço de fruta, dá uma mordida, joga o resto fora, descasca uma banana, come a metade e joga o resto fora. Do mesmo modo, o ego entra um pouquinho num pensamento, abandona-o, pula para outra idéia e, antes de terminar de conhecê-la, já passa para outra ainda. E você ainda se pergunta por que a vida é tão confusa e insatisfatória! Tire esse mico das suas costas, olhe-o nos olhos e diga-lhe claramente o que ele é: um maníaco indisciplinado. Essa parte do seu ser, o ego, existe para que você a domine; e a hora de dominá-la é agora!

TEMAS PARA REFLEXÃO

Dentro de nós está o universo inteiro.

A maior fronteira dos mundos a descobrir não está no espaço sideral, mas no espaço interior.

18

RIQUEZA EMOCIONAL

O autodomínio é a maior de todas as vitórias.
— Platão

Não levamos mais que dez minutos para descobrir nos outros os defeitos que nem mesmo numa vida inteira conseguimos descobrir em nós.
— *Bits & Pieces*, janeiro de 1999

No decorrer dos anos, já vi muitas pessoas talentosas perderem o sucesso que mereciam por ter se deixado levar pelas emoções. Um dos erros mais fáceis de cometer é tomar decisões de negócios com base na emoção. No calor do sentimento, nós invariavelmente tomamos a decisão errada. É importante observar aqui que não estou me referindo à "sensação" ou intuição que nos diz algo sobre uma transação de negócios ou uma determinada situação. Estou falando da tomada de decisão quando estamos com raiva ou nos sentindo desvalorizados, traídos, amedrontados, ou mesmo contentes, confiantes ou com sorte. Sei que sentimos essas emoções várias vezes por dia, mas é a intensidade das emoções que rege a viabilidade ou não de tomarmos decisões importantes. Se as emoções estiverem excitadas, se você estiver sentindo uma emoção qualquer, positiva ou negativa, de modo muito intenso, adie todas as decisões importantes que tiver de tomar, quer nos negócios, quer em qualquer outro setor da vida; adie-as até que as emoções se acalmem.

Já ouvi este dito uma vez, já o ouvi mil vezes: "É uma questão de princípios." Para mim, isso é simplesmente uma outra maneira de dizer: "É uma questão de satisfazer a criança mimada que mora dentro de mim!" É bem pequeno o número de crianças mimadas que chegaram a gozar da riqueza e do sucesso. Há também uma imensa diferença entre fazer o que você "pensa" que é certo e fazer o que você "acha" ou "sente" que é certo quando suas emoções estão excitadas. No ramo de vendas, que por excelência é o ramo das emoções, você às vezes encontra um cliente mal-educado, ou a empresa toma uma atitude que deixa suas emoções à flor da pele. Já aconteceu de alguns vendedores me procurarem para reclamar: "Mas isso não é justo!" Então eu digo: "Talvez não." Eles dizem: "Não é correto", e eu digo: "Talvez não." Dizem: "É uma questão de princípios", e eu digo: "Talvez não!"

Freqüentemente conto-lhes a história do pedestre que esperava que o sinal ficasse verde para poder atravessar uma rua movimentada. Quando finalmente ficou, ele hesitou em atravessar, pois os carros não paravam. Então a voz interior lhe disse: "Não é justo. É uma questão de princípios. O sinal está verde e você está certo." Então ele atravessou a rua sem olhar para os lados. Ele estava certo — e morto! De que vale o direito, a justiça ou os princípios se eles lhe custam o sucesso e a felicidade que por direito são seus? O que sempre acontece é que, por causa da intensidade de suas emoções, você não está vendo as coisas com clareza. O melhor é esperar até que a tempestade se acalme para tomar decisões importantes, a menos que você queira ser uma vítima dessa voz interior, que mais tarde vai lhe chamar de idiota por ter tomado essas decisões. A menos que sua vida esteja em perigo, um atraso de algumas horas ou alguns dias não fará muita diferença. Lembre-se de que toda história tem pelo menos três versões — a sua, a deles e a verdadeira. Busque a verdade e tome a sua decisão.

Já que mencionei o assunto "verdade", o fato é que toda decisão que tomamos tem elementos racionais e emocionais, porque nós somos seres racionais e emocionais. Certas decisões exigem que você seja mais influenciado por um lado do que pelo outro. Assim, como saber quando prestar mais atenção ao lado emocional? E ao lado racional? Na administração de vendas, temos o mesmo problema: os gerentes de vendas são obrigados a ser líderes e administradores ao mesmo tempo. Como saber quando se deve ser mais líder e quando mais administrador? A regra é que nós lideramos *pessoas* e administramos *coisas*. Assim, quando você estiver lidando com fatos, números, etc., deve tender para a inteligência racional; e, quando estiver lidando com pessoas, para a inteligência emocional. Mas note que, tanto num caso como no outro, você usa a inteligência. Não poderá alcançar o sucesso duradouro se usar apenas uma das duas. Precisará de ambas. O sucesso exige, entre outras coisas, que você tome decisões comerciais inteligentes (inteligência racional); e, como ninguém chega ao sucesso sozinho, exige também que você tome decisões inteligentes em relação às pessoas (inteligência emocional). Queria deixar isso bem claro para evitar que você pense que as emoções não devem participar do processo de tomada de decisões. A verdade é que elas sempre participarão, porque são parte de nós. Neste capítulo, estou falando é de um grande número de pessoas talentosas que se autodestruíram por ter tomado decisões em momentos de grande agitação emocional.

Um dos exemplos mais marcantes que eu já testemunhei foi o que ocorreu com uma pessoa por quem eu tinha um enorme respeito. O nome desse homem era Jeff. Ele tinha uns dez anos a menos do que eu, ganhava cerca de 5.000 dólares por semana e era o gerente nacional de vendas quando eu acabei de entrar na empresa. Era tudo o que se espera de um gerente de vendas e de um vendedor. Tinha mais sabedoria do que aparentava, pela idade, e sabia lidar com as pessoas como é raro de ver. Certo dia, a empresa decidiu reforçar o nosso escalão de gerência, transferindo alguns gerentes de vendas de outras divisões bem-sucedidas. Fizeram isso porque não estávamos tendo muito lucro. As vendas estavam lá, só cresciam, mas não estavam virando lucros. Jeff se sentiu ameaçado. Tinha certeza de que em pouco tempo seria demitido ou rebaixado de cargo, e muitos outros gerentes se sentiam do mesmo modo. O medo de uns começou a alimentar o de outros até que, todos juntos, abandonaram a empresa. Fiquei chocado. Eram meus colegas, meus companheiros e meus mestres. Só eu fiquei. Perguntaram-me: "Por que você está ficando?" E eu respondi: "Por que vocês estão saindo?" Eles me apresentaram como desculpa um grande número de expectativas, mas a meu ver nenhuma delas tinha sentido. Ironicamente, o que me fez ficar foi algo que o próprio Jeff tinha me ensinado. Enquanto eu subia na hierarquia de sucesso da empresa, ele me puxou para um canto e disse: "O que quer que aconteça, ninguém jamais poderá negar a capacidade que você já demonstrou como gerente de vendas." Pensei que, se eles decidissem me demitir, o erro evidentemente seria deles e não meu. Foi a sabedoria de Jeff que me impediu de cometer um grave erro na minha carreira, mas não pôde impedi-lo de cometer o mesmo erro. As emoções dele estavam agitadas e tudo lhe parecia muito confuso.

Cinco meses depois de sair, Jeff me pediu que o ajudasse a se mudar, pois haviam executado a hipoteca de sua casa. Enquanto o ajudava, fiz-lhe a pergunta que vinha queimando dentro de mim havia cinco meses: "Jeff, qual foi o verdadeiro motivo pelo qual você decidiu sair?" Sua resposta me deixou absolutamente perplexo. Ele disse: "Eu já não conseguia sustentar minha família com 5.000 dólares por semana." E por falar em confusão! Passei a me sentir ainda pior depois de ouvir aquela resposta, que teoricamente ia me esclarecer tudo. Certo dia, eu entendi. A resposta de Jeff era tão absurda que percebi que ele tinha simplesmente decidido acreditar naquilo para poder suportar o peso de sua decisão, sua decisão errônea.

Uma das coisas mais espantosas que se aprendem no ramo de vendas é que as pessoas decidem o que vão comprar baseadas na emoção, e só depois examinam as características e vantagens do produto a fim de poder dar uma explicação lógica de sua decisão. Jeff tinha feito a mesma coisa, mas sua decisão tinha sido tão irracional que ele se contentou com uma explicação qualquer. Imagine se alguém não é capaz de sustentar a família com 5.000 dólares por semana! A lição foi essa, e ela me ensinou muitas coisas a respeito de mim mesmo. Hoje em dia, sempre me recuso a tomar uma decisão no calor da batalha. Quando o faço, invariavelmente tomo decisões das quais depois venho a me arrepender.

Outro motivo pelo qual você não deve tomar decisões quando está sob a influência de emoções intensas é que elas nunca serão decisões *suas*. O que significa isso? Quando você está intensamente emocionado — quer a emoção seja positiva, quer negativa —, as conclusões a que você chega são geralmente determinadas pela emoção que você está sentindo. Quando está com raiva, você quer revidar; quando está com medo, quer desistir de tudo; quando está contente, sente-se imortal ou onipotente. O que importa perceber é que, sem consciência, as conclusões a que você chega quando está excessivamente emocionado não resultam do seu bom senso; são um produto dos seus sentimentos. E, por isso, se você as aceitar, estará aceitando automaticamente o domínio das emoções sobre si. (Percebo o trabalho insidioso do ego, que se esgueira pelas sombras!) Se as emoções têm poder sobre você, são elas que tomam as decisões, não você. As emoções são algo que você *sente*, não algo que você é!

Além disso, nós muitas vezes sentimos emoções baseadas nos sentimentos que temos por uma pessoa, um lugar ou uma coisa. O simples fato de não nos sentirmos do mesmo modo quando estamos longe desses estímulos já é razão suficiente para não tomarmos nenhuma atitude baseados nessas emoções. Quando as pessoas, os lugares ou as coisas fazem com que você se sinta de um determinado modo, eles têm poder sobre você. Toda decisão que você tomar será na verdade uma decisão deles! Concordar com isso é concordar com uma forma de escravidão. É aceitar a situação de vítima. É se prostrar perante um poder externo a você. Não me parece que seja essa a sua intenção. E, agora que você já sabe disso, não precisa mais ser o "pato" de ninguém. É como o valentão que maltrata o fracote da vizinhança — ele só faz isso porque o outro não se defende. Acredite ou não, existem pessoas que sabem que, quando fazem com que você se sinta de um determinado modo, adquirem poder sobre você. É aí que o conhecimento se desvia, pois elas manipulam você por meio das emoções para levá-lo a fazer o que elas querem. Usam suas emoções contra você, como se fosse uma marionete. Usam suas emoções para usar você!

As emoções são fruto das crenças, e suas crenças nem sempre são corretas. As crenças, por sua vez, são baseadas no conhecimento que você tem. Onde você obteve esse conhecimento? No geral, de outras pessoas. Tem de aventar a hipótese de os ensinamentos delas estarem errados. Quando você percebe que algo que você "sabe" não é verdade, suas crenças mudam, bem como as emoções que a elas se ligam. Como eu já disse, quando eu era novo, pensava que era feio. Quando alguém me chamava de feio, eu ficava magoado e deprimido porque acreditava nisso. Hoje em dia sei que não sou feio, mas atraente, e se alguém me chamar de feio isso não terá efeito nenhum sobre mim, exceto talvez o de me levar a pensar sobre o que há de errado com a visão dessa pessoa.

Temos aqui uma intuição importante. Quando as pessoas ou coisas causam em você uma reação emocional negativa, é porque fizeram uso de algo que você acredita ser verdade. Assim, os sentimentos de mágoa, ofensa, insegurança, inferioridade, etc. resultam do fato de as pessoas expressarem algo em que você já acredita e de que tem medo. Ninguém faz com que você se sinta desta ou daquela maneira. Por meio de suas crenças, você tem controle absoluto sobre seus sentimentos. *Ninguém pode lhe fazer sentir nada sem a sua permissão.* Se alguém lhe diz algo que o magoa, não foi a pessoa que o magoou, mas você mesmo. O primeiro grande passo rumo ao despertar consiste em assumir a responsabilidade pelas próprias emoções. Quando você sente algo por uma pessoa ou uma coisa, deve imediatamente se olhar no espelho e perguntar: "Por quê?" O uso contínuo dessa pergunta o conduzirá à consciência e à lucidez.

A construção da consciência do eu exige que você tenha a habilidade de um detetive. As pistas são as suas emoções. Como suas crenças a respeito de si mesmo são, em geral, profundamente arraigadas, muitas vezes é difícil separar a verdade das "verdades" programadas, que não são verdades coisa nenhuma! Suas emoções, suas reações às pessoas, aos lugares, às coisas e às suas interações podem lhe dar uma idéia da sua realidade, com base em suas crenças. Quando você souber com certeza que sua realidade e a realidade verdadeira são exatamente a mesma coisa, terá muitas intuições e uma enorme vantagem em suas atividades profissionais. Por isso, o autoconhecimento é um pré-requisito necessário para quem quiser realizar um sucesso financeiro autêntico e duradouro.

Até agora, tudo quanto escrevi neste capítulo se baseia na suposição de que você se permite sentir as coisas. Na investigação das emoções e das crenças que lhes dão origem, você depara com uma antiqüíssima barreira — a falta de liberdade para sentir. Em vez de encarar nossas emoções como sinais das nossas crenças íntimas, nós emitimos juízos sobre elas. Julgamos as emoções como boas ou más, e já falei sobre como isso afeta a nossa realidade individual. Mas saiba de uma coisa: *as emoções não são nem boas nem más; simplesmente são*. É quando agimos com base nas emoções que temos de exercer um discernimento. O sentimento de vingança, a vontade de agredir alguém fisicamente, por exemplo, não tem nenhum sentido moral a menos que você de fato aja a partir dele; então, é a *ação* que tem de ser julgada como boa ou má.

A barreira emocional contra o sentimento existe especialmente entre os homens. Desde cedo, os homens são ensinados a controlar seus sentimentos. Aprendem a "não chorar como um bebê" e que "homem não chora". Essa programação causa a supressão de boa parte dos sentimentos, ou pelo menos da consciência que temos deles como índices da nossa realidade. Felizmente, muitas mulheres não são afligidas por esse problema. De qualquer modo, antes de examinar nossas emoções para descobrir quais são as nossas crenças, temos de poder sentir!

O exercício seguinte será desnecessário para alguns, mas para outros será absolutamente fundamental. Para compreender nossos sentimentos, temos de examinar primeiro a diferença entre o modo pelo qual pensamos que nos sentimos e o modo pelo qual nos sentimos de fato. Existe um exercício muito simples que nos ajuda a perceber essa diferença. Se você começa a falar "Eu acho que...", é porque vai expressar um pensamento, não um sentimento. Se você disser as palavras "Eu me sinto...", seguidas de um advérbio ou adjetivo, pode ter certeza de que vai estar expressando um sentimento. Por exemplo: "Eu me sinto... bem, mal, triste, magoado, contente, motivado, etc." Depois de identificar seus verdadeiros sentimentos, está na hora de dar o próximo passo.

O outro obstáculo a ser superado para que possamos compreender os efeitos dos sentimentos em nossa vida é o hábito de nos julgarmos a nós mesmos. Não julgue nem os seus sentimentos nem o que você vê em si mesmo. É preciso deixar de lado esse modo habitual de pensar, esse costume de separar todas as coisas em boas e más, certas e erradas. Há um terceiro ponto de vista a partir do qual você pode observar seus sentimentos e pensamentos. Esse terceiro ponto de vista é o da simples consciência, a consciência que só é aquilo que ela mesma é. Quando você estuda a si mesmo com simples consciência, não tem necessidade de justificar nem de categorizar nada. O que se vê não é nem certo nem errado; apenas é! Mais uma vez, estamos dizendo que só os pensamentos e sentimentos não devem ser julgados. Quando você age com base nesses pensamentos e sentimentos, é preciso exercer o discernimento.

Nossa necessidade de categorizar as coisas em boas e más nos dá medo do que vamos encontrar quando formos ao fundo do nosso ser. A simples consciência elimina esse medo e permite que o processo seja frutífero. A simplicidade da consciência é o motivo pelo qual ela escapa à maioria das pessoas. Tornamos a vida demasiadamente complexa, e essa complexidade da vida é uma das programações subconscientes que levamos conosco. É um dos motivos pelos quais muitas grandes verdades são desconhecidas da maioria das pessoas, muito embora sejam verdades simples. Evite as complexidades dos juízos, especialmente os juízos de condenação. Veja as coisas simplesmente como elas são. Se você conseguir fazer isso, finalmente será capaz de ver a realidade.

Como já disse antes com outras palavras, *a sabedoria e o progresso não estão nas respostas, mas sim nas perguntas*. Desse modo, quais as perguntas que você pode fazer a si mesmo para dar origem às revelações que vão mudar a sua vida? A primeira coisa que deve perceber é que existe um número infinito de perguntas que podemos nos propor. É um processo que leva a vida inteira, mas cada série de perguntas nos conduz a um nível mais elevado de autoconsciência, de tal modo que nossa vida melhora sensivelmente. Quanto maior o número de perguntas, maior o progresso na vida. A realização última é a perfeição; e, muito embora você jamais venha a senti-la no nível emocional, cada pergunta torna você mais perfeito. O processo consiste em reparar todos os danos que você sofreu ao longo dos anos, mesmo que tenham sido infligidos inconsciente e acidentalmente, e voltar à perfeição que era sua quando nasceu.

Lembre-se de que o sucesso não está no fazer, mas no ser. Posso lhe dizer tudo o que você tem de ser para ser bem-sucedido, como já fizeram muitos mestres do sucesso e especialistas em motivação. Porém, se eu não lhe ajudar no processo de *se tornar* essas coisas, tudo não passará de uma imensa perda de tempo. Além disso, você já sabe muito bem o que é necessário para alcançar o sucesso. O problema é que ainda não foi capaz de ser assim. Para lhe dar uma idéia dos obstáculos que se interpõem no seu caminho, pense nisto: Quais são as coisas que você faz hoje, no relacionamento com o cônjuge, os filhos, os colegas de trabalho, etc., e que o lembram do que seus pais faziam? Para tornar a pergunta ainda mais interessante, o que é que você faz e que o lembra dos seus pais, coisas que, na juventude, você considerava erradas, mas que hoje você faz normalmente? Talvez você se lembre até de ter jurado que jamais ficaria desse jeito quando fosse mais velho! Você pode já ter percebido esse fato, mas provavelmente não pensou nele. Se na juventude você era o objeto dessas ações, e em virtude dos sentimentos resultantes jurou que jamais seria assim, mas agora constata que é, o que tudo isso lhe diz sobre o poder dessas influências sobre a sua vida?

Agora você já tem uma idéia do que terá de vencer. O poder dessa programação mental é fortíssimo. É mais poderoso do que a sua vontade, a menos que esta seja concentrada. É por isso que o desejo é tão importante. Sem o desejo, você não terá o impulso necessário para dar continuidade à difícil obra da investigação de si mesmo e da mudança. Por isso, antes de ir além, você tem de tomar uma decisão. Realmente quer ser bem-sucedido? Realmente quer mudar sua vida? A que está disposto a renunciar para realizar esses sonhos? Se suas respostas a essas perguntas não forem inequívocas, pare por aqui. Você estará perdendo tempo. Mas, se estiver determinado e disposto a mudar, as palavras apresentadas a seguir darão muitos frutos.

Ao contrário do que se acredita normalmente, *a pior doença que assola a humanidade é o sono consciente*. Não saber por que você sente o que sente, não saber por que você faz o que faz — em resumo, não saber quem você é — é a doença do sono consciente. Quando você se abre para as respostas a essas perguntas, troca a vida de um autômato ou de um robô pela vida da consciência e da lucidez, a vida da escassez pela da abundância. Tudo o que você quiser saber sobre as outras pessoas, tudo o que quiser saber sobre o mundo, tudo o que quiser saber sobre o universo, tudo o que quiser saber sobre o sucesso, você saberá quando obtiver o conhecimento de si mesmo. Isso é ser consciente. Isso é estar desperto. Isso é estar vivo!

TEMAS PARA REFLEXÃO

Ninguém pode fazer você sentir nada sem a sua permissão.

As emoções não são nem boas nem más; simplesmente são.

A sabedoria e o progresso não estão nas respostas, mas sim nas perguntas.

A pior doença que assola a humanidade é o sono consciente.

19

Os Pensamentos Têm Vida

Você está hoje onde seus pensamentos o deixaram;
e estará amanhã onde eles o levarem.

— James Allen

Uma das percepções mais essencialmente necessárias para o sucesso é a de que os pensamentos são "coisas". Como posso dizer isso? Quando eu estava meditando nesta manhã, essa verdade se manifestou, mas o fato é que eu sempre a "conheci". Nós sabemos que existem muitas "coisas" invisíveis, muito embora não tenhamos nenhuma prova concreta da sua existência. É esse o problema de se basear somente nos sentidos para conhecer a realidade. Você perde a maior parte dela.

Acho que convém dar um ou dois exemplos. Nós sabemos, por exemplo, que as emoções existem, mas você nunca as encontrará se dissecar um corpo. Para todos, as emoções são tão reais quanto o nariz que você tem no meio da cara e a mão que tem na ponta do braço, mas você acharia muito difícil ter de apresentar uma emoção em forma corpórea para que outra pessoa a examinasse. Porém, as pessoas podem ver as ações que resultam das emoções. Os bufos e imprecações de uma pessoa com raiva são a concretização máxima dessa emoção, e, por causa desses indícios físicos, nós sabemos que a raiva existe. Na verdade, é assim que os sentimentos se tornam coisas. Nós lhes damos vida mediante a expressão. Podemos senti-los dentro de nós e somos capazes de demonstrá-los fisicamente para as pessoas que nos cercam; mas eles em si mesmos escapam aos nossos cinco sentidos. Imediatamente, você vai pensar que podemos sentir uma emoção, e que percebemo-la por meio do sentido do tato. Sentir uma emoção é uma coisa; tocá-la é outra coisa completamente diferente.

Outros exemplos de realidades que não conhecemos por meio dos cinco sentidos são: as diversas ondas de energia que preenchem o espaço de uma sala — o que chamamos de espaço vazio. O espaço que não é ocupado pelas coisas corpóreas é cheio de ondas de energia que nossos sentidos não detectam em absoluto. Raios ultravioleta, raios X, ondas de rádio, ondas sonoras, raios infravermelhos, etc. inundam o chamado espaço vazio. São perfeitamente reais, mas, como não temos os receptores adequados, precisamos de equipamentos sofisticados para detectá-los. Ou talvez tenhamos os receptores, mas não os desenvolvemos. Seja como for, todas essas ondas de energia são reais, muito embora não sejam visíveis nem tangíveis.

Do mesmo modo, nossos pensamentos são reais. Os biólogos descobriram que, quando temos um pensamento, o corpo o transforma numa molécula chamada neuropeptídeo. Afirmo que o mesmo vale para as emoções. Se é que já não o fizeram, um dia eles descobrirão que as nossas emoções se tornam moléculas. Um dos indícios indiretos que temos disso é o fato de que nossos pensamentos — que, como a ciência já sabe, se tornam moléculas — geram emoções. Outro indício indireto é o fenômeno da percepção extra-sensorial.

Já aconteceu de você saber o que outra pessoa estava pensando? Você já deu início a uma frase dizendo: "Eu sei o que você está pensando..." Já aconteceu de você dizer algo e a outra pessoa responder: "Mas é exatamente isso que eu estava pensando?" Já aconteceu de você "saber" que a outra pessoa estava contando uma mentira? Com você sabia? Minha opinião é que a mente ou o corpo devem produzir alguma coisa apreensível, para que possamos "saber". Não sei se produzem uma molécula de pensamento ou uma onda de pensamento; não sei e não importa. O importante é que deve produzir "algo" que nós apreendemos e que torna possíveis todos os fenômenos arrolados acima.

Falo isso para sustentar minhas idéias sobre a importância do pensamento positivo para o sucesso. O pensamento positivo faz parte de todos os planos de sucesso que já li. Com efeito, existe até um *best-seller*, de autoria de Norman Vincent Peale, chamado *O Poder do Pensamento Positivo*. Acho que todos, lá no fundo, conhecem esse poder. Mas, quando a pessoa é criada num mundo que pensa negativo, é difícil pensar positivo. Afinal de contas, o pensamento negativo faz parte da sua programação mental (tenho 93% de certeza!). E lembre-se destas palavras: *A negatividade mata!* E não mata somente o seu espírito, os seus relacionamentos e os seus sonhos de sucesso; a ciência está começando a descobrir que ela mata também o seu corpo. Eu acredito que o pensamento negativo enche o seu corpo de moléculas destrutivas que causam a maior confusão nos seus sistemas espiritual, mental e físico. Acrescentando-se a isso os neuropeptídeos negativos que resultam das emoções produzidas pelos pensamentos, você tem a fórmula perfeita para todos os tipos de fracasso. É por causa dessa "inundação" de moléculas negativas que as pessoas negativas são tão infelizes. Elas são infelizes em seus sentimentos, em suas sensações, em virtude da presença física das moléculas negativas. E como você pode chegar ao sucesso quando se sente infeliz? É por isso que o pensamento positivo é tão importante. Muitos gurus do sucesso falaram dessa importância, mas não lhe disseram o porquê dela. Eis o porquê: a negatividade mata.

A preocupação é uma forma de pensamento negativo. Nunca vi ninguém que se preocupasse com a possibilidade de as coisas darem certo. Todos sempre se preocupam com a possibilidade de elas darem errado. Um grande número de pessoas é consumido pelas preocupações com o amanhã, a tal ponto que o hoje lhes escapa completamente. É irônico que elas percam a única oportunidade de fazer algo para mudar o que as preocupa: fazer o que podem fazer hoje. Essa oportunidade lhes escapa como água pelos dedos. Além do desperdício de uma energia que poderia ser usada de maneira mais produtiva, a preocupação dá origem às muitas formas de artrite, bem como a outras doenças. É um parasita, um câncer que corrói todo o seu ser, como o fazem também todas as outras formas de pensamento negativo. Talvez seja daí que venha a expressão "morto de preocupação". É um vírus parasitário e mortal.

Falar é fácil, e eu não estaria agindo corretamente se não lhe dissesse também que sei que a prática do pensamento positivo é difícil. Aliás, sem uma atenção concentrada, é impossível. E vou lhe dizer por quê: porque as suas percepções determinam as suas crenças. As crenças dão origem aos pensamentos. Os pensamentos geram os sentimentos. Os sentimentos engendram determinadas ações e os pensamentos a elas ligados. Esses pensamentos, e especialmente as ações, tornam-se a sua realidade. Tornam-se, para dizê-lo de outro modo, a "sua maneira de ver as coisas", ou seja, a sua percepção da realidade, que, por sua vez, dá origem às crenças, etc. É um círculo vicioso que sempre se reproduz e sempre se confirma, e que não pode ser superado sem uma intervenção consciente. Com efeito, você nem sabe que ele está se desenrolando. Torna-se um modo de vida. É por isso que o pensamento negativo é tão fatal. Termina do mesmo jeito que começa — com um resultado negativo. É assim que você cria a sua própria realidade e, como o resultado não é nem um pouco desejável, é assim que você desperdiça os dons criativos que Deus lhe deu. "O que semeares, isso também colherás." Sementes negativas dão uma colheita negativa!

Além disso, o mundo se apresenta à imagem e semelhança da forma de pensamento — positiva ou negativa — que você leva dentro de si. É por isso que as pessoas infelizes levam uma vida infeliz, as pessoas raivosas levam uma vida irada e as pessoas felizes levam uma vida feliz. O mundo "vivo" que existe ao nosso redor *cumpre* as expectativas que temos em relação à realidade e à verdade.

O impressionante é que a ciência está começando a descobrir que todas as coisas ao nosso redor estão "vivas". Já sabemos que as plantas e os animais têm vida, mas a física quântica está descobrindo alguns princípios que nos dão a entender que até mesmo os objetos ditos inanimados são vivos. Discutiremos esse ponto em detalhes mais adiante, mas os físicos estão descobrindo nas partículas subatômicas uma inteligência que lhes permite "pensar". Alguns físicos quânticos propuseram a idéia de que o átomo tem sua própria vida e é um elemento insubstituível da forma em que está presente, assim como nós somos elementos insubstituíveis da nossa família, da nossa comunidade e do nosso mundo. Essa idéia tem sentido, pois o átomo de cálcio que opera de um determinado modo na pedra calcária é o mesmo átomo de cálcio que opera de outro modo em nosso corpo, onde é usado na construção dos ossos e dos dentes. Tanto num caso como no outro, o átomo "sabe" o que fazer. As conseqüências dessa idéia para as pessoas que buscam o sucesso são espantosas. A idéia significa, em essência, que as coisas que você pensa "aqui dentro", na sua estrutura atômica, e nas quais você crê com todo o seu ser, são as mesmas coisas que acontecem com você "lá fora".

Certa vez li a história de um viajante que encontrou um agricultor vindo da cidade para onde estava se dirigindo e perguntou-lhe como era o povo de lá. O agricultor perguntou como era o povo da última cidade que o viajante tinha visitado. O viajante respondeu que eram pessoas antipáticas, hostis e egoístas, e que esse era o motivo pelo qual tinha saído de lá. O agricultor lhe respondeu que as pessoas da outra cidade eram iguais àquelas. Um pouco mais à frente, o agricultor encontrou outro viajante que lhe fez a mesma pergunta. Respondeu-lhe do mesmo modo: perguntou-lhe como era o povo da cidade de onde vinha. O viajante disse que eram pessoas bondosas, corteses e hospitaleiras. O agricultor lhe disse que as pessoas da outra cidade eram iguais àquelas. A moral da história é evidente. *As pessoas refletem para você a sua própria realidade.*

Constatei outro exemplo interessante desse princípio quando fiz algo que me dá medo — cavalgar. Durante 47 anos, todas as minhas experiências com cavalos terminaram em desastre. Eu não gostava de andar a cavalo e tinha medo disso. Certo dia, um dos cavalariços me disse que o cavalo é capaz de perceber o medo e, quando isso acontece, o cavalo domina o cavaleiro. Quando o cavalo não obedece, a experiência de andar a cavalo é desagradável. Ouvindo isso, decidi dominar meu medo e mudar meu modo de pensar. Concebi o fato de cavalgar como uma experiência agradável e tentei me sentir contente e tranqüilo. Nos primeiros momentos, foi uma espécie de fingimento, mas, quanto mais eu fingia que não estava com medo, mais eu me tranqüilizava. Meu passeio a cavalo foi ótimo. Que experiência excelente para abrir os olhos e expandir a mente!

Em minha carreira de gerente de vendas, o jovem e sábio Jeff, de quem já falei, me transmitiu palavras de sabedoria semelhantes a essas. Quando eu era recém-chegado no primeiro escalão de gerência, ouvia as reclamações dos agentes de campo e dos subgerentes e levava-as à apreciação do meu próprio superior, Jeff. Depois de ouvir alguns relatos negativos no decorrer de algumas semanas, Jeff me disse em voz baixa e com toda a paciência: "Sempre faça planos para o sucesso. Quaisquer que forem os seus medos, qualquer que seja a sua situação atual, faça o que você faria 'se' fosse uma pessoa bem-sucedida. *Faça planos para o sucesso.*"

Por causa disso, percebi enfim que as pessoas em geral (os 93%) vão lhe dizer tudo o que é impossível de se fazer e tudo o que há de errado com um determinado plano ou situação. Percebi que, sendo eu um líder responsável, tinha a tarefa de jamais concordar com elas, mesmo que interiormente concordasse. Tinha a responsabilidade de mostrar-lhes que a coisa era possível, de fazê-los ver os pontos positivos das situações e de jamais confirmar seus medos e apreensões. Agindo assim, ajudei as pessoas a realizarem coisas incríveis. Às vezes é difícil esconder as nossas verdadeiras crenças, mas isso fica muito mais fácil quando pensamos em ajudar os outros. Aliás, esse é o segredo da administração de vendas.

Essas intuições me ensinaram que a realidade é subjetiva e que *o mundo nos apresenta a vida tal como nós a "vemos".* Se os pensamentos que resultam do que você "vê" são positivos, o mundo lhe apresenta uma vida positiva. Os pensamentos negativos, por outro lado, lhe dão uma experiência negativa da vida. Uma das frases de comediantes de que eu mais gosto foi dita por Flip Wilson no papel de "Geraldine". Mal sabia ele que essa frase se mostraria profética. Ampliando um pouco o sentido das palavras, ela adquire um significado completamente novo. Ele disse: "Você obtém o que você *vê.*" Quando você finalmente "souber" disso, toda a sua vida vai mudar.

TEMAS PARA REFLEXÃO

A negatividade mata!

As pessoas refletem para você a sua própria realidade.

Faça planos para o sucesso.

O mundo nos apresenta a vida tal como nós a "vemos".

20

Pense Diferente: A Expansão da Mente

O impossível: aquilo que ninguém consegue fazer até que alguém o faça.
— *Bits & Pieces,* edição do 30º aniversário

Os hábitos de pensamento o levam a viver "bitolado". A "bitola" é como um caixão de defunto. Para todos os efeitos, o pensamento habitual faz de você um morto-vivo.

Um dos maiores dons que um ser humano pode conceder a outro é a expansão da mente, pois a mente expandida por uma idéia nova não pode voltar à sua forma normal. Com a sua cooperação, faremos isso neste capítulo. A expansão da mente é necessária para o sucesso porque as pessoas de sucesso não pensam como as outras nem "vêem" as coisas como as outras. *Nada vai mudar até que você mude a sua maneira de pensar.* Agora basta, vamos à expansão propriamente dita.

Nos exemplos que vou apresentar nos parágrafos seguintes, não quero que você ache que tem de resolver algum problema nem se obrigue a pensar profundamente nos assuntos tratados a fim de compreendê-los em todas as suas conseqüências. Trata-se apenas de um exercício para que você abra a mente para todas as possibilidades alternativas contidas na realidade. *Se você só vê as coisas de um modo, segundo a sua programação mental, fica sem opções. Mas a vida, sua vida, sua realidade, lhe apresenta infinitas opções.* Conheça a verdade, pois "A verdade o libertará". Reflita sobre este assunto e faça dele o seu primeiro exercício de expansão da mente: você está totalmente livre a partir do momento em que lê estas palavras.

O próximo exemplo de expansão da mente é mais simples. Olhe para uma pedra, uma pedra qualquer. Ela está em movimento? A maioria das pessoas consideraria essa pergunta um disparate e diria: "É claro que não!" Porém, um dos fatos que conhecemos com certeza é que a Terra, com tudo o que contém, viaja pelo espaço na velocidade do raio. Isso significa que a pedra está viajando pelo espaço na velocidade do raio. Imagine o que aconteceria se a Terra parasse abruptamente. Será que a inércia nos faria sair voando pelo espaço?

A biologia nos diz que todas as células do nosso corpo são substituídas num período de dois anos. Nesse período, todas as células do seu corpo *morrem* e são substituídas por células novas. Nesse caso, por que *você* não morre? Se você não é o seu corpo, quem é você? Se todas as células que continham sua memória morreram nos últimos dois anos, como você ainda se lembra do passado? Se a mão que tenho hoje é novinha em folha, totalmente diferente da que eu tinha há dois anos, por que ela ainda tem a mesma verruga? *Você tem um corpo, mas não é o corpo. Tem pensamentos, mas não são os pensamentos. Tem emoções, mas não são as emoções. Tem a experiência da realidade, mas não é a realidade que experimenta.* Em última análise, portanto, quem é você?

A ciência nos diz que o corpo e a vida têm energia. A espiritualidade nos diz que temos dentro de nós uma força vital, uma energia chamada espírito. Dentro de nós há energia elétrica, energia magnética, energia luminosa, energia atômica, etc., e essa energia é mais próxima da verdade do nosso ser do que o corpo, os pensamentos e as emoções, que constituem apenas as coisas que nós captamos pelo intelecto. Na física, a primeira lei da termodinâmica afirma que a energia *nunca* morre. Ela se transforma em outra coisa, mas não morre. Se essa energia é mais próxima da verdade do nosso ser, será que nós morremos? Ou, quando "morremos", será que a nossa energia se transforma em outra coisa que ainda seria o nosso ser, o que corroboraria a teoria da reencarnação? Einstein disse que a massa (a matéria) e a energia são equivalentes uma à outra. Quando uma se destrói, a outra se cria. Isso nos leva a deduzir que todo o nosso corpo físico é feito de energia que se encontra atualmente na forma de matéria. Será que nós vivemos constantemente, ou perpetuamente, nessa dança de transformação entre a energia e a matéria, que Einstein definiu em sua teoria da relatividade ($E = mc^2$)? Se os pensamentos são feitos de energia e a energia pode se transformar em matéria, será que eles podem ser transformados em coisas materiais? Se nós somos feitos de energia e as estrelas também, será que a energia luminosa da estrela que entra pelos nossos olhos nos liga de algum modo à estrela? Perguntas interessantes, não é mesmo?

Os exemplos seguintes são tomados de nossos irmãos do Oriente. No Zen e no Budismo há uma série de enigmas chamados *koans*, usados na formação dos noviços. Diz-se que quando o noviço resolve um desses enigmas, proposto pelo mestre, ele alcança um estado mais elevado de consciência, mais próximo da "iluminação". Esses *koans* não só nos fazem pensar como nos levam a pensar de maneira diferente. Você talvez já tenha ouvido do primeiro exemplo, mas mesmo assim vale a pena mencioná-lo: "Se uma árvore cai na floresta e não há ninguém por ali para ouvi-la cair, por acaso ela produz som?" Um outro: "Qual é o som de uma só mão batendo palmas?"

Ambos os *koans* têm que ver com o som, que é vibração. Quando uma vibração do ar chega ao nosso tímpano, converte-se em som. Nós, seres humanos, só podemos ouvir uma gama limitada de vibrações. Sabemos que os animais são capazes de ouvir vibrações superiores e inferiores às que nós ouvimos. Como todas as coisas que existem têm uma vibração, pense em todos os sons que existem mas dos quais não temos consciência. Será que isso implica a possibilidade de outros modos de comunicação, que atualmente nos são desconhecidos? Podemos "falar" com uma rocha? "Conversar" com as estrelas?

Segundo a ciência, um caramujo vê apenas uma imagem a cada quatro segundos. Isso significa que ele não pode ter acesso a três quartos do que nós vemos e vivemos como realidade. São as coisas que vemos e vivemos que nos dão um parâmetro da passagem do tempo. Para nós, o caramujo é lento, mas a verdade é que nós vemos a realidade quatro vezes mais rapidamente do que ele. Na realidade dele, é ele quem está se movimentando numa velocidade normal, ao passo que nós nos movemos como um vídeo passado rapidamente para a frente. A mosca, por outro lado, é capaz de ver os espaços pretos entre os quadros de um filme de cinema. Para elas, a realidade e o tempo são muito mais rápidos do que para nós. É por isso que é tão difícil pegar uma mosca com as mãos. Para a mosca, nós somos como caramujos. Imagine um caramujo tentando pegar um ser humano. A verdade é que o caramujo, a mosca e os seres humanos têm parâmetros de tempo e realidade completamente diferentes. Pensando agora no sucesso, o que isso nos diz acerca das propriedades do tempo? De que modo podemos tirar vantagem desse conhecimento? O que isso nos diz sobre a realidade?

Você sabia que a Terra é o centro do cosmo? Não, não fiquei louco. Aprendi na escola o mesmo que você — que no passado se acreditava que isso era verdade, mas que a ciência descobriu que não era. Hoje, porém, muitos cientistas acreditam que as galáxias e os universos que compõem o cosmo não têm fim. Acreditam, como eu, que o cosmo é infinito. Do ponto de vista matemático, o dado interessante a respeito do infinito é que qualquer um de seus pontos pode ser tomado como centro. Qualquer ponto, escolhido ao acaso, pode ser legitimamente chamado de centro. É isso que a ciência nos diz agora. Parece-me que, no fim, os antigos gregos não estavam tão errados! A Terra é realmente o centro do cosmo. Porém, acho que o motivo pelo qual eles viam a Terra como o centro do cosmos era a tendência egoísta, do homem, de exaltar a própria importância.

Se isso se devia a um motivo egoísta, será que ele não tem outras conseqüências que talvez estejam nos causando problemas? A resposta a essa pergunta está em outra conclusão que o homem tirou, baseado, creio, na mesma tendência. Todos os livros que já li concordam em que o homem é o ser mais desenvolvido da Terra. Por isso, nós afirmamos também que isso nos torna superiores a todos os demais seres e coisas deste planeta. Essa necessidade de nos ver como seres importantes se expressa no esforço gigantesco que empenhamos para nos distinguir da multidão, para ser tão reconhecidos e tão "visíveis" quanto possível.

A filosofia oriental, por sua vez, afirma que uma das características das pessoas altamente desenvolvidas é que, quando elas chegam à verdadeira iluminação, entram numa tal harmonia com o cosmo que se encaixam perfeitamente dentro dele. O objetivo da iluminação, desse estado tão superior, não é se destacar ou sobressair, mas desaparecer. Se o verdadeiro objetivo da espiritualidade é unir-se com "tudo o que existe", é preciso ter consciência de que, de "tudo o que existe", nada se expressa separadamente. Tudo é uno. Quando você olha para "tudo o que existe", vê tudo o que existe. Pela concentração, é capaz de separar as aparentes partes do todo, como uma determinada rocha ou uma determinada árvore. Mas, sem a concentração, tudo se torna novamente uno. As rochas, as árvores, as folhas de relva e as estrelas do céu são perfeitamente discretas, ou "invisíveis", em sua fusão com o cosmo. Talvez já tenham alcançado a plena comunhão com "tudo o que existe". Talvez o caminho espiritual nos leve a ser cada vez mais parecidos com uma folha de relva ou uma gota d'água no oceano. Talvez essas formas *sejam* mais desenvolvidas do que nós, por já terem alcançado essa invisibilidade. É para pensar, não é?

Para concluir, espero que este capítulo tenha atingido a sua finalidade. Não tive o objetivo de confundir você, nem de convencê-lo de nada em particular. Quis fazê-lo pensar, levá-lo a "ver" as coisas de outra maneira, levá-lo a concluir que a verdade nem sempre é evidente e que os fatos evidentes nem sempre são expressão da verdade profunda. Se você não pensar de forma diferente dos 93% que morrem na mediocridade, será igual a eles. Se não plantar conscientemente as sementes do sucesso, pensando de modo diferente, acabará por colher as ervas daninhas do fracasso!

TEMAS PARA REFLEXÃO

Nada vai mudar até que você mude a sua maneira de pensar.

Se você só vê as coisas de um modo, segundo a sua programação mental, fica sem opções.

Você tem um corpo, mas não é o corpo.

Tem pensamentos, mas não são os pensamentos.

Tem emoções, mas não são as emoções.

Tem a experiência da realidade, mas não é a realidade que experimenta.

21

DE QUEM É A CULPA?

> Seu último erro é o seu melhor mestre.
> — *Bits & Pieces*, janeiro de 1999

> Se alguém nunca se engana, é porque nunca fez nada.
> — Anônimo

Até agora, tenho "malhado" o ego por toda a mágoa e decepção que o vi causar na minha vida e na de outras pessoas. Porém, a verdade é que a culpa não é do ego. Afinal, ele não tomou a decisão consciente de destruir a nossa vida e arruinar os nossos sonhos. Simplesmente cumpre a sua função, que é buscar garantir a sobrevivência da espécie. O ego, mediante suas várias funções, tem como objetivo último a preservação e o prolongamento da vida. Da mesma forma que não vivemos o nosso livre-arbítrio, nossa capacidade de fazer escolhas e tomar decisões, nós encarregamos o ego de atender instintivamente a todos os desafios que, a seu ver, põem em perigo o cumprimento de sua principal finalidade — a sobrevivência. Quando isso acontece, ele funciona do mesmo modo que o instinto de sobrevivência de um animal. Para compreender melhor de que modo esse fato pode afetar nossa caminhada rumo ao sucesso, convém saber um pouco mais sobre como o ego opera quando cumpre sua função de sobrevivência. Como a sobrevivência é seu principal objetivo, ele fica de vigia sobre todos os acontecimentos e estímulos para avaliar se eles promovem ou contrariam a vida. A psicologia nos diz que o ego, nesse modo de funcionamento, vê todas as coisas em função de dois únicos resultados possíveis — a vida ou a morte.

Para se sentir bem, o ego constantemente procura preencher a nossa vida de experiências vivificantes. Se julga que um determinado acontecimento coloca em risco a nossa sobrevivência, mesmo que num grau *míni-*

mo, ele entra em ação com todos os mecanismos de defesa que tem à disposição. A resposta de lutar ou fugir é ativada. Sei que, do ponto de vista psicológico, essa descrição do ego em seu registro de sobrevivência é extremamente simplista, mas é tudo de que precisamos para os fins que temos em vista. Repito que o ego interpreta todos os estímulos segundo um critério de vida ou morte — não vida e morte relativas, mas vida e morte definitivas. Assim, uma perda de qualquer tipo, que ponha em risco a sobrevivência, não é avaliada em seus detalhes, se é uma perda pequena ou grande; é discernida como um sinal de morte. Todo perigo significa morte!

Na realidade, nós chegamos sem nada a este mundo e dele vamos sair sem nada. Os bens que acumulamos no decorrer da vida — bens materiais, psicológicos, espirituais, emocionais e mentais — são elementos que afirmam e confirmam a vida: confirmam para o ego que tudo vai bem. Por isso, quando ganhamos e acumulamos, o ego interpreta esse fato como sinal de vida. Quando perdemos terreno em qualquer uma dessas áreas, o ego interpreta essa perda como uma ameaça de morte. Trata-se de um sistema complexo e refinado, difícil de ser conhecido em seus detalhes; mas espero que esta explicação adquira mais sentido quando tratarmos de suas conseqüências. Você saberá por que a reação do ego é, em geral, tão audaz e veemente. Como *você* reagiria caso se visse diante de uma situação de vida ou morte?

Para começar a nossa análise, considere que as decisões que o ego toma em vista da sobrevivência têm normalmente a finalidade de atender às nossas necessidades corpóreas. Quando precisamos de alimento, por exemplo, o ego nos manda comer. Sentimos fome. Quando precisamos de fluidos, ele nos manda beber. Sentimos sede. Para ele, a fome e a sede são ameaças à nossa existência, e isso é verdade em casos extremos. O ego é muito útil quando se trata de atender às necessidades físicas do corpo. O problema surge quando ele percebe ameaças de natureza emocional, psicológica ou mental. Para o ego, o bem-estar é sinônimo de vida, e tudo quanto ameaça o nosso bem-estar é sinônimo de morte, mesmo nesses outros níveis da existência. Entretanto, nos níveis emocional, psicológico e mental, nós temos o dever de exercer o nosso livre-arbítrio para avaliar as situações e tomar decisões inteligentes. Da mesma forma que não exercitamos o livre-arbítrio, deixamos todas essas decisões a cargo do ego, que opera por instinto, julgando os estímulos segundo o critério de favorecerem a vida ou a ameaçarem. Nessas condições, nós entramos num regime básico de sobrevivência e tendemos a reagir de maneira primitiva, mais própria de um animal do que de um ser humano dotado de livre-arbítrio. É mais fácil ver isso nos outros do que em nós mesmos.

Já aconteceu de você dizer a alguém: "Calma, por que você está tão bravo? Foi só..." Quando os outros se descontrolam num acesso de raiva, quando têm uma reação desproporcional às circunstâncias que a motivaram, nós o percebemos com toda a clareza. Mas, se alguém "fecha" o seu carro no trânsito, você reage imediatamente com um palavrão ou um gesto obsceno. É claro que depois, quando pensa no assunto, você se arrepende, pois julga que essa reação não partiu do verdadeiro "você". Se tivesse pensado *antes* de reagir, você jamais teria feito aquilo.

Tem razão, não foi o verdadeiro "você" que fez aquilo; foi aquela parte bem básica e primitiva do seu ser, o ego. Quando o "fechou", o outro motorista ameaçou o seu bem-estar (a sua vida) e você provavelmente sentiu vontade de abalroar o carro dele com o seu, mas limitou-se a reagir com irreverência. A responsabilidade por essa ação não desaparece só porque foi o ego que a motivou, e não o seu ser verdadeiro. Afinal de contas, é isso mesmo que acontece quando nós reagimos às situações em vez de responder conscientemente a elas. Foi você, tendo em vista que não utilizou o seu livre-arbítrio, que deu ao ego liberdade para atuar. Você ainda é responsável pela ação, muito embora ela tenha resultado na verdade de uma omissão (o não-exercício do livre-arbítrio).

Como se isso não bastasse, espere só para ver como as ações do ego o impedem de alcançar o sucesso. Quando está operando instintiva e automaticamente, zelando pela nossa sobrevivência, o ego sempre busca a segurança e o bem-estar. Lembre-se: bem-estar é segurança e segurança é preservação da vida. Se examinarmos o mundo animal, veremos que esse instinto de sobrevivência funciona dessa mesma maneira. Quando um cervo está atravessando a rodovia e é ameaçado por um carro que vem em sua direção, seu instinto o manda voltar pelo mesmo caminho pelo qual veio, pois até então, nesse caminho, ele estava numa situação de bem-estar e segurança. Não importa que seria mais fácil para o cervo partir em disparada para o outro lado da estrada; ele sempre dá meia-volta e atravessa a estrada novamente para o lugar de onde veio, mesmo que para isso tenha de encarar ainda mais trânsito. É por isso que tantos cervos são atropelados. Eles não podem evitá-lo. Sua reação é automática. Vez por outra um cervo continua a travessia até o outro lado da estrada, mas é porque não se sentiu ameaçado e seu instinto de sobrevivência não foi ativado. Já percebi que outros animais reagem do mesmo modo.

Quando renunciamos ao exercício do livre-arbítrio e nos negamos a responder com inteligência às mudanças com que a vida nos brinda, agimos como o cervo. Assim, toda vez que surge uma oportunidade, nós nos sentimos imediatamente incomodados, pois todas as oportunidades envolvem algum grau de risco. Nossa tendência é buscar a segurança, pois, do ponto de vista do ego, o risco pode resultar em morte (financeira). Nossa tendência é tocar a vida do jeito que tocamos até agora, pois até agora estivemos em segurança, muito embora o sucesso estivesse completamente ausente do nosso cotidiano. Mesmo quando simplesmente cogitamos a hipótese de correr o risco, a ansiedade começa a crescer e, quando não é cortada, gera o medo: o medo do desconhecido e de possíveis perdas, que o ego identifica com a morte. Sem um pensamento concentrado, o medo nos obriga a optar pelo nosso modo atual de vida, pois ele é cômodo (conhecido). Quando isso acontece, a ausência de sucesso se prolonga e perpetua. Recriamos no presente e no futuro o insucesso do passado, tudo pela "segurança". *É por isso que o sucesso não é cômodo para os que ainda não o alcançaram.* Por mais que as pessoas estejam insatisfeitas com sua situação financeira atual, por menos esperança que ela lhes dê de realizar seus sonhos de independência, elas optam inconscientemente pelo caminho seguro e já batido. O homem sempre realiza o seu objetivo principal, mesmo que ele lhe seja desconhecido.

Para exemplificar isso, vamos supor que o seu chefe tenha acabado de lhe dizer que seus serviços já não são necessários porque a empresa está cortando o pessoal e você é o mais novo da equipe. Se você não sabia que isso ia acontecer, no início fica simplesmente perplexo; mas depois, rapidamente, é o medo que se apossa de você! Mas por que o medo? A realidade é que você apenas perdeu o emprego, e os classificados estão cheios de ofertas de emprego toda semana. O nível de desemprego nunca esteve tão baixo! Mas o instinto de sobrevivência do ego entendeu outra coisa. Se você não tem emprego, não tem um fluxo constante de renda a receber todo mês. Pelo critério de vida ou morte, isso significa morte. No entender do ego, seu chefe disse: "Você vai morrer!"

Por mais ridículo que isso pareça, é exatamente o que acontece quando não temos consciência da realidade. Para cortar esse processo, o único instrumento de que dispomos é a atenção consciente. Temos de perceber que o ego sempre busca garantir uma só coisa: a sobrevivência. Ele existe para isso. A falta de consciência desse fato nos leva a reagir automaticamente a todo e qualquer estímulo. A outra opção que temos é responder ao estímulo. Reagir ou responder? Qual é a diferença? A diferença é que, quando você responde, é porque faz uso do seu livre-arbítrio, o dom da decisão consciente que nos distingue do reino animal; quando respondemos, nós olhamos para a situação que se nos apresenta, analisamos as alternativas de que dispomos e optamos pelo melhor curso de ação. Fazer o contrário, reagir, é uma atitude que nos iguala aos animais.

Na realidade, a perda do emprego pode significar a maior oportunidade financeira de toda a sua vida. Talvez tenha chegado a hora de você abrir o negócio próprio com que sempre sonhou. Talvez obtenha um emprego em outra empresa, onde suas capacidades sejam reconhecidas e você possa ascender mais rapidamente na hierarquia. Talvez tenha chegado o momento perfeito para escrever aquele livro ou compor aquela canção que estão dentro de você, pedindo para vir ao mundo. Se você reagir, nunca vai chegar a ver essas possibilidades. *Se responder, pode mudar a sua vida.*

Se você ainda não alcançou o sucesso financeiro, precisa mudar de vida. Para alcançar um sucesso duradouro, só há uma coisa a fazer: responder em vez de reagir. No começo, isso não é fácil. Você está acostumado a reagir. O ego não vai aceitar tacitamente que você exerça o seu poder de decisão. Porém, pela repetição, você pode aos poucos assumir o controle sobre sua vida; pode vencer o ego. Para tanto, o segredo está em viver no momento presente. A preocupação com o futuro dá origem a todas as coisas más que podem lhe acontecer, que vão pôr em polvorosa as suas emoções. As pessoas de sucesso não tomam decisões baseadas nas emoções. Sabem que quando suas emoções estão em jogo, quando as estão sentindo de forma intensa, essa é a pior hora para tomar uma decisão a respeito de qualquer coisa.

E como se todos esses males não bastassem o ego é responsável ainda por alguns outros problemas e distrações que atrapalham a nossa busca do sucesso. No início do capítulo, observamos que o ego usa o ato de comer como uma resposta vivificante à necessidade de nutrição, que ameaça a vida. Entretanto, não é só nesse caso que o ego usa a alimentação como instrumento. Quando somos ameaçados pela perda de alguma coisa, qualquer coisa, perda essa que o ego associa com a morte, o ato de se alimentar é proposto como um possível antídoto, pois a alimentação é vivificante. É por isso que tanta gente come demais quando está sob tensão. É um ato tão automático que elas nem percebem.

É aí que a consciência se torna importante. Sem a consciência de tudo o que está por trás de suas ações e das conseqüências delas, o ego tem liberdade para fazer o que quiser e arruinar a sua vida. A repetição dessa síndrome do "comer para se sentir vivo" causa a obesidade. O grau de obesidade é, no geral, diretamente proporcional à ameaça percebida pelo ego. No fim de todo o processo, as pessoas não gostam mais de sua aparência e ficam com uma imagem terrível de si mesmas. *Para alcançar o sucesso duradouro, você precisa de uma auto-imagem sadia e positiva.*

O mesmo vale para o ato de fazer compras. Para o ego, fazer compras é uma experiência que afirma a vida, pois envolve a acumulação de bens materiais. É mais um antídoto que o ego usa contra as experiências que ameaçam a vida. Por exemplo, você briga com seu marido ou sua mulher e sai para fazer compras, ou está entediado e sai para fazer compras. Não é para todos que fazer compras é um problema, e o mesmo vale para comer. Certas pessoas odeiam fazer compras. O problema não é o ato de fazer compras em si, exceto quando é essa a reação do ego à negatividade da vida. Sem consciência, você acaba por comprar coisas de que não precisa ou que nunca vai usar. No limite, esse hábito se torna uma doença, como acontece com qualquer coisa quando é levada ao extremo. Mais uma vez, o pecado não está em fazer compras; está em você não saber por que está fazendo compras. O dinheiro e o tempo que você perde poderiam ser melhor aproveitados para concretizar os seus sonhos.

Há um outro instrumento de que o ego gosta muito, especialmente para os homens: os esportes. Assistir, jogar, acompanhar, dá tudo na mesma quando é o ego que os usa para fazer você se sentir mais vivo. Também nesse caso, não há nada de errado com os esportes, a menos que os usemos subconscientemente para nos sentir mais vivos. O mesmo vale para novelas, televisão, filmes de ação — a lista é interminável. Se você somar todo o tempo e o dinheiro que desperdiça para satisfazer a necessidade egóica de experiências vivificantes, vai se surpreender ao perceber quanta energia e quantos recursos está jogando fora para satisfazer essa parte primitiva do seu ser, que tem uma visão distorcida da vida. Se você empenhar esse dinheiro e esses recursos interiores para alcançar o sucesso, vai conhecer a verdadeira vida. A realização do sucesso é uma das atividades mais felizes, alegres e revigorantes a que a pessoa pode se dedicar.

Seu condicionamento e seu ego programado são os culpados pelo fato de o sucesso não fazer parte de sua vida. Infelizmente, o condicionamento e o ego são *você*. A boa notícia é que você não sabia disso. Agora que já sabe, pelo uso da simples consciência, poderá assumir o controle da própria vida, quem sabe pela primeira vez, e realizar o potencial que pertence naturalmente, por direito, a todos os homens e mulheres. Afinal de contas, *o suces-*

so é algo que você pode realizar conscientemente. Se quiser alcançar o sucesso, você terá de assumir o controle sobre a sua vida!

TEMAS PARA REFLEXÃO

O sucesso não é cômodo para os que ainda não o alcançaram.

Se você responder em vez de reagir, poderá mudar a sua vida.

Se você ainda não alcançou o sucesso financeiro, precisa mudar de vida.

Para alcançar o sucesso duradouro, você precisa de uma auto-imagem sadia e positiva.

O sucesso é algo que você pode realizar conscientemente.

22

Como Domar a Megera (o Ego)

> Moldar o caráter é como esculpir uma estátua;
> é preciso arrancar fora enormes pedaços de egoísmo,
> e para tanto é preciso disciplinar-se.
> Só então o caráter começa a surgir.
> — Fulton J. Sheen, clérigo (1895-1979)

Há anos que o ego domina a sua vida, e ele não vai renunciar facilmente a esse domínio. Apresento a seguir um conjunto de exercícios para ajudar você a domar essa besta selvagem, de modo que não tenha mais de ser escravo dela.

Para os que não têm certeza de que o ego existe por si mesmo, de que tem um querer próprio e nem sempre está submetido ao seu controle, ofereço este exemplo. Já aconteceu de você estar com uma música na cabeça que fica se repetindo, não importa o que você faça? Muitas vezes, quando acordo pela manhã, estou com uma melodia ou uma canção na cabeça. Depois de algum tempo, ela começa a me incomodar. Às vezes isso acontece durante o dia, mas é mais comum de manhã. De onde veio a música? Se ela veio de mim, se fui eu que decidi pensar nela, por que não consigo pará-la? Se não fui eu que decidi repetir a música continuamente na minha cabeça, quem foi? Foi o ego! Não me pergunte por que ele escolhe esta música e não aquela. Eu não sei.

Eu, pessoalmente, adoro música. A música é uma espécie de ambiente onde consigo me refugiar, mas isso significa também que ela pode me distrair demais. Eu uso o período da manhã para me concentrar, para me preparar para o dia, e uma canção — a cada manhã é uma canção diferente na minha cabeça — me atrapalha. Uma das coisas que procuro fazer toda manhã é reprimir o ego, por meio da meditação, para conseguir escrever.

Isso nos leva ao primeiro exercício: a meditação. Já falamos sobre a técnica, sobre como meditar, mas há mais algumas coisas a dizer. A meditação aquieta o ego. Isso parece simples, mas é um pouco mais complicado do que parece, pois o ego não gosta de ficar quieto. Gosta de falar constantemente e da confusão que resulta disso. Na meditação, você não pensa em nada, o que é muito difícil mas fica mais fácil com a prática. O segredo está em não fazer esforço demais. Ceda terreno, abra mão do controle, e deixe que a experiência meditativa o leve para onde ela quiser. A maioria das pessoas tem medo de abrir mão do controle, e isso é muito engraçado, pois, embora pensem que são elas que controlam a própria vida, quem a controla é o ego. O passado, o futuro, querer que as coisas sejam deste jeito e não daquele, tudo isso pertence ao ego. O ser superior, o ser verdadeiro, não tem necessidade desses modos de ver. Só existe uma realidade verdadeira, que é o agora. A meditação aumenta a consciência do agora.

O segundo exercício é a supressão da vontade. A primeira pergunta que você deve se propor é: "O que eu quero é realmente o que 'eu' quero, ou é o que meu ego quer?" Se o objeto do seu querer tem relação com a pessoa que você acha que deveria ser, ou que quer ser, ou que gostaria de ser, a vontade é do ego. Se você for igual à maioria das pessoas, vai perceber que a maior parte das coisas que quer são na verdade vontades do ego. O fato é que você já é tudo o que quer ser. É a perfeição em ação. O que mais você pode querer? *A única coisa de que você realmente precisa é a consciência da realidade que já existe!* Procure, por um só dia, não controlar a sua vida. Vá para onde ela o levar. Abra-se às experiências, às pessoas, aos lugares e às coisas e observe as lições que cada uma tem a oferecer. Fique atento às lições e às oportunidades. Muitas oportunidades apresentam-se todos os dias, a maioria das quais escapam à percepção das pessoas comuns, pois estas *ocupam-se tanto de criar a realidade que a realidade passa por elas sem que elas a percebam*. Entre no fluxo e, como a semente levada pelo vento, você chegará ao lugar onde deve estar, onde precisa estar.

O exercício seguinte é fazer algo de que você tem medo. Essa ação é mágica. Creia-me quando lhe digo que, sob diversos aspectos, sou apenas um iniciante. Quanto mais me esforço para enfrentar meus medos, tanto mais percebo que ainda tenho muito a aprender. Porém, a prática de enfrentar o medo aumenta imensamente o seu conhecimento sobre si mesmo e todas as outras coisas. *O domínio do medo é o princípio da sabedoria.*

Do que você tem medo? De altura, da água, do escuro, dos animais, do desconhecido? Seja lá o que for, entre bem no meio disso. Eu sei que é perigoso. É por isso que temos medo. Porém, dominar o medo é uma das melhores experiências que a vida pode nos oferecer. Você sentirá em si uma nova energia e uma nova confiança. Sua mente, sua vida e seus horizontes se ampliarão. Enfrentar o medo é viver! Você conhecerá o mundo de Colombo, de Einstein, de Freud, de Platão, dos astronautas e de todas as demais almas aventureiras que ousaram ir ao encontro do desconhecido, do medo. O medo é o instrumento que o ego usa para manter você sob controle. Se você não tivesse medo, o ego não teria poder. Não sei se é possível eliminar totalmente o medo; talvez isso não exista, mas eu conheço muito bem a liberdade que adquirimos quando dominamos o medo. É a liberdade de ser quem você é — a liberdade da ausência de limites. Saiba que o medo o fecha dentro de uma caixinha bem pequena e define todos os parâmetros da sua existência. A cada medo que você elimina, o seu mundo se expande.

É como a Alegoria da Caverna de Platão. Três homens estão acorrentados desde o nascimento dentro de uma caverna, com o rosto voltado para a muralha de rocha no fundo desta, de costas para a entrada. Estão acorrentados de tal modo que só podem olhar para diante, não para os lados nem para trás. Quando o sol nasce, eles vêem a luz projetada na parede de rocha. À noite, ela fica escura. Vez por outra, vêem sombras passando sobre a parede, mas não sabem por quê. Um dia, um deles se liberta de seus grilhões e sai da caverna. Fica assombrado com o que vê e corre para chamar seus amigos e tenta persuadi-los a acompanhá-lo. Ele explica como é o mundo fora da caverna, diz que lá existe todo um universo de coisas maravilhosas — plantas e animais, o céu e o mar. Mas eles se recusam a acreditar nele. Dizem-lhe que a realidade é a parede de rocha da caverna, por onde passam sombras, e se negam a segui-lo. Ele entra sozinho no maravilhoso mundo da realidade enquanto os outros se conformam em deixar que o medo lhes domine a vida. Será que essa é a sua história? Por acaso você está interessado nas maravilhas de outros mundos ou é um homem das cavernas cujo medo o obriga a acreditar que a vida não passa de sombras projetadas numa parede? Liberte-se dos seus grilhões e veja o mundo como ele realmente é. Viva no mundo das maravilhas, e não dentro de uma caverna, na segurança de uma vida que você controla por completo!

O quarto exercício para domar o ego consiste em fazer o que você não quer. É preciso um grande autodomínio para ir contra os próprios sentimentos, pensamentos e atitudes. De início, enquanto você não concentra seus esforços, é o ego quem comanda essas funções, e é por isso que é tudo tão difícil. Certa noite, por exemplo, minha filha de 17 anos, que estava trabalhando, telefonou para casa querendo falar com a mãe. Eu lhe disse que sua mãe não estava em casa e perguntei-lhe o que queria. Ela disse que estava com fome e queria que a mãe lhe levasse comida, mas, como a mãe não estava em casa, eu deveria esquecer o assunto, pois ela mesma chegaria em poucas horas. E assim terminou a nossa conversa.

Eu já estava relaxado, tinha trocado de roupa, e preferia não ser incomodado por nada nem por ninguém. Surgiu em minha mente a idéia de eu mesmo levar-lhe o jantar, mas eu não queria. Comecei a explicar para mim mesmo que ela não o merecia, pois ultimamente vinha se comportando muito mal, como acontece de vez em quando com os adolescentes. Percebi que ela não me pediu para levar-lhe o jantar porque tinha consciência de que não estava se comportando bem. Eu tinha todos os motivos do mundo para não fazer nada e ficar em casa, relaxando. Mas, como queria ser uma pessoa melhor, eu lhe levei um jantar preparado com amor.

A única recompensa que recebi por minha ação foi o sentimento de satisfação por ter ido além do egoísmo e ter sido melhor do que eu era. Minhas costas se endireitaram, levantei um pouco a cabeça e, por alguns instantes, me senti divino. Fico à espera do dia em que me sentirei sempre assim, do dia em que tal atitude se tornará um modo de vida e não um simples incidente isolado. Por tomar uma atitude altruísta, subi mais um degrau na escada que me aproxima da identificação com o meu ser superior. O que você poderia fazer e não faz? Encontre aquela ação que vai contra todas as restrições do seu ser, muito embora lá no fundo você saiba que deve fazê-la, e faça-a! Você crescerá imediatamente e terá dado mais um passo rumo ao domínio sobre o ego.

O quinto exercício é muito difícil e representa um grande desafio. Nele, você tem de se tornar passivo em relação às coisas que o incomodam. Essa passividade não significa simplesmente suportar o incômodo. Não é uma separação, como seria se você ignorasse ou negasse a ocorrência do incômodo. É uma espécie de submissão. O dicionário afirma que ser passivo é ser o objeto de uma ação, e não o sujeito. Você tem de se envolver ativamente com o incômodo e mudar suas ações e sua consciência; tem de parar de se sentir incomodado, deixar que a coisa aconteça e não fazer nada para impedir. É uma perspectiva completamente diferente da habitual. Em tese, quando você a adota, acaba por entrar num estado de maravilhamento com o que se desenrola diante dos seus olhos.

Para começar, você tem de se identificar com aquilo que o incomoda. Como todos nós temos coisas que nos incomodam, pequenas ou grandes, vou usar exemplos tirados da minha própria vida. Os três que vêm à minha mente agora são a fila do supermercado, os congestionamentos de trânsito e as moscas. Isso mesmo, as moscas.

O que aliás me lembra de outro incômodo: vespas num churrasco ou num piquenique. Elas atrapalham ou não? São essas as coisas que me tiram do sério. São os incômodos exemplos de coisas que me estimulam a fazer algo — acabar com elas! Quando estou no meio de um congestionamento de trânsito ou na fila do caixa do supermercado, fico bravo. Começo a julgar e a condenar as ações dos outros. Lembro-me de que, quando eu morava em Nova York, costumava usar a buzina do carro para dar expressão à minha raiva. Todos os outros motoristas faziam o mesmo, e ainda fazem.

O segredo está em não se envolver. Deixe de ser apenas uma vítima do congestionamento ou da fila e passe a ser um observador. Stewart Wilde tem uma maneira ótima de encarar o problema: "Neste momento, estamos nos dedicando ao trânsito." Por um instante, fique sentado e observe, espantado e maravilhado, todas as pessoas, coisas e acontecimentos ao seu redor. Não julgue, apenas observe. Depois, insira-se de novo no meio daquilo tudo. Sua experiência vai mudar. Pode ser até que você comece a apreciar o incômodo e o caos. O comportamento das pessoas, o ambiente como um todo tornam-se cativantes e até divertidos. Experimente.

Certa vez, no seminário de preparação para uma "caminhada sobre o fogo" patrocinada pela minha empresa, nosso grupo foi atacado por centenas de moscas, que nos perturbavam e incomodavam. Todos procuravam espantá-las com as mãos ou matá-las com tapas. A situação estava tão ruim que não conseguíamos prestar atenção no seminário. Depois de participar dessa dança peculiar por uns 45 minutos, decidi mudar minha atitude, o que não foi difícil, pois a atitude anterior não estava dando certo. Em vez de continuar sendo o sujeito da ação, abanando as mãos e estapeando as moscas, dei mentalmente um passo para trás para observar o que estava acontecendo. Notei algo muito interessante. As moscas não estavam picando. Comecei a me perguntar por que elas nos rodeavam com tanta insistência. Percebi também que, no geral, elas procuravam pousar sobre as partes de nosso corpo que não estavam cobertas por roupas.

Decidi entrar dentro da cabeça das moscas para descobrir o que estavam pensando. Foi então que me ocorreu — sal! Elas queriam o sal que saía do nosso corpo com o suor. Decidi ser magnânimo e deixar que elas o ingerissem. Afinal de contas, esse sal já não me servia de nada. Deixei que elas pousassem sobre minhas pernas e ignorei a presença delas, que me dava coceiras e cócegas. Comuniquei-lhes mentalmente que poderiam ficar e ingerir todo o sal de que precisavam, mas que não era permitido picar.

De repente, as moscas foram atraídas para mim em grandes enxames. Enquanto ouvia o palestrante, eu estava de calças curtas e com as pernas estendidas. As moscas vieram e continuaram a chegar em grandes quantidades, até um ponto em que todos perceberam o que estava acontecendo. As pessoas ao meu redor me olhavam espantadas. Minhas pernas estavam cobertas de moscas. Como eu estava sentado na frente, o palestrante também reparou no que estava acontecendo e a certa altura parou sua palestra para exclamar: "Mas elas gostam mesmo de você, hem?" Eu era uma espécie de "O Senhor das Moscas".

Essa situação durou mais ou menos uma hora, até o final da palestra, e me lembro de que por duas vezes senti uma mosca começando a picar. Assim que eu mentalmente disse "Não", elas pararam. Posso lhe garantir que tive uma experiência muito diferente da de todas as outras pessoas que assistiram à palestra, e a experiência foi diferenciada também para alguns dos demais presentes. Transformei uma situação altamente incômoda numa das experiências mais impressionantes que uma pessoa pode ter. Pode ser que, de início, você se sinta repugnado pela imagem que lhe vem à mente quando imagina como foi o acontecido. Mas creia-me quando lhe digo que minha experiência foi tudo, menos repugnante. Na verdade, foi muito agradável. Tomei uma situação incômoda e repugnante e tornei-a numa das experiências mais gostosas e memoráveis de toda a minha vida.

Essa mudança da realidade, essa modificação das relações causais, é a mãe da invenção. Quando muda o que entra em você, muda o que sai de você. Essa submissão, essa passividade, recebe em si a realidade e a recria. Nesse processo, primeiramente você é o objeto da ação. Depois, quando começa a reagir, você se torna o sujeito; depois torna-se de novo o objeto conforme se submete ao acontecimento. O processo o tira do padrão de reações automáticas e cria para você uma experiência diferente da experiência da maioria das pessoas. Tira-o do mundo das respostas condicionadas, do mundo do ego, e o coloca no mundo do ser superior, do ser que inventa a sua própria realidade. Na próxima vez em que você estiver numa situação incômoda, tente fazer o mesmo. Sua percepção da situação vai mudar.

O último exercício será mais fácil para alguns, mais difícil para outros. Será mais fácil para alguns porque é um exercício físico, no qual você tem de mudar o padrão habitual da sua vida. A maioria das pessoas entra num determinado ritmo de existência e é capaz de passar a vida inteira sem mudar nada. Esse ritmo habitual tem uma qualidade hipnótica e induz uma espécie de transe no qual se criam o conforto e a ordem, mas se obstam o progresso e a criatividade. Se você quiser chegar ao sucesso, ouça isto: *O objetivo da existência não é o conforto, mas o crescimento!*

Se você acorda à mesma hora todas as manhãs, digamos às sete da manhã, tente acordar às quatro. Comece a caminhar ou a fazer algum outro exercício físico. Mude os seus hábitos alimentares. Faça alguma coisa! Essas mudanças físicas por si mesmas não vão necessariamente colocá-lo no caminho espiritual do sucesso, mas *não* mudar seus hábitos físicos é um dos meios garantidos de que você dispõe para *não* chegar lá. A coisa que mais me impressiona nas pessoas é o fato de elas não entenderem a seguinte verdade universal — *se você quer mudar de vida, precisa primeiro mudar de vida!* É de uma simplicidade à toda prova, mas de uma sabedoria que muitos não vêem. Já perdi a conta do número de pessoas que me disseram que queriam uma vida melhor, mais próspera e mais satisfatória, mas não estavam dispostas a sair da "zona de conforto". Partindo dessa idéia, a melhor opção que me resta para concluir este capítulo é citar de novo a seguinte frase: "Se você continuar fazendo o que está fazendo, vai continuar vivendo como está vivendo."

TEMAS PARA REFLEXÃO

A única coisa de que você realmente precisa é a consciência da realidade que já existe.

Essa mudança da realidade, essa modificação das relações causais, é a mãe da invenção.

As pessoas se ocupam tanto de criar a realidade que a realidade passa por elas sem que elas a percebam.

O objetivo da existência não é o conforto, mas o crescimento!

Quando muda o que entra em você, muda o que sai de você.

O domínio do medo é o princípio da sabedoria.

23

O Mundo das Ilusões (não se Deixe Influenciar pela Propaganda!)

*É infeliz quem toma o ramo pela árvore,
a sombra pela substância.*

— Talmude

Nós passamos um bom tempo falando sobre como os seus valores condicionados individuais determinaram a ausência do sucesso na sua vida. Porém, eu não seria fiel à verdade se não admitisse que existe todo um outro conjunto de valores condicionados que também pode pôr a perderem todos os seus esforços. Esses valores condicionados são a ilusão de vida que nos é apresentada cotidianamente pela sociedade. Na filosofia oriental, essa ilusão da vida é comparada a um véu que obscurece a realidade. É chamada de "Maya". Nas ruas, é chamada de "propaganda enganosa" e pode ser encontrada onde quer que haja um ego. Saiba você que a sociedade tem um ego, bem como os diversos grupos e empresas. Quanto menor o grupo, mais fácil é identificar esse ego.

Vou lhe dar um exemplo. Em muitas empresas, certas tradições e certos procedimentos vão sendo aos poucos incorporados à cultura empresarial. Se você quiser progredir dentro dessa empresa, sofrerá uma grande pressão para adotar essa cultura. Assim, se um dos chefes decide que o jogo de golfe é bom para aumentar a camaradagem entre os gerentes, o golfe se torna parte da cultura empresarial. Se você quiser estar "na roda", se aspira à gerência, terá de aprender a jogar golfe. O golfe se torna importante. Torna-se um valor condicionado da empresa, e as pessoas que não o adotam são consideradas estranhas. Esse valor condicionado se torna uma realidade, um requisito informal para a gerência. Trata-se, porém, de uma falsa realidade. Você não precisa aprender a jogar golfe para ser um bom gerente nem para alcançar o sucesso. Porém, não é você que determina as regras do jogo, e o problema todo está aí. A cultura empresarial não passa de um jogo, uma invenção humana, que obscurece a realidade. Não há nada de errado, é claro, com o jogo de golfe, até o momento em que alguém tenta nos convencer de que ele é necessário para o sucesso. *Isso* é errado. Porém, se você quiser subir na hierarquia dessa empresa, terá de concordar em entrar no jogo. E não há nada de errado com isso também — supondo-se que você não faça nada de imoral, antiético ou ilegal —, desde que você nunca se esqueça de que se trata de um jogo, e não da realidade.

A prisão dessa falsa realidade causa ansiedade. Para usar o exemplo acima, você não tem só de aprender a jogar golfe, mas tem de se tornar um especialista no jogo. Em geral, quanto melhor você jogar, tanto mais será querido pelo primeiro escalão da gerência, pelos que criaram essa regra não-escrita. Quanto aos que acreditam nessa falsa realidade e anseiam por viver nela, a ansiedade e a vontade de ser favorecidos os levam a fazer coisas muito estranhas. Não é incomum ver homens adultos batendo o pé como criancinhas quando erram uma tacada, ou jogando os tacos no chão, ou pronunciando todos os palavrões possíveis e imagináveis em tempo recorde. E isso não vale apenas para os que entram na ilusão empresarial, pois também a sociedade como um todo nos apresenta o golfe como um valor condicionado que tem a sua própria cultura, o seu próprio vocabulário, o seu próprio código de vestimentas, etc. A regra não-escrita nos diz que "as pessoas de sucesso jogam golfe". Por isso, se você é bem-sucedido, e especialmente se quer ser bem-sucedido, tem de aprender a jogar golfe. É claro que o mesmo valor também determina que o seu grau de proficiência no jogo é diretamente proporcional ao seu grau de sucesso na vida. Portanto, você precisa virar um especialista em golfe. Afinal de contas, você quer ser muito bem-sucedido e quer ser visto como tal, não é mesmo?

A lição que estamos tentando aprender aqui nada tem que ver com o jogo de golfe. Trata, na verdade, do "jogo" que nos é apresentado como a realidade. Nós nos enganamos e passamos a crer que esse "jogo" — no caso, um jogo de fato, o golfe — é necessário para a nossa realização pessoal. Essa invenção da sociedade nos é vendida como necessária para a felicidade. Se você não pensa, a sua propensão a se deixar condicionar para ser aceito o leva a adotar como verdade essa falsa realidade; assim, você passa a viver num mundo de fantasia. Se nada acontecer, você viverá sua vida inteira nesse mundo e se tornará por fim uma daquelas pessoas que um dia exclamam: "Mas a vida é só isso?"

Tomemos outro exemplo. Wall Street é mais uma das invenções da nossa sociedade que nos são apresentadas como reais. No caso, "eles" querem que acreditemos que é importante para o nosso bem-estar financeiro presente e futuro. Há pessoas para quem as flutuações do mercado são tudo o que existe. Algumas até chegaram a suicidar-se por causa disso. A propaganda quer nos convencer de que Wall Street é importante para o nosso bem-estar. Se você se deixar influenciar pela propaganda, entrará nesse mundo de fantasia. Quando o mercado estiver em alta, você se sentirá bem. Quando estiver em queda, você se sentirá mal. Quando você entra nisso, as flutuações do mercado passam de fato a determinar o seu bem-estar. Os sentimentos são reais, mas não têm base na realidade. Os sentimentos que os antigos marujos tinham quando pensavam na possibilidade de cair das extremidades da Terra também não tinham base na realidade. É tudo um jogo que alguém criou e no qual decidimos entrar. Porém, o jogo não foi criado para que eu ou você o ganhássemos. É por isso que a maioria dos investidores perde dinheiro. Tudo isso é Maya, propaganda enganosa, fumaça — um mundo de contos de fadas. Wall Street é a Disneylândia com cotações de preços! Mas pelo menos a Disneylândia não finge que é de verdade! Os sentimentos que você tem quando vai à Disneylândia são verdadeiros, mas ninguém se suicida quando o carrinho desce pela montanha-russa. Em outras palavras, os sentimentos não produzem pensamentos e depois ações, como fazem nas invenções fantasiosas da sociedade, que nos são apresentadas como importantes, como reais. Ou seja, você *não* precisa aprender a apreciar as artes, ir à faculdade, possuir os adereços típicos das pessoas de sucesso, freqüentar acontecimentos de gala, adquirir influência política e morar numa mansão para alcançar o sucesso ou alardear o sucesso que já alcançou. Todas essas coisas são ilusões da sociedade. Quando você sai desse mundo de fantasia, vê muito bem o que todas elas são: nada. Tudo é propaganda enganosa!

A pergunta que você faz a si mesmo é: "Devo adquirir títulos e ações?" A resposta é sim, se quiser, mas saiba que *esse é um jogo que não foi criado para você vencer*, portanto, aja de acordo com esse conhecimento. O jogo de Wall Street foi criado por outras pessoas para que elas mesmas o vencessem; são elas: os donos dos mercados, as corretoras, os fundos de pensão, etc. E, no geral, quando eles ganham, é porque alguém está perdendo. No livro *Pai Rico, Pai Pobre*, Robert Kiyosaki descobriu a mesma coisa em relação à posse da casa própria. O sistema nos vende há décadas a mentira de que a casa própria é um componente do ativo. Robert pôs a nu essa ilusão pela simples afirmação de que os ativos produzem renda, ao passo que os passivos redundam numa perda de capital. Assim, ao passo que a maioria das pessoas é enganada e convencida a "investir" numa casa própria, Kiyosaki lhes fala quais são os verdadeiros investimentos, ou seja, os que geram renda.

O perigo de acreditar nessas invenções fantasiosas da sociedade é que elas o distraem da atenção que você precisa ter para alcançar o sucesso. O tempo e a energia que você dedica a essas falsas realidades são roubados do tempo e da energia que você poderia dedicar à realização do sucesso. Se você acredita num número suficiente de falsas realidades, pode chegar a crer, erroneamente, que está voltando sua atenção para o sucesso, quando na realidade está fazendo o papel de peão num jogo muito maior. Você se dedica a muitas atividades mas não chega a nada. Os sicilianos têm uma expressão que fala disso: "abrir um furo n'água." A única solução é voltar a sua atenção para o que é real. *Você pode verificar a realidade dos valores condicionados da sociedade pelo exame das conseqüências que produzem, pois a verdade nunca contradiz a si mesma.* Nesse caso, será que aprender a jogar e se especializar num esporte é necessário para o sucesso? A resposta óbvia é "não". E conhecer ópera, ter um diploma de faculdade ou usar gravata? Se fosse fácil assim, seria bom, não é mesmo? A esse respeito, a melhor frase talvez seja a de Adam Smith: "Por mais que você o examine em detalhes, não deixa de ser balela!"

Nesse caso, o que fazer para saber o que é real? Talvez este exemplo seja grosseiro, mas se você fizer essa pergunta a um moribundo, ele não terá dificuldade nenhuma para respondê-la. Se você só tivesse um tempo marcado para viver nesta Terra, o objeto ou atividade em questão ainda seriam importantes? A resposta a essa pergunta é a prova da realidade. As coisas e atividades que ainda importam, mesmo quando pesa sobre você uma sentença de morte, são as realidades do sucesso que resultam na verdade.

A moral deste capítulo é: "Não se deixe influenciar pela propaganda!" Eis uma boa regra a seguir: *Se for natural, confie na perfeição. Se for artificial, tome cuidado.* Não compre as falsas representações do sucesso que a sociedade tenta lhe vender como coisas importantes. Elas vão roubar a atenção que você precisa dar à sua intenção principal e vão prolongar o seu fracasso.

TEMAS PARA REFLEXÃO

Esse jogo não foi criado para você vencer.

Você pode verificar a realidade dos valores condicionados da sociedade pelo exame das conseqüências que produzem, pois a verdade nunca contradiz a si mesma.

Se for natural, confie na perfeição.
Se for artificial, tome cuidado!

24

POT-POURRI

> A maioria dos empregos e muitas atividades de lazer — especialmente as que envolvem o consumo passivo dos produtos dos meios de comunicação de massa — não têm como objetivo nos deixar felizes e fortes. Têm por objetivo que uma outra pessoa ganhe dinheiro com isso. Se deixarmos, essas coisas podem sugar toda a nossa energia, transformando-nos em cascas sem miolo.
> — Mihaly Csikszentmihalyi, em *Fluxo*

Dei a este capítulo o título de "*Pot-pourri*" porque não contém um único tema ou idéia central, mas uma multiplicidade de temas e idéias, a primeira das quais é o valor das discordâncias. Desde o nascimento fomos programados para concordar com tudo, sob pena de sofrer conseqüências. Em nenhum lugar essa regra vigora tanto, hoje em dia, quanto no mundo empresarial. Não vigora em todas as empresas, não vigora nas mais inovadoras, mas infelizmente vigora na maioria.

Acredite ou não, o número de pessoas servis é enorme. O problema disso é que muitas idéias inovadoras são desperdiçadas e nunca chegam a dar fruto. Outra vez ouvi uma frase que calou tão fundo dentro de mim que, como executivo de primeiro escalão, procuro tê-la sempre em mente. Não sei quem a disse inicialmente, mas é mais ou menos a seguinte: "Quando dois sócios (ou dois executivos) concordam em tudo, um deles é desnecessário." A discordância é a semente da inovação, pois *você não pode descobrir o que não sabe baseado no que já sabe*. O progresso não está nas respostas, mas nas perguntas. Quantas perguntas deixam de ser feitas porque as pessoas têm medo de parecer desagradáveis, desleais ou "do contra"? Todos têm medo de ser um "pino quadrado num buraco redondo", mas a inovação e o progresso são obra dos pinos quadrados. Outra vez li que o número de grandes obras de arte, invenções, poesias, canções, óperas, composições musicais e idéias de que gozamos hoje é minúsculo em comparação com o número das que estão enterradas nos cemitérios e nunca foram expressas. Henry Thoreau escreveu: "A tragédia da vida está em que a maioria dos homens vive num desespero silencioso e desce ao sepulcro levando a canção ainda dentro de si." Será que você é uma dessas tragédias vivas? Se concorda com a imensa maioria, com os que nunca chegam ao sucesso financeiro, é muito provável que venha a compartilhar do destino deles. *A discordância, ver as coisas de maneira diferente, é um dos elementos essenciais do sucesso.*

A segunda idéia que quero explicitar é que a coincidência não existe. Tudo o que lhe acontece, foi você que fez acontecer. *Tudo acontece por um motivo, e esse motivo é você.*

Certas pessoas devem estar pensando: "Como posso ser eu a causa das circunstâncias infelizes da minha vida?" É simples (como a maioria das grandes verdades). "O que o homem plantar, isso também colherá." Há milênios que essa verdade é revelada de todas as maneiras possíveis por todos os sábios que já viveram, e até agora as pessoas ainda não a aprenderam. Pelos seus pensamentos, crenças e atos, você determina o mundo em que vive. "Ah, é? E as pessoas que morrem de desastre de avião?" Minha resposta é a seguinte — e as que não morrem? Conhecemos inúmeras histórias de pessoas que perderam o avião ou mudaram de idéia no último instante por motivos que lhes eram desconhecidos. Pode ser que as vítimas da tragédia tenham tido a mesma premonição, mas não tenham lhe dado atenção.

Já me livrei de muitos problemas porque "algo me disse" para não fazer isto ou aquilo. Esse algo é o nosso ser interior. É aquela parte mística do nosso ser que nos fala por meio da intuição. É a parte mais sábia do nosso ser, mas quantos dão ouvidos à sua sabedoria? Em vez disso, tentamos seguir a lógica. Fomos programados para não confiar em nós mesmos e, por causa disso, enfrentamos "aparentes" infortúnios. Ouça a si mesmo! Você já conhece as respostas; só precisa encontrar as perguntas. A sorte não existe. Você colhe o que plantou — aumentado dez vezes. É essa a verdade que está por trás do pensamento positivo. Por mais que as pessoas se queixem e reclamem, todas estão exatamente onde decidiram estar, onde planejaram chegar. A vida às vezes atende às suas expectativas, às vezes não, mas o lugar onde você se encontra é um resultado direto das decisões que você tomou ou deixou de tomar. Quer você plante sementes positivas, quer negativas, elas lhe darão um fruto decuplicado. O ponto importante é que, se você quer alcançar o sucesso, tem de assumir toda a responsabilidade pelos resultados de suas ações ou inações. *O sucesso é uma ciência. Não depende de sorte, mas de causa e efeito.*

A administração do tempo é mais um dos setores em que as pessoas encontram grandes dificuldades. As distrações põem à prova nossa perseverança e nossa determinação. Como eu já disse, você tem de aprender a dizer não. Todos querem ser "bonzinhos" e procuram oportunidades para provar que o são. Quando examinamos as coisas mais de perto, porém, percebemos que, se fazemos algo pelas outras pessoas, mesmo que ninguém fique sabendo, nós o fazemos para nos sentirmos melhor. Tudo o que todas as pessoas fazem tem por motivação básica alguma forma de ganho pessoal, e não há nada de errado com isso, a menos que queiramos nos convencer de que as coisas não são assim. A mulher que desinteressadamente cuida de seus filhos o faz para se sentir uma boa mãe. O homem que pára de trabalhar para brincar com o filho o faz para se sentir um bom pai. O homem que não pára de trabalhar para brincar com o filho o faz para se sentir responsável como homem de negócios ou como arrimo da família. Quer o percebamos, quer não, tudo o que fazemos é por motivos pessoais. Quando tomamos o caminho para o sucesso, a exibição inconsciente de comportamentos cuja única função é satisfazer a nós mesmos pode nos custar caro.

Tempo é dinheiro. No começo, você precisa aproveitar cada segundo para fazer decolar o seu plano de sucesso. É como mandar um foguete à Lua. Quando a NASA faz isso, o foguete gasta mais energia nos primeiros minutos de vôo, para escapar da atmosfera terrestre, do que em todo o resto da viagem. O mesmo vale quando você decide se lançar rumo ao sucesso. É preciso dedicar muito tempo e muito esforço à tarefa de tomar impulso para chegar ao objetivo. Na verdade, é preciso dedicar *todo* o tempo e *todo* o esforço disponíveis. E, com exceção do que se usa para as necessidades mais básicas da vida — e mesmo algumas destas são questionáveis — , você *tem* de dedicar todos os seus tempo e esforço à realização do seu plano de sucesso.

Em algum lugar ao longo do caminho nos convencemos de que as "horas de trabalho" vão das nove da manhã às cinco da tarde, cinco dias por semana. Se você quer terminar como os 93% que não saem da mediocridade, isso é verdade. É um dos programas em que a maioria das pessoas foi condicionada a acreditar, e que dificultam imensamente a consecução do sucesso. A Bíblia diz que o próprio Deus trabalhou seis dias e descansou no sétimo! (Você acha que Deus é um bom modelo a ser seguido?) No começo, você tem de dedicar todas as horas de vigília de todos os dias da semana à realização do seu sucesso. Só assim você poderá realizá-lo. A boa notícia é que, como acontece com o foguete, quando você por fim tomar impulso, não precisará mais empenhar muito tempo e energia para se manter em movimento. Poderá então se dedicar às outras coisas "boas" que gostaria de ter em sua vida.

A televisão é outra coisa que nos rouba o tempo. Alguém a chamou de "tubo bobo", e com toda razão, pois é exatamente isso que você vira quando assiste demasiadamente à televisão — um bobo! Muitas vezes fico a pensar se as pessoas que assistem muito à televisão, especialmente às novelas, não acabam vivendo sua vida por meio dos programas de televisão. Será que a vida delas é tão monótona que perde em qualidade para uma vida de faz-de-conta na tela do televisor? Algumas sabem mais coisas sobre as famílias dos personagens de novela do que sobre suas próprias famílias.

E os maníacos por esportes? Qual é a motivação deles? Conhecem todos os jogadores, estatísticas, colocações, distribuições de pontos, etc. que se pode conhecer. E para quê? Nunca fui capaz de descobrir. A única vez em que me aproximei de conhecer essa resposta foi na época em que apostava nos cavalos. Eu conhecia todos os jóqueis, treinadores, cavalos, tempos de teste, etc. E para quê? Para nada! Tudo isso só me serviu para perder dinheiro, ficar com a cabeça cheia de bobagens e sentir emoções que não tinham fundamento algum na realidade. Talvez seja essa a resposta. *Talvez as pessoas precisem de algo para preencher a mente, para encher o vazio, para se sentirem vivas.* Não querem ter nem um só momento de introspecção, pois poderiam descobrir a verdade. Existe alguém que não gostaria que isso acontecesse, e esse alguém é seu ego — você.

Por trás de todo desperdício de tempo e energia está o nosso velho algoz, o ego. É o ego que se exalta quando fazemos algo que nos faz parecer bonzinhos. É ele que, pelo engano e pela confusão, nos mantém colados à tela do televisor e enfiados nas páginas de esportes do jornal dia após dia, semana após semana, ano após ano. O ego se alimenta da empolgação social causada por esses meios de comunicação, pois nós nos identificamos com o jogador que faz o gol ou a mulher que dá a volta por cima depois de desprezada pelo amante. Acho que não há problema algum em entrar nessas fantasias, desde que você saiba o que está fazendo! No passado eu queria ser James Bond, o Agente 007. Minha vida atual, minha vida real, é muito mais animada do que qualquer um dos filmes dele, e olhe que eu já assisti a todos!

Esta é a base da espiritualidade do sucesso. Ela não é nem misteriosa, nem mágica, nem sobrenatural. *A verdadeira espiritualidade está em simplesmente saber o que você está fazendo e por que o está fazendo, no momento em que o faz.* Disso vem o crescimento. Disso vem o domínio sobre o ego, para que você não tenha mais de viver nessa confusão apalermante, insegura e insatisfatória que as pessoas hoje chamam de vida. Quando você vencer esse obstáculo, o caminho do sucesso se abrirá à sua frente. Você ficará espantado com a rapidez com que esse sucesso há de se concretizar na sua vida. Chegou a hora de ser o senhor do seu destino!

TEMAS PARA REFLEXÃO

Você não pode descobrir o que não sabe baseado no que já sabe.

Tudo acontece por um motivo, e esse motivo é você.

A discordância, ver as coisas de maneira diferente, é um dos elementos essenciais do sucesso.

O sucesso é uma ciência. Não depende de sorte, mas de causa e efeito.

Talvez as pessoas precisem de algo para preencher a mente, para encher o vazio, para se sentirem vivas.

A verdadeira espiritualidade está em simplesmente saber o que você está fazendo e por que o está fazendo, no momento em que o faz.

25

As Vozes do Sucesso

> Faça algo de si mesmo. Tente o melhor para chegar ao topo, se é para lá que você quer ir. Mas saiba que, quanto mais pessoas você tentar levar com você, mais depressa você vai chegar lá e por mais tempo vai ficar lá.
> — James A. Autry, escritor

Entrevistei várias pessoas de sucesso porque sei que, quanto mais informações você receber delas, tanto maior será a sua possibilidade de chegar ao sucesso também. Escolhi os ganhadores do prêmio "Empresário do Ano" porque esse título, no mundo dos negócios, é aceito como uma espécie de indicador garantido do sucesso. O processo de escolha dos ganhadores é extremamente elaborado e decorre em muitos níveis. A consultoria financeira é dada por Ernst & Young. Escolhi os premiados de Nova York em virtude da quantidade e da qualidade dos concorrentes. Os seis ganhadores entrevistados foram:

Wade Saadi, presidente da Pencom Systems, Inc.
Frank Sciame, presidente da F. J. Sciame Construction Co.
Irwin Sternberg, presidente da Stonehenge Unilimited.
William Ungar, presidente e CEO da National Envelope Corporation.
Aubrey Balkind, presidente e CEO da Frankfurt Balkind Partners.
Kurt Adler, *chairman* da Kurt S. Adler, Inc.

Esses seis ganhadores do prêmio não foram os únicos que tentei entrevistar, mas foram os que, para o seu bem, aceitaram ser entrevistados. A meu ver, essa é a prova final do verdadeiro sucesso — a disposição que eles tiveram de ajudar você sem ganhar nada em troca.

Fiz-lhes perguntas que achei que você faria, como:

sua formação e escolaridade;
quanto dinheiro tinham para começar o negócio;
como se sentiam quando, ainda pequenos, competiam contra os grandes;
se estabeleciam metas e usavam técnicas específicas de definição de metas;
como encaravam o risco;
e os conselhos que teriam a dar a você, o leitor.

Esses vencedores adquiriram muito conhecimento a partir de suas experiências pessoais e, em minhas entrevistas, tentei captar os aspectos físicos, emocionais e espirituais dessas experiências. Se você realmente quer saber o que é necessário para chegar ao sucesso, continue a leitura. Você encontrará aqui a verdade, e não as crenças e os princípios ensinados hoje em dia e aceitos por todos. Aliás, pode até ser que algumas das respostas deixem você perplexo!

Pelo bem da continuidade, acrescentei no final do livro as entrevistas propriamente ditas, para que você possa lê-las à vontade. Eu, particularmente, aproveitei para valer as entrevistas. Durante o processo, por várias vezes me senti privilegiado. Creia-me quando lhe digo que essas pessoas são iguaizinhas a você. A única diferença é que vêem as coisas de maneira diferente e têm uma outra estrutura de crenças a partir da qual determinam suas ações.

A título de exemplo, saiba que só metade deles formou-se na universidade; e, dos que se formaram, acho que nenhum se contava entre os melhores alunos. Tenho a impressão de que viam o tempo de faculdade como um período de aquecimento para a grande corrida. Achei muito engraçado que dois dos que não se formaram são dados como formados pelas faculdades que freqüentaram. É possível que as faculdades façam isso por motivo de publicidade — todos querem "tirar uma casquinha"! Além disso, nenhum dos entrevistados tinha o dinheiro de que precisava para começar o negócio, mas em compensação também não acreditavam que esse dinheiro era necessário. Para eles, o dinheiro não é importante por si mesmo. É uma ferramenta, um recurso e um instrumento de avaliação do andamento dos negócios. Concluí que nenhum deles pensava muito em dinheiro.

Outro ponto que me pareceu interessante, e quanto ao qual todos concordaram, foram as idéias sobre o risco. Para eles, *o risco é simplesmente o outro lado da moeda da oportunidade.* É como nas moedas: toda "cara" tem uma "coroa". Não desprezam os riscos; muito pelo contrário, levam-nos em consideração e recomendam que os riscos sejam cuidadosamente avaliados antes da ação; mas não têm medo do risco nem jamais tiveram, nem mesmo no começo. Tampouco tiveram medo da concorrência, nem mesmo dos "grandalhões" dos ramos em que operam. Na verdade, acho que eles gostaram de entrar numa concorrência que lhes era tão desfavorável. Quando respondiam a essa pergunta, eu notava um brilho em seus olhos no momento em que se lembravam da concorrência enfrentada no início e quando pensavam também na possível concorrência de qualidade que iam enfrentar no futuro. Todos são competidores dignos e honestos, dotados de forte espírito esportivo.

Acho que isso nos leva a outro traço comum a todos. Todos são "jogadores". A maioria das pessoas assiste à vida de fora do campo, enquanto eles estão lá dentro, jogando. *Eles não reagem à vida; é a vida que é obrigada a reagir a eles!* Desde o começo, a presença deles se fez sentir. Quando começaram, não tinham nem experiência, nem recursos, nem conhecidos importantes, mas isso não os impediu de ir em frente. Tinham os sonhos, o desejo e a vontade, e deixaram bem claro que é só disso que se precisa. Todos enfrentaram adversidades, e alguns enfrentaram adversidades inimagináveis para nós, mesmo no início. Porém, isso não os fez parar nem desistir. Muito pelo contrário, eles usaram a adversidade como o fogo que transforma ferro em aço. No jogo da vida, esses homens são verdadeiros jogadores, e não simples espectadores.

Uma das surpresas agradáveis que tive durante o processo das entrevistas foi o fato de quase todos terem confirmado minha idéia sobre o "mito das metas". Na verdade, foi até engraçado, pois eles pensavam que estariam me decepcionando ao responder à pergunta sobre as metas. Sabiam qual era a resposta "certa", a resposta que todos costumam dar a essa pergunta, mas sua sinceridade não lhes permitiu mentir. O que não sabiam é que minha experiência tinha me fornecido uma resposta idêntica à deles.

O estabelecimento de metas e as técnicas atuais de definição de metas não funcionam. Na verdade, têm um resultado oposto ao esperado. O fator mais importante para o estabelecimento de metas é a flexibilidade, e a existência de uma lista de metas ou de um mapa detalhado cria o perigo de eliminar todas as possibilidades alternativas. A prova de que isso é importante é o fato de que a maioria das pessoas de sucesso não trabalha no ramo que planejou nem do modo que imaginou. No caminho para o sucesso, os entrevistados tiraram vantagem das oportunidades que se apresentaram. Nem mesmo o ramo de negócios escolhido era importante. O importante era o processo de estar "nos negócios".

Os ensinamentos atuais sobre as metas e as técnicas de definição de metas são muito "apertados", demasiadamente restritos, diametralmente opostos à flexibilidade necessária para o sucesso. Talvez o melhor comentário a respeito seja o de Wade Saadi, que disse: "Quem usa as metas e os planos de negócios são as empresas, não os empreendedores [pessoas]." Também encontrei grande sabedoria e a confirmação de minhas constatações nas palavras de Aubrey Balkind, que disse: "Acho que o caos [a incerteza] é o oxigênio que move a criatividade. Se você deixa as coisas definidas demais, como acontece quando estabelece metas, perde todo o espaço de manobra!" Seja qual for a voz de sucesso que você decida ouvir, a mensagem é sempre a mesma — o estabelecimento de metas e as populares técnicas de definição de metas não funcionam!

Outro ponto que chamou a minha atenção foi o carinho deles por você, leitor. Eles nem sequer o conhecem, mas é por sua causa que concordaram em ser entrevistados. Isso me impressionou, embora eu já o esperasse. Amar os outros e ajudar os outros é um atributo universal de todas as pessoas de sucesso que já conheci ou ensinei. A generosidade dessas vozes do sucesso se manifesta de diversas maneiras. Eles contribuem, física, emocional e espiritualmente, para o bem de causas e pessoas. O segredo de que *ajudar os outros é a melhor maneira de ajudar a si mesmo* não é segredo para eles. Neles, isso se manifesta em muitos campos e níveis da vida, mas não têm segundas intenções quando ajudam os outros. Fazem isso por sua própria índole, e, por causa das leis do universo, recebem de volta dez vezes o que deram. Sabem disso instintivamente, muito embora não tenha sido esse o movente de suas ações.

Arrolei outros traços comuns a todos que se evidenciaram durante as entrevistas. Seria capaz de escrever um livro inteiro só sobre essa experiência, mas os atributos de cada um deles se revelam em todos os capítulos deste livro. Esses homens de sucesso só confirmaram para mim o que todos nós temos de "ser" se quisermos ser bem-sucedidos. Todos manifestaram confiança, altivez, paixão, humildade, profundidade e espírito aventureiro. Não acreditam na sorte, mas sim que são eles mesmos os responsáveis por tudo de bom e de mau que lhes acontece nos negócios. Assumem a responsabilidade pelos resultados obtidos — característica que falta às pessoas que não chegam ao sucesso. Revelam também muita gratidão, tanto num sentido geral quanto especificamente por este país, pela oportunidade que oferece a eles e a todos. São patriotas no melhor sentido da palavra. Dedicam a vida a aprimorar-se constantemente e dedicam muito tempo expandindo suas experiências e conhecimentos. Não se entregam às atividades desenvolvidas pela maioria das pessoas, que só implicam num desperdício de tempo e energia. Não consideram nenhum dia melhor nem pior do que os outros e nunca dizem "Graças a Deus é sexta-feira". Minha suspeita é que mal podem esperar pela segunda-feira para poder voltar ao "jogo".

E, acima de tudo, há um fio místico e espiritual que liga todos esses homens, suas experiências e suas vidas. Todos eles crêem que sua vida tem uma finalidade superior à da existência mundana com a qual um número excessivo de pessoas se contenta. Agradeço a Deus pela experiência que tive e partilho com eles a esperança de que essas palavras colaborem para mudar sua vida. É o desejo sincero deles, bem como o meu, de que os seus sonhos se transformem em realidade.

TEMAS PARA REFLEXÃO

O risco é simplesmente o outro lado da moeda da oportunidade.

Ajudar os outros é a melhor maneira de ajudar a si mesmo.

Não reaja à vida; deixe que a vida reaja a você!

26

Física Quântica: A Ciência do Sucesso?

> ... o cultivo da vida pessoal depende da correção da mente.
> — *O Grande Aprendizado*, c. de 450 a.C.

Física quântica. Em geral, essas duas palavras evocam da pessoa comum uma expressão de medo, confusão ou indiferença. Qual é a relação que existe entre a física quântica e o sucesso?

Preste atenção por um instante. E se eu fosse capaz de demonstrar, por meio da ciência, que muitos dos requisitos para o sucesso aqui apresentados têm sua base na verdade científica? Os ensinamentos atuais sobre o sucesso têm, em geral, uma qualidade etérea e indefinida. Não têm quase nada de concreto; quando têm, seu lado concreto (as técnicas de estabelecimento de metas, por exemplo) geralmente não funciona. Quase nunca falam de coisas que você possa tocar. Utilizam-se de um discurso abstrato, usando palavras como "desejo", "pensamento positivo", "entusiasmo", "percepção", etc. E se eu lhe apresentasse os dados concretos da ciência como fundamentos do seu império financeiro?

Mas por que isso é importante? É importante porque toda a estrutura de crenças da civilização ocidental se ergue sobre os fundamentos da ciência. Quando a ciência demonstra a verdade de algo, nós ocidentais seguimos em frente com uma certeza inabalável, cientes de que essa verdade tem suas raízes na ciência. Em outras palavras, um "fato" provado pela ciência torna-se instantaneamente uma de nossas crenças. *E a crença é fundamental para o sucesso.* Para lhe dar uma certeza inabalável na crença de que o universo inteiro vai conspirar para que você seja bem-sucedido, de que você está destinado ao sucesso, vou me referir agora à física quântica, à mais avançada ciência de que atualmente dispomos, a fim de usá-la como exemplo ilustrativo. Por mais que isso pareça estranho, tudo o que acontece no mundo subatômico serve de modelo para o que acontece no mundo maior em que vivemos.

À medida que vou aprendendo, o que mais me intriga é a semelhança que existe entre os conceitos básicos da ciência ocidental, do misticismo oriental e da ciência do sucesso. Em livros como *O Tao da Física*,* de Fritjof Capra, *The Dancing Wu Li Masters*, de Gary Zukav, e *A Brief History of Time*, de Stephen Hawking, os físicos/autores comparam as novas descobertas da física moderna com as antiqüíssimas crenças do misticismo oriental. O mesmo vale para *The Holographic Universe*, de Michael Talbot, e *The Six Roads from Newton*, de Edward Speyer. Eles se rejubilam com o fato de a ciência ocidental estar sendo confirmada pelo misticismo oriental. A mim, o que me emociona é que o misticismo oriental esteja sendo confirmado pela ciência ocidental. As antigas idéias orientais de que o vácuo não é um espaço vazio, de que as coisas materiais não são feitas de matéria e da interconexão que liga todas as coisas no universo estão sendo provadas pela física moderna.

Do mesmo modo, a ciência do sucesso, explicada pela primeira vez por Napoleon Hill no livro *Think and Grow Rich*, também está sendo corroborada tanto pela ciência ocidental quanto pelo misticismo oriental. Essa obra clássica de Napoleon Hill afirma que o sucesso é um fenômeno físico, mental e espiritual. Os materiais usados por muitos motivadores, bem como muitas obras escritas sobre o sucesso e a realização, têm por base o trabalho do Sr. Hill. Infelizmente, quase nada se fez para desenvolver a ciência do sucesso depois de *Think and Grow Rich*. Se ela é de fato uma ciência, é preciso que se desenvolva, se expanda e cresça como as outras ciências. É verdade que houve alguns avanços, como *The Seven Habits of Highly Effective People* de Stephen Covey, mas eles têm sido poucos — insuficientes para acompanhar o ritmo de desenvolvimento das demais ciências. É por isso que decidi escrever este livro como o estou escrevendo. Meu objetivo é que ele parta de onde Napoleon Hill chegou.

Sinto-me como que obrigado a continuar o trabalho dele, pois é imenso o número de novos progressos na consciência e no conhecimento que podem ser incorporados à ciência do sucesso. Deepak Chopra, o camarada que me estimulou a escrever este livro, levou a física moderna e o misticismo oriental ao mundo da medicina. Seus trabalhos na área do bem-estar

---

* Publicado pela Editora Cultrix, São Paulo, 1985.

têm ajudado muito as pessoas a livrar-se do sofrimento físico. Meu objetivo é usar os mesmos princípios para ajudá-las a livrar-se do sofrimento financeiro. *Não há nenhuma razão válida e concreta pela qual as pessoas não possam realizar e viver seus sonhos de sucesso,* e o que eu quero é deixar essa idéia bem clara para as multidões. Quando a pessoa é pobre ou mal consegue ganhar o suficiente para pagar as contas, a falta de concretização dos sonhos de sucesso a leva a pôr em questão a possibilidade de viver uma vida realizada. Vamos examinar agora como a ciência nos diz que não só os nossos sonhos podem se tornar realidade como também que a realização deles depende unicamente de nós mesmos.

TEMAS PARA REFLEXÃO

A crença é fundamental para o sucesso.

Não há nenhuma razão válida e concreta pela qual as pessoas não possam realizar e viver seus sonhos de sucesso.

27

O QUE É A REALIDADE?

> Não existem fenômenos antinaturais nem sobrenaturais; o que existem são grandes lacunas no nosso conhecimento acerca do que é natural... Temos de nos esforçar para vencer essa ignorância.
> — Edgar Mitchell, astronauta

Na época de Einstein, ocorreu na física uma revolução que mudou para sempre o modo pelo qual encaramos o universo. Até então, todos eram adeptos da física newtoniana, ou seja, a teoria da física desenvolvida por Sir Isaac Newton. Diz a lenda que ele estava sentado sob uma macieira e, quando uma maçã caiu e atingiu-o na cabeça, teve a idéia que resultou na teoria da gravidade. A base de sua teoria é a relação de causa e efeito. Na época de Newton, seus postulados eram revolucionários se comparados às crenças então vigentes, como, entre outras, a de que a Terra era o centro do universo. Só havia um problema: a física newtoniana não conseguia explicar tudo. Foi aí que Einstein entrou em cena.

É suficiente afirmar que existe uma diferença fundamental entre a velha física e a nova física. A velha física via o mundo como algo separado de nós, algo que está "lá fora". A nova física vê o universo como uma rede de participações, na qual todas as coisas estão ligadas a todas as outras e, em certo sentido, estão "aqui dentro"!

O principal exemplo dessa descoberta veio à tona em decorrência da busca da partícula elementar da vida. Enquanto procuravam o elemento construtivo básico da vida, os físicos fizeram algumas descobertas interessantes. Ao tentar medir as propriedades das partículas subatômicas, perceberam que, dependendo do que estavam medindo, essas partículas, chamadas *quanta*, comportavam-se às vezes como partículas e às vezes como ondas. "E o que tem isso de tão especial?", você vai perguntar. O que tem de especial é o seguinte: as partículas não têm propriedades de onda e as ondas não têm propriedades de partícula. São duas coisas opostas.

É como descobrir que um certo animal é às vezes um elefante e às vezes um peixe! O fato de os *quanta* exibirem às vezes propriedades de partícula e às vezes propriedades de onda dependia do tipo de equipamento de medida instalado pelos cientistas. Quando instalavam equipamentos para medir ondas, o *quantum* era uma onda. Quando instalavam equipamentos para medir partículas, o *quantum* era uma partícula. Era o que os cientistas quisessem que fosse. Ou seja, os cientistas determinavam a realidade. Determinavam as propriedades, as realidades dos *quanta* com a sua participação, que estava na escolha do equipamento.

Descobriram que o mesmo acontecia quando tentavam medir a posição e a velocidade dos *quanta*. John Wheeler, famoso físico de Princeton, escreveu:

O princípio quântico não tem nenhuma conseqüência mais importante do que esta: ele destrói a idéia de um mundo "exterior" do qual o observador está separado por uma chapa de vidro laminado de vinte centímetros de espessura. Mesmo para observar um objeto tão minúsculo quanto um elétron, ele tem de quebrar o vidro, tem de entrar na sala de observação para instalar o seu equipamento de medida. É ele quem decide se vai medir a posição ou a velocidade. A instalação de um equipamento exclui e impede a instalação do outro. Além disso, a própria medida muda o estado do elétron. Depois disso, o universo nunca mais será o mesmo. Para explicar o que aconteceu, é preciso eliminar a antiga palavra "observador" e substituí-la pelo neologismo "participador". De certo modo, de um modo muito estranho, o universo é na verdade um universo de participações.

Escreveu também:

Será que o universo é de certo modo "trazido à existência" pela participação dos que nele participam?... O ato vital é o ato de participação. O conceito novo e irrefutável dado pela mecânica quântica é o conceito de "participador". Ele derruba o termo "observador" da teoria clássica, o homem que se coloca com toda a segurança por trás da parede de vidro e observa o que está acontecendo sem interferir. Segundo a mecânica quântica, isso é impossível.

Lembre-se de que quem fala aí não é um místico oriental vestido de manto alaranjado, mas um cientista mundialmente famoso; e ele está falando sobre o mundo material. Essa descoberta — que os cientistas determinam os resultados de seus experimentos — levou os físicos a proporem-se algumas perguntas muito interessantes. Segundo Gary Zukav, no livro *The Dancing Wu Li Masters*:

Os físicos quânticos procuram responder a perguntas como: "Por acaso uma partícula com uma determinada velocidade existia antes que fizéssemos um experimento para medir a sua velocidade?" "Por acaso uma partícula com uma determinada posição existia antes que fizéssemos um experimento para medir a sua posição?" "Por acaso as partículas em geral existiam antes de termos pensado nelas e de as termos medido?" *"Será que não fomos nós que criamos as partículas com as quais conduzimos os nossos experimentos?"*

Isso parece incrível, mas essa criação das partículas é uma possibilidade admitida por muitos físicos.

Entretanto, o que me parece ainda mais incrível é que a ciência provou que a presença física e as sensações produzidas pelas coisas materiais são, na verdade, produtos da nossa mente e dos nossos sentidos. Quando se examina uma molécula de matéria, a ciência nos diz que ela é composta principalmente de espaço vazio. Ali não existe nada! Dentro das moléculas ficam os átomos, mas o conteúdo material dos átomos é desprezível em comparação com o espaço entre eles. E, para nos deixar ainda mais espantados, quando entramos no átomo e examinamos as partículas subatômicas, constatamos que elas não têm nada de material. São simplesmente impulsos de energia, e o espaço entre elas compõe quase todo o átomo. Com efeito, estima-se que 99,9999...% do volume das moléculas seja ocupado pelo espaço vazio, e que, se pegássemos *toda* a matéria do universo e a colocássemos num único lugar, mal conseguiríamos lotar um estádio de futebol. Então, o que é isso tudo que nós vemos e tocamos?

A realidade é que a forma e a substância do universo resultam dos nossos pensamentos; ou seja, nós vivemos num mundo mental. Todas as coisas têm uma freqüência de vibração; nós pegamos essas vibrações e lhes damos forma e substância por meio dos nossos pensamentos e sentidos. Sem a mente e os sentidos, tudo o que existe é energia e vácuo. Se é assim que funciona a realidade — e a ciência nos diz que é assim mesmo —, você é capaz de imaginar como podemos usar esse conhecimento para alcançar o sucesso? Sua mente é a chave da realidade! Isso encontra eco na antiqüíssima citação dos Provérbios 23:7, "Pois, do modo que um homem pensa em sua alma, assim ele é." E também o antigo ditado: "O que está fora é como o que está dentro." Ele nos diz que a realidade da vida começa lá dentro, na mente, e depois toma forma no mundo material. É assim que a espiritualidade se manifesta nas leis naturais do universo. Isso tudo nos leva ao seguinte princípio do sucesso: *o que você pode pensar, você pode fazer!*

Percorremos um longo caminho mas voltamos enfim para casa, para uma verdade tão simples e tantas vezes repetida que já praticamente perdeu o sentido: "A vida é o que você faz dela!" Nunca essa frase teve tanta validade quanto tem hoje, pois foi provada pela física quântica. Até então, era só mais um desses conceitos etéreos do misticismo oriental que todos "sabiam" ser verdade, mas do qual não se tinha a prova concreta. A ciência atual nos dá essa prova. É você quem determina a sua realidade. Não é "o que será, será", mas sim "o que você quiser que seja, será". Nesse caso, o que você escolhe? O sucesso ou o fracasso, a riqueza ou a pobreza, a alegria ou a tristeza, ou pior ainda, a mediocridade? Todas essas são possibilidades *suas*, entre as quais você tem de escolher.

O efeito colateral dessas descobertas é a constatação de que a realidade é paradoxal. Esse paradoxo da realidade é simplesmente o seguinte: todas as coisas contêm em si os seus opostos. Os quanta podem ser partículas ou ondas. São ambos. Você pode ser um sucesso ou um fracasso. Você é ambas as coisas. E, assim como os cientistas podem determinar o que serão os *quanta* em qualquer momento específico, assim também você tem esse mesmo poder sobre o sucesso e o fracasso. Os indícios fornecidos pela ciência nos dão provas concretas dessa realidade.

Além disso, nós conhecemos alguns dos fatores que determinam a escolha. Vou tomar minha horta como exemplo. Descobri que o único meio de que disponho para fazer crescer um tomateiro na minha horta é trabalhar ativamente para isso. Tenho de plantar sementes de tomate. Tenho de agir. Embora essa ação seja por si só uma revelação, muito mais reveladores são os resultados de minha inação. Se eu não plantar tomateiros, crescerão ervas daninhas. Minha horta traz em si a possibilidade tanto dos tomateiros quanto das ervas daninhas e pouco se importa com o que virá a produzir. Sou eu que tenho o poder de determinar qual dos dois vou colher. Plantar a semente de tomateiro é uma ação, mas não fazer nada e não plantar nada também é. Em outras palavras, *não fazer nada é fazer alguma coisa*, muito embora esse fato escape à percepção da maioria das pessoas. O sucesso foge de você por causa dessa ação inconsciente que é a inação. *O sucesso é uma opção, como também o fracasso!* Nem o universo nem a natureza se importam com o que você vai receber; podem lhe dar tanto um quanto o outro.

A escolha tem mais uma propriedade que nós já discutimos rapidamente: não se pode correr atrás de nada que realmente valha a pena nesta vida. É preciso atrair essas coisas. Na verdade, *quanto mais corremos atrás do sucesso, mais o afugentamos*. A historieta que me levou a compreender esse princípio nos fala que a vida é semelhante a duas mulheres, chamadas Sucesso e Conhecimento. Um jovem perguntou: "Como posso alcançar o sucesso na vida?" E o velho filósofo disse que, se ele prestasse muita atenção a Sucesso, ela fugiria; mas, se prestasse atenção a Conhecimento, Sucesso ficaria com ciúmes e correria atrás dele.

Oscar Wilde disse: "Só há uma classe de pessoas que pensa mais em dinheiro do que os ricos: os pobres. Aliás, os pobres não conseguem pensar em mais nada." O que eles não percebem é que o que cria a pobreza é a preocupação com o dinheiro e a busca da riqueza! Por muitos anos busquei ferrenhamente o sucesso e ele sempre fugiu de mim. Minhas ações eram sempre determinadas pelo que mais tenderia a me deixar rico e bem-sucedido. Não sabia então que eu mesmo era a causa da minha pobreza e do meu fracasso. Este "segredo" pouco conhecido já foi publicado milhões de vezes e proclamado do alto de todas as montanhas já escaladas pelo homem, mas continua secreto. Jesus Cristo disse: "Ama ao teu próximo como a ti mesmo." O que ele estava dizendo é que, se você amar o próximo, vai amar também a si mesmo. Zig Ziglar também o disse: "Acredito que você pode obter tudo o que deseja na vida, desde que ajude um número suficiente de outras pessoas a obterem o que desejam." E eu o ouvia muitas vezes quando criança: "É melhor dar do que receber." Em suma, a única maneira de chegar à riqueza e ao sucesso autênticos e duradouros é fazer um esforço concentrado para que essas mesmas coisas aconteçam na vida de outras pessoas.

A terceira propriedade dessa escolha é que é preciso aprender a ficar tranqüilo com o que nos deixa tensos e nervosos. O fato de a realidade ser um paradoxo, de todas coisas conterem em si os seus opostos, de os *quanta* poderem ser ondas ou partículas não é desconcertante nem incômodo para a natureza e o universo. Na verdade, a natureza e o universo não se importam nem um pouco de as coisas serem assim, pois é assim que elas são. O universo e tudo o que ele contém encontram-se perpetuamente num estado de fluxo, mudando de polaridade, mas as pessoas lutam continuamente para que a vida seja imutável e constante, apesar de isso ser impossível. Quando a mudança acontece, certas pessoas se desconcertam e perdem todo o seu senso de direção. Em vez de encarar a mudança como a essência da vida, como a matéria da oportunidade, elas só olham para o próprio mal-estar. "Quando Deus fecha uma porta, Ele abre outra" — eis aí uma excelente descrição do que a mudança representa. O problema é que a maioria das pessoas fica olhando para a porta fechada e se lamenta, em vez de usar sua energia para procurar a porta que se abriu. Precisamos nos sentir à vontade com a mudança. A mudança é boa, é maravilhosa, *é a própria realidade*!

TEMAS PARA REFLEXÃO

O que você pode pensar, você pode fazer!

Não fazer nada é fazer alguma coisa.

O sucesso é uma opção, como também o fracasso!

Quanto mais corremos atrás do sucesso, mais o afugentamos.

A mudança é a realidade!

28

O QUE É O TEMPO?

> O tempo é a imagem da eternidade.
> — Platão

Os místicos orientais dizem que o passado, o presente e o futuro são simultâneos, e o objetivo que almejam alcançar é estar plenamente presentes no agora. Para eles, todo o poder da vida está no momento presente, no agora, e essa tem sido a crença deles desde há milhares de anos. A teoria da relatividade de Einstein é semelhante a essa crença.

Segundo a teoria da relatividade, o tempo é relativo. O passado, o presente e o futuro existem simultaneamente dentro de um grande mar de consciência. É claro que isso não é evidente aos nossos olhos; mas, com a ajuda da física e da astronomia, torna-se de uma evidência gritante. Estou partindo do princípio de que o tempo presente não necessita de explicação, mas é possível que eu esteja errado. Supondo, porém, que isso seja verdade, sabemos por meio da física que, quando olhamos para o céu noturno, não estamos vendo as coisas como elas estão agora, mas como estavam há centenas ou mesmo milhares de anos. Com efeito, a luz da estrela mais próxima, fora o Sol, leva quase *quatro* anos para chegar a nós. Então, o que vemos agora é como essa estrela estava há quatro anos. Vemos o passado no presente. Aliás, é possível até que a estrela não exista mais, mas a luz que ela gerou há alguns anos faz com que ela pareça ainda estar no céu. Incrível!

Ver o futuro no presente é um pouco mais complicado, mas, pelo poder da visualização (devaneio concentrado), podemos vislumbrar o futuro. Pode ser que você já tenha constatado esse fato em algum aspecto da sua vida, mas não é algo que todos já fizeram. Comigo já aconteceu, e uso a visualização em praticamente todos os aspectos da minha vida. Uso-a porque ela funciona.

A visualização põe para funcionar a capacidade criativa que todos nós possuímos. É o pensamento ou intenção, comparável à escolha do equipamento por parte do cientista. *A visualização produz a centelha criativa que é a base de toda criação.* Para que essa centelha se transforme na fogueira crepitante da realidade, é preciso atiçá-la com o fole da crença emocional. O mais impressionante é que é fácil pôr em movimento esse poder gigantesco. Não há nada de sobrenatural nisso. É quase a mesma coisa que sonhar acordado ou ficar perdido em pensamentos. O processo parte do princípio de que o cérebro pensa por meio de imagens e é incapaz de perceber a diferença entre um acontecimento real e um imaginário. Simplesmente imagine ou "veja" o seu objetivo em sua mente. Note bem que eu não usei a palavra meta. Lembra-se da diferença? No caso da meta, o que vem primeiro é a emoção, e depois o pensamento. Os passos do processo criativo estão aí, mas ao contrário, e é por isso que não dá certo. Tome cuidado para não visualizar o seu objetivo até os mínimos detalhes, como se prescreve no processo de estabelecimento de metas. Deixe espaço para a flexibilidade. Como no estabelecimento de objetivos, a criatividade da visualização funciona melhor quando ela é um efeito residual de pôr sempre em primeiro lugar o sucesso dos outros. Essa combinação tem um grande poder criativo! Depois de fazer isso, deixe tudo para lá e confie em que o universo o levará rumo ao melhor resultado possível. Você só terá de ficar atento aos sinais. Essa capacidade já está dentro de você; você nasceu com ela. Agora só falta pô-la em prática!

Percebi que as coisas que eu visualizo costumam acontecer, como na primeira vez em que minha equipe de vendas chegou ao primeiro lugar no país. A dianteira que os adversários tinham sobre nós era insuperável por todos e quaisquer critérios lógicos, mas eu visualizei a minha equipe ultrapassando cada uma das demais, uma por vez, e nós garantimos a liderança na última semana do ano. Visualizei até a cerimônia de premiação e já imaginei como iria atribuir o crédito pela vitória às pessoas que realmente o mereciam. Se eu não tivesse usado a visualização tantas vezes, ficaria surpreso, mas às vezes a realidade e a verdade *são* surpreendentes!

Uma das aparentes provas de que é possível conhecer o futuro no presente é o fenômeno do *déjà vu*. Trata-se da sensação de que você já viu antes o que está vendo agora, às vezes nos mínimos detalhes. É ver no presente um acontecimento que já foi visto por meio da visualização involuntária ou num estado superior de consciência. Acho que a maior parte das pessoas já teve essa experiência e, muito embora não fosse capaz de explicá-la, "sabia" que já tinha "visto" aquilo antes. Isso basta como prova de que você já teve uma experiência do futuro antes de ele ter ocorrido, mas não preenche, na realidade, a nossa necessidade de confirmação sensorial, que é o que precisamos para crer que algo seja verdade.

Porém, se você já se viu bem no caminho de uma tempestade que se aproxima, então já viu o futuro antes de ele chegar; e, embora talvez existam muitos outros exemplos de passado, presente e futuro sendo vistos todos ao mesmo tempo, nós não os percebemos com facilidade. Isso porque todos eles convergem no aqui e agora, no momento presente.

Na teoria da relatividade de Einstein, ele afirma que o tempo e o espaço são tão intimamente ligados que chegam a ser inseparáveis. É como um cachorro mestiço de *collie* e São Bernardo: é impossível separar a metade *collie* da metade São Bernardo. É esse o grau de ligação que existe entre o tempo e o espaço. Os físicos chamam esse todo de "contínuo espaço-temporal". Aliás, hoje em dia, nenhum físico usa as palavras "espaço" e "tempo" independentemente uma da outra. O contínuo espaço-temporal acrescenta uma quarta dimensão a um mundo que nos parece tridimensional. É aí que tudo fica muito difícil de compreender, pois a nossa mente é incapaz de imaginar um mundo de quatro dimensões. Na verdade, é impossível explicar um tal mundo pela linguagem verbal; para explicá-lo, é preciso usar a linguagem matemática.

Para os fins que temos em vista, compreender isso não é tão importante quanto saber que essa idéia é uma das premissas mais aceitas da física quântica. Para compreender o contínuo espaço-temporal, podemos usar a analogia de uma parede infinita feita de espaço-tempo. Podemos escolher qualquer ponto sobre a parede e dizer que ele é o presente; qualquer coisa à direita desse ponto será o passado, e qualquer coisa à esquerda será o futuro. Porém, a parede existe em sua integridade o tempo todo. Qualquer que seja o ponto escolhido como presente, tanto o presente quanto o passado e o futuro estão sempre igualmente presentes nessa parede infinita do espaço-tempo. No livro *The Dancing Wu li Masters*, Gary Zukav escreve:

> Esse é o contínuo espaço-temporal. Nessa imagem estática, o contínuo espaço-temporal, os acontecimentos não se desenvolvem, mas simplesmente são. Se pudéssemos enxergar a nossa realidade de modo quadridimensional, veríamos que todas as coisas que agora parecem se desenrolar perante os nossos olhos com a passagem do tempo já existem, na realidade, *in toto*, como se estivessem pintadas no tecido do espaço-tempo. Veríamos com um só olhar o passado, o presente e o futuro.

Como você vê, a física moderna está aniquilando as nossas concepções a respeito do mundo físico. O problema é que nós passamos a depender demais dos cinco sentidos para conhecer a verdade. A falta de consciência nos levou a acreditar nas informações físicas que recebemos desses cinco sentidos, e isso a tal ponto que chegamos enfim a crer que a realidade é *só* o que os cinco sentidos podem perceber. Nada poderia estar mais longe da verdade! Não vemos nem os raios X nem a luz infravermelha, mas sabemos que essas coisas existem. Os cães ouvem sons que os nossos ouvidos não ouvem. Os tubarões são capazes de farejar sangue a quilômetros de distância, e nós não temos essa capacidade. As pedras e as árvores parecem estar paradas, ao passo que, na verdade, tanto elas como nós estamos voando pelo espaço a uma velocidade incrível neste planeta que chamamos de Terra; só que não sentimos esse movimento. A ciência nos conduziu a uma realidade que vai além dos cinco sentidos, e chegou a hora de tomarmos consciência disso.

Mas o que tudo isso tem que ver com a realização do sucesso? Bem, se o passado, o presente e o futuro existem ao mesmo tempo, como nos diz a física quântica, todas as coisas que fazemos afetam os três — e, no que nos diz respeito, os efeitos sobre o presente e o futuro são os mais importantes. Toda ação, todo pensamento, toda emoção, podem ser comparados ao plantio de uma semente e todas as sementes dão frutos, bons ou maus. Por isso, segundo a física moderna, a idéia de que existe uma ação que *não tem* conseqüências é pura loucura. *Tudo o que fazemos, tudo o que pensamos, tudo o que sentimos é importante e tem conseqüências.* As conseqüências, boas ou más, podem não ser evidentes à primeira vista, mas não existe semente que não acabe dando um fruto. Esse conhecimento deve nos levar a redefinir o nosso comportamento, os nossos padrões de pensamento e as nossas crenças, não só as relativas ao sucesso, mas também à vida em geral. *Lembre-se: a negatividade mata!*

TEMAS PARA REFLEXÃO

A visualização produz a centelha criativa que é a base de toda criação.

Tudo o que fazemos, tudo o que pensamos, tudo o que sentimos é importante e tem conseqüências.

Lembre-se: a negatividade mata!

29

A Relatividade do Tempo

Por fim, a sensação da duração do tempo se altera; horas passam em minutos e minutos se expandem até assumir a aparência de horas.
— Mihal Csikszentmihalyi, em *Fluxo*

Segundo Gary Zukav, a teoria da relatividade de Einstein afirma que: "Um relógio em movimento marca o tempo mais devagar do que um relógio em repouso, e continua a diminuir o ritmo de seus giros à medida que sua velocidade aumenta, até que, à velocidade da luz [298.000 quilômetros por segundo], ele pára completamente."

Em outras palavras, o tempo passa mais devagar à medida que a velocidade aumenta, o que por si só já é um fato impressionante. Porém, o mais importante é a relatividade do tempo, um princípio segundo o qual o tempo é relativo para todos os seres, dependendo da velocidade em que estão se deslocando. Em *The Dancing Wu Li Masters*, Gary Zukav nos dá o seguinte exemplo:

> Suponha que embarquemos numa nave espacial para uma viagem de exploração do espaço. Combinamos de apertar um botão a cada quinze minutos para mandar um sinal à Terra. À medida que a nossa velocidade aumenta, nossos colegas na Terra percebem que os sinais, em vez de chegar a cada quinze minutos, começam a chegar a cada dezessete minutos, depois a cada 25 minutos. Ao cabo de alguns dias, nossos colegas, desesperados, percebem que nossos sinais só estão chegando a cada dois dias. À medida que a velocidade aumenta, o tempo entre os sinais chega a vários anos. Por fim, gerações e gerações de terráqueos nascem e morrem entre os nossos sinais.

Enquanto isso, na nave, nós não temos a menor idéia do que está acontecendo na Terra. Para nós, tudo vai correndo de acordo com o planejado, embora já estejamos entediados com a rotina de apertar um botão a cada quinze minutos. Quando voltamos à Terra, alguns anos depois (segundo a nossa medida de tempo), descobrimos que estivemos viajando por séculos segundo a medida de tempo terrestre. O tempo exato dependerá da velocidade com que viajamos.

Essa cena não é ficção científica. Baseia-se num fenômeno bem conhecido [pelos físicos] chamado de paradoxo dos gêmeos da teoria da relatividade especial.

O paradoxo dos gêmeos, em sua formulação mais simples, afirma que, se um de dois gêmeos for para o espaço em altíssima velocidade e o outro ficar na Terra, o viajante espacial, quando voltar, estará mais jovem do que o que ficou.

"Incrível", dirá você. "Mas o que tudo isso tem a ver com o sucesso?" Espere um pouco e todas as peças começarão a se encaixar. Isaac Newton disse que o tempo "flui igualmente" para todos. A teoria da relatividade de Einstein provou que esse princípio newtoniano estava incorreto, pois, segundo ela, a experiência do tempo é relativa para cada um — não é igual para todos. O problema é que todos ainda acreditam no pressuposto newtoniano de que a passagem do tempo se faz sentir universalmente da mesma maneira. Trata-se de uma dessas programações mentais inválidas e insidiosas que são transmitidas de geração em geração. A compreensão da verdade sobre o tempo é infinitamente importante para a sua busca de sucesso, pois o tempo é um dos fatores essenciais com que temos de nos haver para ser bem-sucedidos. Como exemplo da qualidade relativa do tempo, Deepak Chopra fala da experiência de ir ao dentista e afirma que o cliente sentado na cadeira sente o tempo passar mais devagar do que o próprio dentista. Se você já teve de tratar canal ou fez uma cirurgia dentária, sabe que isso é verdade. A sessão parece não acabar nunca. Porém, quando acaba, você olha para o relógio e vê que não levou mais do que alguns minutos! Tanto Chopra quanto Zukav referem-se ao fato de que o tempo tem uma qualidade subjetiva, que difere de pessoa para pessoa.

Além disso, em *The Dancing Wu Li Masters*, Gary Zukav nos oferece a seguinte suposição:

Se, no nível quântico, o fluxo do tempo não tem significado algum; se a consciência é fundamentalmente um processo semelhante a esse (um processo quântico); e se nós temos a capacidade de tomar consciência desses processos dentro de nós mesmos — é concebível que também sejamos capazes de experimentar a total atemporalidade.

Ora, eu lhe disse que as peças começariam a se encaixar; então, aí vão. Você já se perguntou por que motivo as pessoas de sucesso parecem conseguir fazer mais coisas do que as pessoas comuns no mesmo período? Será por que elas trabalham mais? Pode até ser, mas a experiência pessoal me diz que, por diversos motivos, as pessoas bem-sucedidas não trabalham demais. O motivo essencial, como seria de esperar, é que "se você faz algo que gosta de fazer, nunca vai trabalhar duro na vida". Esse provérbio é transmitido de geração em geração, mas creio que não explica tudo. A meu ver, a física moderna tem a resposta para essa pergunta, na teoria da relatividade de Einstein. O segredo está no fato de que o tempo não é rígido, mas sim tem uma qualidade elástica que pode ser manipulada. *O tempo pode ser controlado, e você tem poder para controlá-lo!*

Já sabemos que os pensamentos — e a eles eu acrescentaria as emoções — se transformam em moléculas chamadas neuropeptídeos, e que essas moléculas podem ser projetadas. Para que isso aconteça, é evidente que essas moléculas têm de ser capazes de se mover. A projeção implica movimento. Bem, se nos referirmos a alguns ditados antiqüíssimos, como "sua mente está correndo à sua frente", ou "pense rápido", ou "pensamentos densos", ou ainda "levar o peso do mundo nos ombros", e os associarmos à teoria da relatividade de Einstein, perceberemos algumas relações interessantes. E, se acrescentarmos a essa mistura o principal fator do sucesso, que é a concentração, chegaremos a conclusões interessantes. E se a capacidade de concentração permitir que a pessoa aumente a velocidade dos seus neuropeptídeos de pensamento? E se a concentração nos permitisse elevar a velocidade dessas moléculas de pensamento até aproximá-la da velocidade da luz? Para nós, o tempo passaria mais devagar! Não é a concentração que faz o tempo passar mais devagar quando você está sentado na cadeira do dentista? Não é a elevada concentração que faz com que qualquer experiência nos pareça mais prolongada, às vezes muito mais prolongada, do que é na realidade? Se a concentração nos permite controlar o tempo, consciente ou inconscientemente, mediante a elevação da velocidade dos neuropeptídeos, você consegue perceber o quanto é importante fazer isso conscientemente para alcançar o sucesso?

O outro efeito do aumento da velocidade, em valores próximos à da luz, diz respeito à massa ou matéria. Gary Zukav afirma que, segundo a teoria da relatividade especial:

Quando as partículas se deslocam em velocidades próximas da velocidade da luz, sua energia cinética faz com que se comportem como se tivessem mais massa do que têm em velocidades mais baixas. Com efeito, a teoria da relatividade especial demonstra que a massa efetiva de um objeto *realmente* aumenta com a velocidade.

Isso significa que a aceleração dos neuropeptídeos de pensamento por meio da concentração não só afeta a elasticidade do tempo, ampliando-o e dando a você mais tempo (relativamente), como também faz aumentar a massa ou a densidade dessas moléculas de pensamento, desses neuropeptídeos. Segundo a física, quanto maior a massa ou a densidade de um objeto, que na verdade não passa de um amontoado de moléculas, tanto maior é a sua atração magnética. Quando aumenta a massa dos neuropeptídeos, aumenta também a sua atração magnética. É essa atratividade que "chama" o sucesso para a sua vida, uma vez que o sucesso não pode ser realizado, mas apenas atraído. Na realidade, o campo de atração ao seu redor não foi criado agora. Ele sempre existiu. Foi simplesmente intensificado e fortalecido.

Há algum tempo, eu disse que o homem é composto de diferentes energias, como a elétrica, a atômica, a magnética, etc. *Todas as pessoas, seres e coisas já têm um campo de atratividade ao seu redor.* Chamamos essa atração de "magnética", mas talvez nossa antiga compreensão e definição desse campo de atração seja elementar demais para expressá-la tal como é na realidade. A ciência nos diz que todas as coisas materiais têm ao seu redor um campo de atratividade que chamamos de campo magnético; mas creio que isso se aplica também ao mundo não-material, ao mundo espiritual. Na metafísica, esse campo que rodeia os seres e as coisas é chamado de "aura"; e, segundo a metafísica, quanto mais a pessoa progride na vivência de estados mais elevados de consciência, tanto mais sua aura se intensifica. Esse progresso metafísico rumo a estados superiores de consciência é exatamente o que você precisa empreender para experimentar, no mundo físico, o sucesso com que sonha. *As pessoas de sucesso operam num plano de consciência superior ao das pessoas comuns.* São mais conscientes, "vêem" as coisas de maneira diferente e, por causa disso, aumentam o campo de atração que as envolve, atraindo para si as experiências de vida em cuja obtenção se concentram. As coisas que elas querem vão até elas, muito embora às vezes pareça o contrário. As pessoas de mente superficial consideram-nas "sortudas". Os bem-sucedidos têm o toque de Midas. Sabemos que estamos na presença de uma dessas pessoas quando a encontramos, pois ela traz em si algo de especial. Não sabemos o que é, mas elas nos atraem. Para descrever esse fenômeno, inventaram-se lugares-comuns como dizer que a pessoa tem uma "personalidade magnética" ou muito "magnetismo animal". O que sentimos é que o campo de atração dessas pessoas foi intensificado a ponto de superar em muito o das pessoas circundantes, e é por isso que essas pessoas "se destacam na multidão". A física quântica nos dá o conhecimento e a compreensão necessários para criar esse fenômeno segundo a nossa vontade, por um método científico, que por sua vez nos aproximará do nosso objetivo — ou, melhor dizendo, aproximará o nosso objetivo de nós.

Ora, quando olhamos para as frases feitas, "pensamentos densos" ou "levar o peso do mundo nos ombros", maravilhamo-nos com o quanto de sabedoria pode estar contido em muitos ditados antiqüíssimos. Como é possível que, há tanto tempo, as pessoas soubessem que a massa de uma molécula de pensamento pode aumentar com a aceleração do mesmo pensamento, aceleração essa provocada pela concentração? Como poderiam saber que uma tal molécula poderia se tornar mais densa e mais pesada? Eis aí mais uma prova do fato de que não existem coisas desconhecidas, mas apenas coisas que não foram constatadas nem vividas.

O mais importante são as conseqüências dessas conclusões para o nosso sucesso. As pessoas bem-sucedidas conseguem fazer mais coisas do que as pessoas comuns no mesmo período porque, pela concentração, elas adquirem controle sobre o seu tempo relativo e o tornam mais lento; aumentam a velocidade de suas moléculas de pensamento para ter mais "tempo" para fazer as coisas! Além disso, a aceleração das moléculas de neuropeptídeos cria um campo de atração mais intenso que atrai para elas aquilo mesmo em cuja obtenção elas se concentram. Elas não fazem esforço para ter sucesso!

Com base nessas informações, deveríamos criar uma faculdade para ensinar as pessoas a se concentrar, devido à importância da concentração para a realização de qualquer coisa. No meu caso, a capacidade de concentração é uma extensão natural da minha personalidade obsessiva. Com efeito, preciso tomar cuidado para não me concentrar demais nem ficar obcecado com as coisas, pois isso produz resultados negativos em outras áreas da minha vida. Paro de prestar atenção às pessoas e aos acontecimentos. O que percebi nas centenas de pessoas bem-sucedidas com quem tive o prazer de conviver é que todas elas têm a capacidade de entrar num estado de concentração aguda como um raio *laser*. Ao que parece, essa capacidade é natural nelas.

Se as minhas suposições estiverem corretas, é muito provável que a sua falta de sucesso seja devida ao fato de você não ter a capacidade natural de concentração. Porém, essa capacidade pode ser aprendida. No misticismo oriental, as pessoas se esforçam para adquirir essa capacidade. Trata-se de algo que elas adquirem com o esforço, e os místicos têm conseguido ensinar a concentração a seus discípulos desde há milhares de anos. Se eles conseguem, você também vai conseguir.

Essa revelação, por si só, já valeu todo o tempo, a energia e o dinheiro que você investiu neste livro. Se eu estivesse lendo isto, estaria pulando de alegria para comemorar a certeza de que minha falta de sucesso não é devida a minha falta de capacidade. Vou afirmá-lo de novo: *sua falta de sucesso não decorre da sua falta de capacidade!* Esta revelação, corroborada pela física moderna e pelo misticismo oriental, vai lhe dar controle sobre o seu destino. Provavelmente, vai mudar toda a sua vida!

TEMAS PARA REFLEXÃO

O tempo pode ser controlado, e você tem poder para controlá-lo!

Todas as pessoas, seres e coisas já têm um campo de atratividade ao seu redor.

Sua falta de sucesso não decorre da sua falta de capacidade!

As pessoas de sucesso operam num plano de consciência superior ao das pessoas comuns.

30

O "Campo" dos Sonhos

> Todo avanço e todo progresso decorrem das idéias,
> não da força mecânica nem da violência.
> — Ralph Waldo Emerson

O espaço, o ar, o "éter" entre nós, é invisível e parece não existir. Não obstante, é composto dos mesmos átomos e combinações moleculares de hidrogênio, oxigênio, nitrogênio, etc., que compõem o nosso corpo e todas as outras coisas materiais. Como podemos ver o nosso corpo, ele é considerado real; mas as moléculas de ar, que não são registradas pela nossa visão, não "existem", e por isso o espaço entre nós parece "vazio". Nada poderia estar mais longe da verdade. A ciência chama esse espaço vazio de "campo".

O estudo científico da biologia deu origem a certas descobertas que nos ajudam a compreender melhor o "espaço" onde vivemos. Já dissemos que os cientistas descobriram que os pensamentos se transformam em moléculas chamadas de neuropeptídeos. Logo eles vão descobrir que o mesmo acontece com as emoções. As emoções são os sentimentos resultantes de nossas crenças e pensamentos. *São os pensamentos expressos no nível sensorial.* Essa descoberta explica certos fenômenos místicos e sobrenaturais. Já aconteceu de você entrar numa sala e sentir a incômoda sensação de ter entrado no meio de um conflito? Como você percebeu isso? É muito simples. Você entrou em contato com uma das moléculas de neuropeptídeos que flutuam no espaço "vazio" da sala, produzidas pelas pessoas ali presentes. Com efeito, é possível "sentir" o que acabou de acontecer, mesmo numa sala vazia. É possível sentir "a discórdia no ar". Estamos agora mais próximos da verdade do que jamais estivemos. As moléculas da "discórdia", da raiva ou de outra emoção qualquer ficam realmente no ar e podem ser interceptadas e registradas, mesmo pela nossa limitada capacidade sensorial. No caminho que leva ao sucesso, essas informações tornam-se de capital importância.

Para facilitar e acelerar a caminhada rumo ao sucesso, é preciso compreender como funciona o meio do "espaço vazio", de modo a podermos utilizá-lo a nosso favor. Por exemplo, 65% da comunicação entre as pessoas são não-verbais e se dão por meio desse "espaço vazio", desse veículo; e a capacidade de se comunicar com eficiência é essencial para o sucesso. Porém, a comunicação não-verbal é apenas um dos muitos processos afetados pelo espaço vazio e que o usam como veículo. Esse "éter" também é o veículo que entra numa relação de harmonia com outros princípios do sucesso, como a visualização, a intenção, a atenção e o poder do pensamento positivo. Assim, o conhecimento da operação e das propriedades do espaço vazio nos dá uma vantagem, ao passo que a falta de conhecimento acerca disso nos torna vítimas passivas das circunstâncias.

O que chamamos de espaço vazio é na verdade um veículo de comunicação no qual se localizam as linhas de ligação que vinculam todas as coisas entre si. O veículo ou meio vivo que "vemos" como um mero espaço vazio nos liga entre nós e a todas as outras coisas. A título de exemplo, vamos examinar outro meio ambiente que sustenta a vida e que podemos ver, procurando nele as pistas e semelhanças que nos permitirão compreender melhor o veículo do espaço vazio. O oceano é uma entidade viva que dá sustento à vida e que, ao que me parece, é muito semelhante ao meio atmosférico em que vivemos. Os habitantes do oceano, como os peixes, os crustáceos, os moluscos, etc., são capazes de respirar na água da mesma maneira que eu e você somos capazes de respirar no meio que chamamos de espaço vazio ou ar. Entretanto, nós não somos capazes de respirar no meio deles, nem eles de respirar no nosso. Por isso, a água aparece aos nossos sentidos e, segundo creio, o nosso espaço vazio, o ar, é registrado pelos sentidos dos habitantes da água.

Os habitantes do mundo aquático nascem nele como nós nascemos no nosso e passam toda a sua vida mergulhados nesse meio. Você acha que o peixe percebe a água na qual vive mergulhado? Acha que ele é capaz de "ver" a água que o rodeia? Parece-me que, como nós, os habitantes do oceano se acostumaram tanto a viver naquele meio que nem sabem que ele existe. É claro que, de vez em quando, conseguem senti-lo. O oceano tem suas correntes, mas o vento também tem. Os peixes conseguem ver as coisas flutuando na água; se você já viu o ar iluminado por um raio de sol, já deve ter percebido que também há coisas flutuando no ar. No oceano e na terra, existem as criaturas que vivem sobre o chão firme e outras que vivem (voam ou nadam) sobre ele. A turbulência em ambos os meios é maior em cima (as ondas e os ventos fortes das grandes altitudes) do que embaixo.

Aliás, quanto mais você se aprofunda nesses dois meios, tanto menor é a turbulência. Ambos os meios comunicam informações ao sentido do olfato de seus habitantes, além comunicar outros dados sensoriais. No oceano, um tubarão é capaz de sentir o cheiro de sangue a quilômetros de distância, assim como ocorre com alguns animais terrestres. Mas, como o nosso olfato não é tão aguçado, o melhor exemplo no que se refere aos humanos é o cheiro de uma fogueira de lenha ou de folhas, que nós somos capazes de detectar a distância.

A captação sensorial das vibrações é outra semelhança entre os dois meios. Nossos ouvidos e nosso cérebro colaboram para converter as vibrações em som. Do mesmo modo, os habitantes do oceano são capazes de captar vibrações, muito embora eu não saiba se eles têm uma audição semelhante à nossa.

Os dois meios também permitem a comunicação extra-sensorial. As comunicações telepáticas entre os seres humanos e entre os animais terrestres são possibilidades aceitas por muitos, embora ainda não tenhamos ciência da técnica da telepatia. Do mesmo modo, quando vemos os peixes de um grande cardume mudando de posição quase simultaneamente, acreditamos na existência de uma comunicação entre as criaturas aquáticas. Porém, no nosso mundo, a telepatia é muitas vezes confundida com um simples palpite ou uma intuição. *A consciência do espaço como um meio "vivo" não é um pré-requisito para a sua existência.* Como a lei da gravidade, esse meio opera sempre, mesmo para os que não sabem que ele existe!

O conhecimento do espaço como um veículo de comunicação é precioso para a busca do sucesso porque, como já dissemos, 65% da comunicação entre as pessoas são não-verbais e se dão por meio desse veículo. Com efeito, até mesmo as vibrações que o ouvido e o cérebro convertem em som precisam passar por ele primeiro. Na área de vendas, nós ensinamos aos novos vendedores que, quando eles fazem a apresentação de um produto, o comprador mal ouve o que o vendedor tem a dizer. A prova disso é que ele não será capaz de repetir a maior parte do que acabou de ouvir. O que o comprador faz, consciente ou inconscientemente, é "procurar" a verdade. Digo aos meus vendedores que o comprador os "ouve com seus olhos". Ele tenta determinar qual é a ética e quais são as motivações do vendedor. Essas coisas se comunicam por meios não-verbais.

Muitos vendedores pensam que o objetivo da apresentação do produto é convencer o comprador de que ele precisa daquele produto. A realidade é que, se o comprador marcou a reunião com o vendedor, é porque já decidiu, em algum nível de seu ser, que precisa do produto. Isso vale especialmente para o ramo de seguros. A venda já está feita. A partir daí, tudo o que o vendedor pode fazer é perdê-la. Se você compreender essa premissa, vai entender por que o comprador só vagamente ouve as palavras do vendedor. O comprador sabe que o vendedor tem o conhecimento de que ele necessita para tomar uma decisão inteligente; por isso, ele põe os olhos e ouvidos em ação, em busca das pistas que lhe dirão se deve comprar o produto *daquele* vendedor e *daquela* empresa — pois, por mais que demore, um dia o comprador vai comprar esse produto de alguém. O comprador está à procura de dados sensoriais intuitivos comunicados por meios não-verbais. A linguagem corporal, o tom de voz, o entusiasmo pelo produto, o primeiro aperto de mão, a atitude — tudo isso pesa mais na decisão do comprador do que quaisquer palavras que o vendedor possa dizer. E o mais importante de tudo é a "sensação" que o comprador "tem" a respeito do vendedor. Essa "sensação" é comunicada ao comprador pelas moléculas de pensamento e emoção do vendedor, que viajam pelo "espaço vazio". Em última análise, o que o comprador compra é o próprio vendedor, pois já decidiu, mesmo que subconscientemente, que precisa do produto. Os dados sensoriais não-verbais vão ajudá-lo a determinar qual é o desempenho do produto, o quanto o preço é competitivo comparado aos preços de mercado, e se o vendedor está ali para ajudá-lo ou simplesmente para ganhar dinheiro. Uma vez satisfeito de ter obtido uma resposta positiva para as três perguntas, o comprador assina na linha pontilhada. Como *a capacidade de vender é um requisito essencial para todos os tipos de sucesso*, de alguma forma o nosso conhecimento dos pensamentos e sentimentos do comprador pode nos dar os meios de que precisamos para realizar em definitivo os nossos sonhos de independência financeira.

A prova de que o espaço não é vazio proveio da física moderna depois da constatação de um fenômeno que não poderia levar a nenhuma outra conclusão. O fenômeno foi o diagrama de vácuo de Feynman. No vácuo não existe ar; todo o ar foi tirado. Porém, mesmo no vácuo, os físicos constataram que partículas subatômicas surgiam do "nada" e voltavam em seguida ao "nada". Mas nós sabemos que isso não é possível, pois, como diz o antigo ditado, "Do nada, nada provém". (Será mesmo?) Então, de onde vieram essas partículas? E para onde foram? Eis algumas observações interessantes feitas por físicos e pensadores famosos no mundo inteiro.

Em *O Tao da Física*, Fritjof Capra escreve:

> A distinção entre matéria e energia, de um lado, e o espaço vazio, de outro, teve de ser definitivamente abandonada quando se evidenciou que partículas virtuais podem surgir espontaneamente no vácuo e nele desaparecer em seguida, sem a presença de nenhum núcleon nem de nenhuma outra partícula dotada de uma força de interação poderosa. Eis o diagrama de vácuo de um determinado processo: três partículas — um próton (p), um antipróton (p) e um píon (p) — se formam a partir do nada e em seguida desaparecem no vácuo. Segundo a teoria dos campos, esse tipo de coisa acontece o tempo todo. O vácuo não é vazio de modo algum. Muito pelo contrário, contém um número ilimitado de partículas que surgem e desaparecem continuamente.

Comentando o mesmo fenômeno — o fato de o espaço vazio não ser vazio de modo algum —, Gary Zukav escreve em *The Dancing Wu Li Masters*:

> Nesse diagrama, nenhuma linha de acontecimentos gera a interação e nenhuma linha provém da interação. Ela simplesmente acontece. Vem literalmente do nada; não tem razão nem causa manifestas. Lá onde não havia *nada*, de repente, num brilho de existência espontânea, três partículas surgem e desaparecem sem deixar rastros. Esse tipo de diagrama de Feynman é chamado de "diagrama de vácuo". Isso porque essas interações acontecem num vácuo. O "vácuo", tal como normalmente o compreendemos, é um espaço totalmente vazio. Os diagramas de vácuo, porém, nos demonstram com evidência que esse vazio não existe. Do "espaço vazio" surge algo, que depois desaparece novamente no "espaço vazio". Está claro que, no mundo subatômico, o vácuo nada tem de vazio.

Em *The Holographic Universe*, Michael Talbot relata uma interessante decorrência dessa descoberta:

A idéia de Bohm, de que o espaço é tão real e tão cheio de processos quanto a matéria que nele se desloca, chega à plena maturidade em suas idéias acerca do mar "implicado" de energia. A matéria não existe independentemente desse mar, do chamado espaço vazio. Ela faz parte desse espaço.

Continuando, Talbot diz:

Segundo a atual compreensão que temos da física, todas as regiões do espaço são repletas de diversas espécies de campos compostos de ondas de vários comprimentos. Cada onda tem pelo menos um pouco de energia. Quando os físicos calculam a quantidade mínima de energia que uma onda pode possuir, chegam à conclusão de que *cada centímetro cúbico de espaço vazio contém mais energia do que a energia total de toda a matéria existente no universo!*

Para compreender plenamente isso que foi dito, você precisa se lembrar da teoria da relatividade de Einstein. Nela, ele diz que $E = mc^2$, ou seja, a energia é igual à matéria vezes o quadrado da velocidade da luz. Energia e matéria são a mesma coisa em formas diferentes, como o vapor e a água. Na verdade, na física, esse todo se chama de "contínuo de matéria e energia", como o contínuo espaço-temporal, pois as duas são tão intimamente ligadas que chegam a ser inseparáveis. Então, o que essa citação diz é que cada centímetro cúbico de espaço vazio tem mais matéria-energia do que toda a matéria-energia *visível* do universo. Com efeito, contém tanta matéria-energia que essa citação foi tirada de um capítulo intitulado "A Energia de um Trilhão de Bombas Atômicas em Cada Centímetro Cúbico de Espaço".

O espaço vazio não só não é vazio como, muito pelo contrário, é mais cheio de matéria do que todas as coisas materiais que podemos ver. Por isso, esse campo do espaço vazio tem um papel mais importante nos acontecimentos do universo do que jamais poderíamos imaginar. Agora que sabemos disso, podemos fazer uso de suas propriedades para produzir os resultados que desejamos. Nas palavras do astronauta Fred Hoyle, sabemos agora que:

O campo existe sempre e em toda parte; não pode ser eliminado nem destruído nem aniquilado. É a fonte e o local onde se desenrolam todos os fenômenos materiais; é o "vazio" a partir do qual o próton cria os pi-mésons. O surgimento e o desaparecimento de partículas são meras formas de movimento no campo.

Todas essas informações me levaram a perceber que o espaço vazio do "campo" deve ser semelhante à terra da minha horta. Você há de se lembrar que o meu jardim tem muitas possibilidades e sempre produz algum resultado. Se eu assumo um papel ativo, plantando sementes, os resultados são desejáveis. Minha inação, por sua vez, produz ervas daninhas, que são indesejáveis. Minha horta, o campo, não prefere nem isto nem aquilo. Não elabora juízos. Simplesmente cria. É aí que entro em cena, e é aí que você entra também. *Nós somos a força criativa que, pela ação ou inação, determina tudo quanto nos acontece.*

Quando sentimos uma emoção ou pensamos algo, a molécula de neuropeptídeo que lançamos no espaço é a semente que, consciente ou inconscientemente, nós "plantamos" no campo. Isso se chama *intenção*. É claro que, depois de plantada a semente, é preciso dar-lhe *atenção*. Ela precisa ser nutrida, protegida e cuidada para chegar à plena maturidade, à plena fruição ou realização. Porém, a semente crescerá mesmo que você não faça nada. Pode não chegar a um desenvolvimento tão pleno quanto chegaria se você cuidasse dela, mas toda semente dá seu fruto. É por isso que precisamos ter cuidado com as emoções que sentimos e os pensamentos que pensamos.

E é por isso também que o pensamento positivo tem tanto poder. Quando Norman Vincent Peale escreveu *O Poder do Pensamento Positivo*, ele não sabia por que aquele princípio funcionava; sabia apenas que funcionava. Mas a física moderna nos ensinou o porquê. Por meio da física moderna, sabemos que temos o poder de controlar as coisas que nos acontecem (a colheita): basta-nos, para tanto, controlar os pensamentos e as emoções que demonstramos (as sementes).

Num trecho de *The Holographic Universe*, Michael Talbot nos explica a razão desse fato. Ele fala sobre o trabalho do grande físico David Bohm:

> Bohm usa sua idéia da ordem implicada não-localizada, desse nível mais profundo da existência do qual nasce todo o nosso universo, para fazer eco ao seguinte sentimento: "Toda ação nasce de uma intenção na ordem

implicada. A imaginação já é em si mesma a criação da forma; já contém a intenção e os germens de todos os movimentos necessários para realizá-la. Afeta o corpo e assim por diante, de modo que, à medida que a criação ocorre a partir dos níveis mais sutis da ordem implicada, vai percorrendo-os sucessivamente até manifestar-se na ordem explicada." Em outras palavras, na ordem implicada, como no próprio cérebro, a imaginação e a realidade são, em última análise, indistinguíveis uma da outra; por isso, não nos devemos surpreender com o fato de as imagens mentais acabarem por finalmente manifestar-se como realidade no corpo físico.

É assim que funciona a visualização, ou seja, a imaginação da realidade. O cérebro é incapaz de distinguir as experiências reais das experiências imaginárias. Se você visualizar repetidamente um determinado acontecimento, ele se tornará realidade. Esse é o princípio fundamental que explica as doenças psicossomáticas. As pessoas imaginam que estão desenvolvendo os sintomas ou a realidade da doença, muito embora não haja uma causa médica para tal. Isso pode explicar também o mistério do "membro fantasma", pelo qual a pessoa que teve um membro amputado sente ainda a presença desse membro. Explica igualmente o "efeito placebo", pelo qual os pacientes recebem pílulas de açúcar para se curar de uma doença ao mesmo tempo em que o médico lhes diz que as pílulas são de um medicamento novo e poderosíssimo que certamente vai curá-los. Os resultados positivos do sentimento de segurança assim transmitido aos pacientes já foram documentados inúmeras vezes. Isso nos leva a pensar num elemento importante do processo de visualização. Junto da intenção, é preciso ter a crença. Se a intenção é a semente que você planta no campo da realidade, a crença pode ser comparada ao sol e à chuva que nutrem o desenvolvimento dessa semente. Quanto mais sol e chuva a semente recebe, tanto mais ela se desenvolverá até alcançar o seu máximo potencial. Do mesmo modo, *quanto mais a intenção for nutrida pela crença, tanto mais há de manifestar-se na realidade.* Assim, o que temos são vários graus de sucesso, graus esses que são determinados, antes de mais nada, por você mesmo.

A crença varia segundo o grau do nosso compromisso emocional com a possibilidade de a proposta dar certo. Quando o entusiasmo vem se aliar à crença e à intenção, os resultados obtidos são construtivos. E, quanto maior o entusiasmo e a emoção postos por trás da crença, tanto mais você há de ver confirmada a realidade da sua visualização. Isso tem conseqüências importantes para nós, não só pessoalmente como também profissionalmente, em nossa posição de gerentes de vendas, professores, pais ou quaisquer outras posições de autoridade em cuja equação entrem as nossas intenções e crenças. O efeito do entusiasmo foi bem ilustrado por Michael Talbot neste trecho de *The Holographic Universe*:

> Outro fator é a atitude do médico no momento em que prescreve o placebo. O dr. David Sobel, especialista em placebos do Hospital Kaiser, na Califórnia, relata a história de um médico que cuidava de um asmático, que vinha tendo bastante dificuldade para manter as suas vias respiratórias abertas. O médico encomendou de um laboratório farmacêutico uma amostra de um poderoso medicamento novo e deu-a ao doente. Em questão de poucos minutos, o asmático apresentou uma melhora espetacular e já respirava com facilidade.
>
> Mas, na próxima vez em que o doente teve um ataque de asma, o médico decidiu ver o que aconteceria se lhe desse um placebo. Dessa vez, o homem se queixou da medicação, que não chegou a eliminar completamente as suas dificuldades respiratórias. Isso convenceu o médico de que o novo medicamento era de fato muito bom — mas ele logo recebeu do laboratório uma carta informando-o de que, em vez do medicamento novo, a empresa lhe enviara, por engano, um placebo! Ao que parece, foi o entusiasmo inconsciente do médico pelo primeiro placebo que causou a discrepância entre os efeitos dos dois placebos.

Isso confirma a necessidade de evitar as pessoas negativas, cujas intenções e crenças são destrutivas. *As intenções e crenças negativas das outras pessoas têm o poder de cancelar nossas intenções e crenças positivas.* Infelizmente, essas pessoas negativas às vezes são o nosso chefe, o nosso cônjuge, ou membros de nossa família. É por isso que os mestres do sucesso nos recomendam com tanta freqüência que guardemos para nós mesmos nossos sonhos e aspirações. Se ninguém souber das intenções positivas que queremos ver realizadas em nossa vida, ninguém terá a oportunidade de plantar as sementes negativas que resultariam no cancelamento dessas intenções positivas. Esse conhecimento é um dos motivos que explicam o meu sucesso. No começo de minha carreira de vendedor, meu gerente de vendas, Fred Hill, me recomendou que evitasse a negatividade a qualquer preço. Ele me disse que, se eu estivesse presente enquanto outros vendedores estivessem tendo conversas negativas, eu deveria sair correndo — não andando, mas correndo — até a saída mais próxima!

Talvez você deva ler este capítulo de novo, pois ele contém muitos conhecimentos necessários para a sua busca de independência financeira. As idéias de que o espaço vazio é um campo fértil, que nossos pensamentos e emoções plantam sementes nesse campo e que essas sementes geram frutos; os conceitos de intenção e atenção; o poder da visualização; o efeito das pessoas negativas sobre nossos sonhos — todas essas idéias são cruciais para a nossa busca de sucesso.

Mais interessante ainda é a concordância que existe entre os ensinamentos da mística oriental e as descobertas da física moderna. O conceito filosófico oriental do "vazio" como o campo fértil a partir do qual se desenvolve tudo o que existe, a doutrina budista de que "A forma é o vazio e o vazio é a forma" e muitas outras idéias aproximam a sabedoria do Oriente e a ciência do Ocidente, que, apesar de terem pontos de partida tão diferentes, se unem a fim de definir para nós os princípios fundamentais da ciência do sucesso.

TEMAS PARA REFLEXÃO

As emoções são os pensamentos expressos no nível sensorial.

A capacidade de vender é um requisito essencial para todos os tipos de sucesso.

A consciência do espaço como um meio "vivo" não é um pré-requisito para a sua existência.

Nós somos a força criativa que, pela ação ou inação, determina tudo quanto nos acontece.

Quanto mais a intenção for nutrida pela crença, tanto mais há de manifestar-se na realidade.

As intenções e crenças negativas das outras pessoas têm o poder de cancelar nossas intenções e crenças positivas.

31

NENHUM HOMEM
É UMA ILHA

Todas as coisas têm o seu tempo, e há um momento
para todo propósito debaixo do céu.
— Salomão, *Eclesiastes* 3:1

Todas as coisas já são completas dentro de nós.
— Mêncio

Uma das descobertas mais interessantes da física moderna é que não há nada de isolado no universo. Todas as coisas são ligadas entre si. Os cientistas que estudam o caos, o qual é na verdade a relação entre acontecimentos que aparentemente nada tem que ver um com o outro, descobriram que o bater de asas de uma borboleta na Índia pode causar um tornado no Kansas! Na verdade, eles descobriram que *o caos não existe. Não existem atos aleatórios, sem relação com nenhuma outra coisa.* Todos os acontecimentos afetam todos os outros, e todos eles passam então a fazer parte do passado. O princípio científico que está por trás desse fato reza que, se você se distanciar o suficiente do aparente caos, vai descobrir um sistema que funciona de maneira perfeita (a ordem). Como não existem atos aleatórios e que não têm relação com mais nada, *não existem acidentes. A sorte não existe!*

Quantas vezes você já não ouviu alguém dizer que, para chegar ao sucesso, você tem de ter um pouco de sorte? Os fracassados dizem isso o tempo todo para justificar o fato de não terem realizado seus sonhos. Muitas vezes, os fracassados culpam outras pessoas e outras coisas pela sua falta de sucesso. Fazem isso para poder convencer-se de que não tiveram culpa. O acaso, por sua própria natureza, é imprevisível e incontrolável. Se o acaso ou a sorte são fatores essenciais do sucesso, de fato não foi culpa de quem fracassou. Os fracassados não são responsáveis por não alcançarem o sucesso!

O surpreendente é que não são só os fracassados que recorrem ao acaso como uma explicação; também os bem-sucedidos dizem que o acaso é um ingrediente necessário da fórmula do sucesso. Constatei que isso acontece, tanto nas entrevistas que fiz quanto nas que ouvi no rádio e na televisão, bem como nos contatos pessoais que tive com várias pessoas bem-sucedidas no decorrer dos anos. Eu sabia intuitivamente que isso não era verdade, mas não tinha como prová-lo, e isso criou para mim uma situação bastante difícil em meus primeiros anos como preparador de novos vendedores. Como eu poderia preparar as pessoas para o sucesso se elas ainda ficariam dependentes do fator sorte? Se assim fosse, os fracassados teriam razão e os melhores conselhos do mundo de nada valeriam para quem não fosse contemplado pela sorte. Se o acaso existisse, não poderia haver um preparador para o sucesso; e tampouco haveria uma ciência do sucesso!

Quando comecei a estudar a física quântica a fim de dar base científica a cada passo que dei para chegar ao sucesso, de modo a poder comunicar esse conhecimento às pessoas que preparo, ficaram claras as respostas a minhas perguntas. A primeira resposta que obtive é que não existem muitas pessoas que estudam o sucesso como uma ciência, e que, dentre as que o fazem, pouquíssimas estão envolvidas com o mundo empresarial, onde a eficácia de seus programas de treinamento seria submetida a uma avaliação constante. Isso significa que a maioria dos preparadores não precisa compreender cabalmente o sucesso.

Em segundo lugar, as pessoas bem-sucedidas não precisam explicar por que o são, a menos que o ensino seja a sua vocação. Não precisam definir nem explicitar quais foram os passos que deram para chegar ao sucesso. Algumas das coisas certas que fizeram foram intuitivas, ou já faziam parte de sua personalidade — como no meu caso, em que a capacidade de concentração já estava em mim devido a minha personalidade obsessiva. Com isso, tudo o que não se sabia explicar era explicado com a palavra "sorte".

Em terceiro lugar, o fator "humildade" é evidente em quase todas as pessoas bem-sucedidas. Os bem-sucedidos não gostam de considerar-se pessoas especiais, ou seja, melhores ou mais inteligentes do que os outros. Esses são rótulos que a sociedade lhes impõe. Se você tem dinheiro, é considerado inteligente, mesmo que não seja. E as pessoas esperam que você prove isso o tempo todo! Os bem-sucedidos também são sensíveis ao fato de que os que não se deram tão bem às vezes se sentem diminuídos em sua presença. Isso os deixa constrangidos e, para aliviar a tensão e identificar-se com os outros, eles dizem que é preciso ter um pouco de sorte, muito embora saibam, consciente ou inconscientemente, que isso não é verdade. E, além disso, eles realmente sabem que não têm nada de especial, nem física, nem mentalmente, nem sob qualquer outro ponto de vista. Simplesmente "vêem" as coisas de modo diferente. Têm um ponto de vista diferente do da maioria das pessoas. Compreendem que ninguém alcança o sucesso sozinho, e que tudo quanto uma pessoa faz tem um efeito sobre todos os outros seres e coisas, um efeito maior ou menor dependendo do caso.

A compreensão das interligações entre as coisas é essencial para o sucesso duradouro. Mais uma vez, o exemplo do móbile pendurado sobre o berço do bebê vai servir para mostrar como isso funciona. Se tivéssemos um móbile cujos fios fossem tão finos que não pudéssemos vê-los, os objetos pendurados nos fios pareceriam isolados uns dos outros e suspensos em pleno ar. Não podemos ver as linhas que os ligam, mas nem por isso todos deixam de se mover e se "equilibrar" quando tocamos num só deles. A física, a astronomia, etc. estão descobrindo que o universo funciona exatamente da mesma maneira. Os psicólogos falam das relações que unem todas as pessoas entre si. Em todos os campos da ciência, está ficando cada vez mais claro que todas as coisas são ligadas a todas as outras, muito embora nem sempre sejamos capazes de ver as "linhas" que as ligam. Infelizmente, por termos toda a nossa atenção voltada para os sentidos, aprendemos desde muito cedo que é preciso "ver para crer", ao passo que, na realidade e na maioria das vezes, é preciso "crer para ver".

Recorremos à ciência moderna para validar a uniformidade e a interligação de todas as coisas que compõem o universo. Em *O Tao da Física*, Fritjof Capra escreve sobre a interligação de todas as coisas:

> Assim, a física moderna nos mostra uma vez mais — e desta vez no nível macroscópico — que os objetos materiais não são entidades distintas, mas são inseparavelmente ligados ao seu ambiente; que suas propriedades só podem ser compreendidas em função da sua interação com o resto do mundo. Segundo o princípio de Mach, essa interação abarca o universo inteiro, até as mais distantes estrelas e galáxias. A unidade fundamental do cosmo se manifesta, portanto, não só no mundo das coisas muito pequenas, mas também no das muito grandes, e esse fato vem sendo cada vez mais reconhecido pela astrofísica e pela cosmologia modernas.

Do mesmo modo, Michael Talbot, em *The Holographic Universe*, fala acerca do trabalho do famoso físico David Bohm:

...ele acredita que a divisão do universo em seres vivos e seres não-vivos simplesmente não tem sentido. A matéria animada e a matéria inanimada são inseparavelmente entrelaçadas, e a vida também se manifesta na totalidade do universo. Segundo Bohm, até mesmo uma rocha é viva de certo modo, pois a vida e a inteligência se fazem presentes não só em toda a matéria como também na "energia", no "espaço", no "tempo", "em toda a estrutura do universo" e em todas as coisas que artificialmente separamos da totalidade do holomovimento e erroneamente encaramos como entidades isoladas.

A intuição de que todas as coisas são inseparavelmente interligadas nos leva, por sua vez, a pensar no acaso, na sorte ou como quer que se queiram chamá-la, e a buscar de novo no mundo da física algumas pistas sobre o assunto. A interligação de todas as coisas é a primeira pista que nos leva a crer que não existem acontecimentos aleatórios, e nós já vimos quantos campos da ciência moderna corroboram esse princípio. Mas como é possível que não haja nada de aleatório? É possível que uma ordem determinada reja o lance de dados, o girar da roleta ou o cair de um prato? (A presença da ordem elimina a possibilidade de acaso ou desordem.) Isso significa que, toda vez que você abre a mão e deixa cair os palitos do jogo de palitos chineses, o padrão formado pelos palitos é "previsível".

Um artigo de jornal me levou a concluir que o universo é regido pela mais perfeita ordem. Segundo o artigo, um certo camarada foi proibido de jogar roleta em todos os cassinos de Atlantic City e Las Vegas. Isso porque havia, sem dúvida alguma, desenvolvido um sistema eficaz para ganhar na roleta. Ora, eu já fui a muitos cassinos, já joguei muitas vezes na roleta e já li livros suficientes sobre o assunto para saber que só seria possível prever o resultado de um giro da roleta se esta estivesse quebrada ou se a mesma pessoa a girasse sempre com a mesma velocidade. Entretanto, tenho certeza de que os cassinos se precaveram contra essas duas possibilidades antes de expulsá-lo. O que me chamou a atenção foi que ele foi proibido de jogar roleta em *todos* os cassinos. Isso queria dizer que ele era capaz de prever o resultado do giro de *qualquer* roleta em *qualquer lugar*! Foi assim que o meu "conhecimento" anterior foi por água abaixo, junto do caráter aleatório do giro da roleta!

David Bohm, na Universidade de Bristol, na Inglaterra, trabalhou com o também físico Yakir Aharonov e produziu uma interessante ilustração da perfeita ordem do universo. Em *The Holographic Universe*, Michael Talbot relata que:

> Bohm e Aharonov descobriram que, em determinadas circunstâncias, um elétron é capaz de "sentir" a presença de um campo magnético localizado numa região onde a probabilidade de haver um elétron é nula.... Quando Bohm mergulhou mais fundo no estudo dessa questão, percebeu que há diversos graus de ordem. Certas coisas são mais ordenadas do que outras, e isso significa que, talvez, as hierarquias de ordem existentes no universo sejam infinitas. A partir disso, Bohm pensou que talvez as coisas que percebemos como desordenadas não o sejam de modo algum. Talvez sejam portadoras de uma ordem de "nível indefinidamente elevado", a tal ponto que nos parecem aleatórias (curiosamente, os matemáticos são incapazes de provar a possibilidade de haver algo de aleatório, e, embora certas seqüências numéricas sejam chamadas "aleatórias", essa denominação não passa de um palpite provável dado pelos conhecedores do assunto).

Bohm se convenceu ainda mais de que estava correto depois de assistir a um fato curioso veiculado pela televisão. Num certo programa, mostrou-se uma gota de tinta flutuando imóvel sobre a glicerina contida numa jarra. Quando a glicerina era girada numa direção, a gota de tinta lentamente "desaparecia", misturando-se à glicerina e tornando-se invisível. Porém, quando, depois disso, a glicerina era girada na direção oposta, constatava-se algo impressionante. À medida que o número de voltas dadas no sentido anti-horário começava a se aproximar do número de voltas dadas originalmente no sentido horário, uma fina linha de tinta começava a aparecer e depois constituía novamente a gota original de tinta.

Se você fizer esse experimento com três gotas de tinta, obterá o mesmo resultado. Se pingar uma gota de tinta sobre a glicerina e girar esta uma vez, a tinta "desaparecerá" na glicerina. Se pingar uma segunda gota e girar a glicerina mais uma vez na mesma direção, a segunda gota desaparecerá igualmente. Se fizer o mesmo com uma terceira gota, a mesma coisa acontecerá.

Se girar a glicerina agora no sentido oposto, ficará perplexo com o que vai acontecer. Depois de girar a glicerina uma vez na direção oposta, uma gota de tinta vai reaparecer; depois da segunda volta, vai aparecer outra gota; depois da terceira volta, a terceira gota. Pensando nesse fenômeno, o físico David Bohm escreveu:

> Isso me impressionou de imediato como algo que tinha uma profunda relação com a questão da ordem, uma vez que, quando a tinta se difundiu, ainda era portadora de uma ordem "oculta" que se revelou quando a gota se reconstituiu. Por outro lado, em nossa linguagem usual, nós diríamos que a tinta se encontrava num estado de "desordem" quando estava dissolvida na glicerina. Isso me levou a pensar que novas noções de ordem deveriam estar envolvidas nesse processo.

Esses experimentos científicos confirmaram-me a crença de que o acaso e a sorte não existem. *Todos os resultados obtidos no universo são frutos de uma ordem previsível.* O fato de não conhecermos os padrões de ordem não significa que eles não existam. Os místicos orientais são adeptos dessa teoria há milhares de anos. Também, nesse caso, a ciência ocidental, o misticismo oriental e a ciência do sucesso se unem a partir de diversos pontos de origem a fim de encontrar-se nessa convergência piramidal que nos aponta para a verdade. Esta verdade é a seguinte: *Em tudo o que diz respeito à causa e ao efeito em sua vida, é você que, consciente ou inconscientemente, causa os seus efeitos!* É você quem controla o seu destino; você é o mestre da sua sina. O acaso e a sorte não existem!

TEMAS PARA REFLEXÃO

Todos os resultados obtidos no universo são frutos de uma ordem previsível.

A compreensão das interligações entre as coisas é essencial para o sucesso duradouro.

O estudo do caos nos revela que não existem atos aleatórios, sem relação com nenhuma outra coisa. Não existem acidentes. A sorte não existe!

Em tudo o que diz respeito à causa e ao efeito em sua vida, é você que, consciente ou inconscientemente, causa os seus efeitos!

32

"Eu Estou Bem, Você Está Bem"

> Portanto, o sábio coloca-se em segundo plano mas
> encontra a si mesmo no primeiro plano.
> — Lao Tzu

O título deste capítulo foi o *slogan* do movimento de consciência intelectual dos anos 1960 e 1970. Mal sabiam eles que estavam adotando dois dos principais conceitos da física moderna — a perfeição e a unidade. O ar "vivo", o éter, o espaço vazio de que falamos, liga todas as coisas entre si e cria a unidade e a perfeição no universo. Essa unidade e essa perfeição é o que os místicos do Oriente chamam de iluminação. Em *O Tao da Física*, escreve Fritjof Capra:

> ...a teoria quântica deixou claro que uma partícula subatômica só pode ser compreendida como a manifestação da interação entre vários processos de medida. Não é um objeto isolado, mas antes uma ocorrência, um evento, que se interliga aos outros eventos de maneira específica. Nas palavras de Heisenberg, "...o mundo não é dividido em diversos grupos de objetos, mas em diversos grupos de conexões... Podemos especificar, isto sim, qual é o tipo de conexão mais importante para um certo fenômeno... O mundo, assim, afigura-se como um complexo tecido de eventos, no qual conexões de tipos diversos se alternam, se sobrepõem ou se combinam e, assim, determinam a textura do todo."

Em *The Holographic Universe*, Michael Talbot escreve:

O que nos deixa mais atônitos são as idéias plenamente desenvolvidas de Bohm sobre o todo. Como todas as coisas no cosmo são compostas do tecido holográfico uno da ordem implicada, Bohm considera a idéia de que o universo é composto de partes tão insensata quanto a tentativa de ver os vários jorros de uma fonte como separados da água que neles jorra... A divisão da realidade em diversas partes às quais depois damos nomes é sempre arbitrária e convencional, pois as partículas subatômicas, e todas as outras coisas no universo, não são mais separadas umas das outras do que os desenhos de um tapete ornamental.

Isso nos leva além da interligação de todas as coisas e nos conduz a contemplar a interdependência de todas as coisas. A unidade do universo significa que todas as coisas são uma só, e nós fazemos parte dessa unidade. A título de exemplo, vamos usar o nosso próprio corpo como modelo. Se nosso corpo representasse o universo inteiro, e nós o examinássemos, verificaríamos à primeira vista que certas partes dele não têm nada que ver com certas outras, como, por exemplo, os dentes e os pés. Porém, sabemos que, num nível mais profundo, elas não só são interligadas como são interdependentes, partes do mesmo corpo. Nenhuma célula vive isolada; nenhum homem é uma ilha. Nós todos fazemos parte de um único corpo, o universo. Isso é a unidade.

Um dos aspectos mais interessantes da unidade é que cada uma das partes reflete o todo. No filme *Jurassic Park*, os cientistas recriam os dinossauros extraindo o DNA deles de pernilongos fossilizados. Acredito piamente que isso é possível. Em nosso próprio corpo, cada célula traz gravado o nosso DNA, que é o grande projeto a partir do qual somos construídos. Cada célula do nosso corpo reflete o todo. Cada "peça" do universo reflete o todo.

Verifica-se um exemplo interessante desse fato na técnica da holografia. Um holograma é uma imagem tridimensional produzida pelo uso do raio *laser* no processo fotográfico. A imagem holográfica tridimensional parece real, mas, se você tentar tocá-la, vai verificar que ela não está ali. É uma imagem virtual do filme fotográfico plano, uma imagem que parece ter altura e profundidade, mas que não passa de uma miragem feita pelo homem. O mais interessante é que, se o filme holográfico for picotado em mil pedacinhos, e se você pegar um desses pedacinhos e projetar de novo através dele um raio *laser*, o holograma original será projetado *inteiro*!

Coisa impressionante, mas não mais impressionante do que a clonagem de um homem ou de um dinossauro a partir de uma molécula de DNA. Já fizeram isso com vários animais! A física nos diz que o universo inteiro funciona assim. Todas as coisas são o universo e dentro de cada uma delas está o todo. Essa verdade se reflete não só na gíria das ruas, onde se costuma dizer que "tudo é tudo", mas também nas artes, como por exemplo neste poema de William Blake:

> *To see a World in a Grain of Sand*
> *And Heaven in a Wild Flower,*
> *Hold Infinity in the Palm of your Hand*
> *And Eternity in an Hour.* *

Para os que trilham o caminho que leva ao sucesso, a percepção de que o todo mora dentro de cada coisa reflete uma verdade de que já falamos: é preciso antes ser um sucesso por dentro para depois ser um sucesso por fora. O sucesso não é a simples independência financeira; é a independência financeira que é um reflexo da pessoa bem-sucedida. *Todas as áreas da sua vida são importantes para a busca do sucesso duradouro.* Você não pode ser um pedófilo e ter a esperança de chegar ao sucesso. Mesmo que ganhe muito dinheiro, jamais conseguirá conservá-lo. De algum modo encontrará um caminho de autodestruição, pois você mesmo sabe, e o universo sabe, que você não merece esse dinheiro.

Não estou dizendo que temos de ser perfeitos, mas que temos de ser o melhor possível em cada campo da nossa vida. "A corrente é tão forte quanto o seu elo mais fraco": esse ditado também se aplica ao sucesso. Existem vários graus de sucesso, mas, qualquer que seja o grau que você se determine a atingir, sua permanência será determinada pelo quanto você for bem-sucedido no todo da sua vida. Essa é a unidade do sucesso, que reflete a unidade do universo, confirmada pela ciência moderna e pelo misticismo oriental.

O outro aspecto da unidade é a perfeição. Ela impregna o universo inteiro; um dos principais exemplos da realidade disso é que a natureza já é perfeita. Se olharmos para a natureza, veremos padrões de perfeição. O quanto uma árvore é capaz de crescer? O quanto puder. Tudo na natureza chega à sua plenitude, apesar de pensarmos o contrário; e é aqui que tudo isso fica um pouco engraçado. *Nós, seres humanos, nos esforçamos constantemente para melhorar as coisas, quando na verdade elas já são perfeitas.* Todo

---

* Para ver o mundo num grão de areia/ E o céu numa flor silvestre,/ Contenha o infinito na palma de sua mão/ E a eternidade numa hora.

avanço tecnológico gera conseqüências negativas que tornam a vida melhor para uns e pior para outros. Por meio da tecnologia nuclear, inventamos uma energia capaz de nos destruir totalmente. Temos epidemias de doenças causadas por vírus mutantes desenvolvidos em laboratório, epidemias que matam milhares, senão milhões, de pessoas. Mesmo o nosso sistema hospitalar é uma das principais causas de doenças. Onde tudo isso começou? Onde vai terminar? *O homem não conhece a conseqüência de brincar com a perfeição. Essa conseqüência é a imperfeição!* Na profissão de vendedor, por exemplo, a apresentação de vendas chega a um ponto de aperfeiçoamento em que perde a eficácia. Já está tão acertada e tão fixa que simplesmente não funciona mais! Nesse processo, quando você passa do ponto da perfeição, cai inevitavelmente na imperfeição.

Mas, para voltar ao aspecto de perfeição da unidade, lemos em *The Dancing Wu Li Masters*, de Gary Zukav:

> Um dos aspectos principais do estado de iluminação é a consciência de uma unidade que engloba todas as coisas. "Isto" e "aquilo" já não são entidades separadas. São formas diferentes da mesma coisa. Todas as coisas são <u>manifestações</u>. É impossível responder à pergunta "Manifestações de <u>quê</u>?", pois o "quê" é aquilo que está além das palavras, além dos conceitos, além da forma, além até mesmo do espaço e do tempo. Todas as coisas são manifestações daquilo que é. Aquilo que é, é. Para além das palavras fica a experiência viva: a experiência daquilo que é.
>
> As formas por meio das quais aquilo que é se manifesta são todas perfeitas. *Nós* somos manifestações daquilo que é. *Todas as coisas* são manifestações daquilo que é. Todos os seres e coisas são perfeitamente o que são....
>
> Poderíamos dizer: "Deus está no céu e tudo vai bem com o mundo." Porém, de acordo com a visão iluminada, o mundo não poderia estar em nenhum outro estado. Não está bem nem deixa de estar bem. Está simplesmente como está. O que é é perfeitamente o que é. Não poderia ser nenhuma outra coisa. É perfeito. Eu sou perfeito, pois sou exata e perfeitamente quem eu sou. Você é perfeito, pois é exata e perfeitamente quem você é.
>
> Se você é feliz, é isso que você é perfeitamente — uma pessoa feliz. Se é infeliz, é <u>isso</u> que é perfeitamente — uma pessoa infeliz. Se está mudando, é <u>isso</u> que você é perfeitamente — uma pessoa que está mudando. O que é é o que é. O que não é é o que é. Não há nada além do

que é. Tudo é o que é. Nós mesmos somos uma parte daquilo que é. Na verdade, nós somos aquilo que é.

Mais adiante, Zukav diz que, se você substituir a palavra "pessoa" pelas palavras "partícula subatômica" nesse conceito, terá uma idéia muito boa da dinâmica conceitual da física de partículas. Em outras palavras, é assim que funciona o mundo subatômico! O importante não é que você capte essa idéia, mas que ela capte você. A mente expandida por uma nova idéia nunca mais retornará à sua forma original. Se as idéias apresentadas neste livro o levarem a pensar, você já estará muitos quilômetros à frente das pessoas comuns, que praticamente não pensam. A maioria das pessoas leva a vida de vítimas e limita-se a reagir às circunstâncias que diariamente se lhes apresentam.

Se pensassem, poderiam exercer pelo menos um mínimo de controle e fazer com que suas vidas se desenrolassem de modo mais planejado. Porém, as coisas mais óbvias e mais simples são freqüentemente as mais difíceis de ser compreendidas.

Essa perfeição que impregna todo o universo confirma algo que dissemos anteriormente. Todos nós nos esforçamos para melhorar, mas a verdade é que já éramos perfeitos quando viemos a este mundo. Você já é tudo o que precisa ser. O que o mantém preso são os grilhões do condicionamento e da programação mental que você adquiriu no decorrer do caminho. Como você nasceu perfeito, *o fracasso foi algo que você teve de aprender*. Tem sido passado de geração em geração, mas não faz parte do seu DNA, e trata-se, portanto, de algo que você pode mudar. Você pode tomar a seguinte decisão: depois de gerações e mais gerações de fracassados, você porá fim a essa sina. Chega de transferir a responsabilidade para os outros!

O outro ponto que esse conceito da física moderna nos confirma é que você está destinado ao sucesso. Como a árvore que cresce tanto quanto pode, você nasceu neste mundo já predisposto a desenvolver o seu próprio potencial. É um pacote que você compra fechado. Faz parte da unidade, da unicidade e da perfeição que permeiam todo o universo. Essa capacidade perfeita de levar ao máximo desenvolvimento o seu próprio potencial é uma grande definição de sucesso para cada um de nós. É um direto inalienável que lhe cabe. É o seu destino. Não deixe mais que as pessoas e as circunstâncias o levem a desistir de realizar o que você nasceu para realizar — *você é o sucesso!*

TEMAS PARA REFLEXÃO

Todas as áreas da sua vida são importantes para a busca do sucesso duradouro.

Nós, seres humanos, nos esforçamos constantemente para melhorar as coisas, quando na verdade elas já são perfeitas.

A conseqüência de brincar com a perfeição é a imperfeição!

O fracasso foi algo que você teve de aprender.

Você é o sucesso!

33

Quem Disse que os Dados não Estavam Viciados?

> Quando chega o meio-dia, o sol começa a se pôr;
> onde há vida, também há a morte.
> — Os Lógicos, cerca de 350 a.C.

Antes de nos afastarmos demais da descoberta da perfeição predestinada feita pela física moderna, pense em mais uma coisa. A capacidade predestinada de realizar plenamente o seu próprio potencial nega a necessidade de estabelecer metas, ou pelo menos de empregar as técnicas de estabelecimento de metas divulgadas hoje em dia. *Se deixarmos que a natureza siga o seu próprio caminho, chegaremos ao nosso potencial máximo.* O negócio já está fechado. Pensar o contrário é como planejar o nosso nascimento depois de já termos nascido! Se todos nós nos refletimos uns nos outros, se todos fazemos parte da mesma unidade, dessa unidade perfeita que permeia todo o universo, qual outra parte dessa unidade estabelece meta ou precisa adotar estratégias de fixação de metas?

Por acaso a árvore fixa uma meta para o seu crescimento? Não, ela cresce naturalmente até a altura máxima a que pode chegar. O mesmo ocorre conosco. A única coisa que o estabelecimento de metas pode nos dar é levar-nos a nos concentrar em algo que é menos do que aquilo a que estamos destinados. Em virtude da imagem medíocre que temos de nós mesmos, do ego, do condicionamento, do ambiente e da programação mental, *nós vamos escolher metas inferiores ao nosso potencial natural.* Vamos nos subestimar. Nessas circunstâncias, a pior coisa que pode nos acontecer é dar tudo certo — e conseguirmos passar a vida inteira realizando nossas metas e chegando enfim à mais absoluta mediocridade, a muito menos do que estávamos destinados a realizar!

O motivo pelo qual não realizamos naturalmente o nosso pleno potencial é explicado pela física moderna na segunda lei da termodinâmica. Os físicos dizem que todas as coisas, quando entregues a si mesmas, têm uma tendência inevitável à "entropia" ou à desordem. Em *A Brief History of Time* [*Uma Breve História do Tempo*], Stephen Hawking diz:

> A definição precisa dessa idéia é chamada de segunda lei da termodinâmica. Segundo essa lei, a entropia de um sistema isolado sempre tende a aumentar; e, quando dois sistemas se juntam, a entropia do novo sistema é maior do que a soma das entropias dos sistemas isolados.... Todos sabem, pela experiência, que a desordem tende a aumentar quando as coisas são entregues a si mesmas. (Basta, para tanto, parar de fazer os necessários consertos em casa!) É possível criar a ordem a partir da desordem (podemos, por exemplo, pintar a casa), mas para tanto é preciso empenhar um esforço ou uma energia, o que diminui a quantidade disponível de energia ordenada.

O que essa lei da física diz é que, sem um esforço dirigido para causar o contrário, todas as coisas tendem à desordem, que vemos como um resultado negativo. Se não fizermos um esforço para nutrir o nosso corpo, por exemplo, morreremos. Entretanto, antes de irmos adiante, é bom saber, com base em tudo o que a física já nos ensinou a respeito do universo, que nesse sistema perfeito não existe algo que possa ser chamado de desordem. Se todas as coisas já são perfeitamente "aquilo que é", a entropia também faz parte "daquilo que é" e é, portanto, perfeita. Em outras palavras, a desordem é uma espécie de ordem. O motivo pelo qual nos confundimos é que nós, seres humanos, temos a necessidade de separar todas as coisas em opostos.

Isso faz parte do paradoxo da realidade (é um paradoxo para nós, não para a natureza). Como toda partícula tem sua antipartícula, que é *necessária* para que ela exista, como todo "isto" tem um "aquilo" que é *necessário* para que ele exista; os físicos nos dizem que essas coisas são complementares e não opostas. Essa é a verdadeira realidade, que se reflete no Yin e no Yang da filosofia oriental. *Ver as coisas como opostas não passa de um mau hábito, o qual, repetido constantemente criou em nós a necessidade de classificar todas as coisas em positivas e negativas, boas e más.*

Pode-se obter uma boa analogia dessa realidade examinando-se uma moeda. A moeda tem dois lados — a cara e a coroa. Nenhum deles é melhor do que o outro, nenhum deles é bom ou mau. Ambos são necessários para que haja a moeda. Porém, se decidirmos um dia que o resultado bom é a cara, decidimos nesse mesmo ato que a coroa é o resultado mau. E teremos então duas coisas opostas, quando na verdade a cara e a coroa são os lados complementares da mesma moeda, e uma não pode existir sem a outra. Esse conceito por si só contém uma grande quantidade de conhecimentos para os que buscam o sucesso. Se conseguíssemos deixar de lado o mau hábito de ver as coisas como opostas entre si, veríamos simplesmente "aquilo que é". Nossa visão ficaria mais clara; a névoa se dissolveria perante os nossos olhos, o "Véu de Maya" de que falam os místicos orientais se levantaria e nós "veríamos" aberto à nossa frente o caminho que nos leva à plena realização do nosso potencial.

Mas, voltando à idéia de que todas as coisas tendem à entropia ou à desordem caso não haja sobre elas uma intervenção ativa, existem algumas lições, cortesia da física moderna, que corroboram muitos dos princípios que deduzi em minha busca de constituir uma ciência do sucesso. Um dos pontos interessantes que podem ser deduzidos da segunda lei da termodinâmica é um ponto que já foi discutido. É o fato de vermos a desordem como um resultado negativo e indesejável. Stephen Hawking nos dá o exemplo de uma casa que se "entropiza" quando paramos de fazer nela os consertos necessários. Na minha horta, isso significa que, se eu não fizer um esforço específico para plantar sementes de tomateiro, tudo o que vai nascer são ervas daninhas. Significa também que, *se não fizermos um esforço específico para ter pensamentos positivos, teremos pensamentos negativos*. Se não fizermos um esforço direto para alcançar o sucesso, fracassaremos. Se não fizermos um esforço dirigido para viver, morreremos. É também por isso que o frio (o negativo) desloca o calor (o positivo). É essa lei da física que dá credibilidade ao sábio ditado: "Ou você cuida de crescer, ou cuida de morrer."

Isso suscita todo um conjunto de perguntas interessantes. Para onde você está crescendo? Quanto esforço está investindo no seu próprio crescimento? No seu caminho rumo ao sucesso, quais os livros que você leu? E quantos foram? Quais foram as fitas que ouviu? E quantas foram? Se você não fizer um esforço maior do que fazem as outras pessoas, como poderá ter a esperança de obter algo mais do que elas obtêm? Se não fizer um esforço específico para expandir sua mente e para pensar num nível mais elevado, como poderá ter a esperança de *pensar de modo diferente* da maioria das pessoas e obter assim resultados acima da média? Essa lei da física e as perguntas que dela resultam amplificam o chamado à mudança que ressoa nos ouvidos de todos quantos têm o desejo de alcançar o sucesso. Se você não mudar... bem, "se continuar fazendo o que está fazendo, vai continuar a viver como está vivendo".

Como se não bastasse o conhecimento de que temos a tendência natural à negatividade quando não fazemos um esforço dirigido para ser positivos, a lei da entropia também demonstra, por meio da física, o perigo de convivermos com pessoas negativas. Lembre-se de que, segundo Stephen Hawking, a lei diz o seguinte: "A entropia de um sistema [você é um sistema] tende sempre a aumentar; e, quando dois sistemas se juntam, a entropia do novo sistema é maior do que a soma das entropias dos sistemas isolados." Em outras palavras, para todos os efeitos, a lei da entropia nos diz que, quando uma pessoa negativa entra em contato com outra pessoa negativa, o poder de destruição das duas juntas é muito maior que a soma dos poderes de destruição de cada uma delas em separado.

É por isso que, se quisermos alcançar o sucesso, temos de evitar a todo custo as pessoas negativas, sejam elas quem forem. Essa verdade talvez seja dura de engolir, mas é importantíssima para os que ainda não chegaram ao sucesso financeiro. O motivo é que, até adquirirmos poder sobre a nossa negatividade — coisa que só se confirma quando atingimos o sucesso —, nós temos a tendência de cair no negativismo. Essa tendência é suficiente para destruir nossos esforços quando é amplificada pela presença de outros sistemas negativos (pessoas). Essa lei me força a concluir que, se um sistema positivo entra em contato com um sistema negativo, o efeito obtido é "zero", e nós queremos mais do que isso. Mesmo se fizermos todo o esforço para manter um espírito positivo, o contato com pessoas negativas destruirá esse nosso esforço.

O que entra também nessa equação, e que dá mais credibilidade ao poder que as pessoas negativas têm de destruir os nossos sonhos, é o fato de que a soma de dois negativos é mais do que dois. Mesmo que você já seja bem-sucedido, e especialmente se ainda não for, a soma da negatividade da outra pessoa com a sua simples tendência à negatividade será suficiente para superar toda a positividade que você conseguiu reunir. E, se você entrar em contato com dois sistemas negativos (duas pessoas negativas) de uma só vez, pode se considerar um homem morto! (Do ponto da obtenção de riqueza, é claro.)

A segunda lei da termodinâmica também confirma o que aprendi a respeito da energia pessoal, ou seja, a necessidade de sermos conservadores e econômicos no dispêndio de energia. Como disse Stephen Hawking, "É possível criar a ordem a partir da desordem, mas para tanto é preciso empenhar um esforço ou uma energia, o que diminui a quantidade disponível de energia ordenada." Isso lhe parece familiar? Bem, agora a física nos diz a mesma coisa. Existe uma quantidade limitada de "energia ordenada" à qual temos acesso para criar a ordem a partir da desordem, o sucesso a partir da mediocridade.

Nesse caso, como gastar a sua energia? Quais são as coisas que lhe roubam a energia? Com base nessa lei, talvez você deva repensar o tempo e o esforço que você dedica a ver TV, a acompanhar os eventos esportivos com fanatismo e a se divertir; talvez deva até reexaminar as atividades às quais se dedica por motivos socialmente aceitáveis, mas puramente egóicos. *A realização do sucesso exige o emprego de todas as energias disponíveis, com exceção das que devem atender às mais básicas necessidades da vida!* Se você quer o sucesso, esse é o preço a pagar.

Para resumir tudo o que eu disse neste capítulo: em primeiro lugar, o estabelecimento de metas vai fazer com que você alcance um sucesso menor do que é capaz de alcançar. Em segundo lugar, se você não fizer um esforço dirigido para alcançar o sucesso, a segunda lei da termodinâmica o condenará a viver no fracasso. Em terceiro lugar, *todo e qualquer* contato com pessoas negativas resultará na diluição, se não na completa destruição, dos seus esforços em prol da realização do sucesso financeiro. Esses, por cortesia da física moderna, são os princípios da ciência do sucesso de cuja verdade temos "provas". Se você fizer uso dessas idéias, poderá mudar a sua vida e realizar os seus sonhos.

TEMAS PARA REFLEXÃO

Se deixarmos que a natureza siga o seu próprio caminho, chegaremos ao nosso máximo potencial.

A lei da entropia reza que, se não fizermos um esforço específico para ter pensamentos positivos, teremos pensamentos negativos.

Escolhemos metas inferiores ao nosso potencial natural.

Ver as coisas como opostas não passa de um mau hábito, o qual, repetido constantemente criou em nós a necessidade de classificar todas as coisas em positivas e negativas, boas e más.

A realização do sucesso exige o emprego de todas as energias disponíveis, com exceção das que devem atender às mais básicas necessidades da vida!

34

VER PARA CRER?

Experiência não são as coisas que acontecem com um homem; são as coisas que um homem faz com o que lhe acontece.
— Aldous Huxley

Grande é o caminho do sábio!
Ele repassa o velho para encontrar o novo.
— A Doutrina do Meio, cerca de 200 a.C.

Há pouco, eu relatei a idéia de que o sucesso está no que você "vê". *Na realização do sucesso, o seu ponto de vista é tudo. Você realizará o que for capaz de perceber.* Depois de muitos anos de atividade no mundo dos negócios, já vi pessoas que se deixaram abater por algo que aconteceu em sua vida e outras pessoas que prosperaram quando essa mesma coisa lhes aconteceu. A diferença era devida, em grande medida, ao fato de as pessoas se verem como vítimas ou não — verem a si mesmas como passageiras e não como o motorista do carro da própria vida. Em algum ponto do caminho, todos nós adotamos a crença de que podemos fazer com que a vida e o universo se conformem à nossa vontade. E, quando isso não acontece, nós ficamos seriamente abalados.

Há cerca de quinze anos, eu ouvi uma verdade que teve um efeito fortíssimo sobre a minha vida. Essa verdade é que "A vida se desenrola como deve se desenrolar, apesar do que você pensa". A vida acontece com todos — são as diversas interpretações dos acontecimentos da vida, o modo pelo qual os "vemos", que em última análise determinam as diferenças das experiências de cada pessoa. Nas palavras de Charles Swindoll, "Estou convicto de que a vida é composta de 10% pelas coisas que me acontecem e de 90% pelo modo como reajo a elas". O mesmo princípio é ecoado na voz de John Homer Miller: "Seu viver não é determinado pelo que a vida lhe dá, mas pela atitude com que você a vive; não pelo que lhe acontece, mas pelo modo como sua mente vê o que lhe acontece." Nesse caso, como você vê a vida? Quando você olha para a vida, com suas voltas e reviravoltas, o que você vê?

Agora mesmo, você deve estar pensando: "O que esse cara está dizendo? Vejo o que vejo, como poderia ver outra coisa?" E é exatamente aí que eu queria chegar. Será que realmente vemos o que vemos? Vemos o que realmente está à nossa frente? Podemos recorrer à física para compreender melhor a realidade do ver. Em *O Tao da Física*, Fritjof Capra escreve:

> ... para identificar um elétron, você pode, pelo uso de diversas técnicas de observação, cortar de diversas maneiras algumas das ligações que ele tem com o mundo. Segundo a técnica utilizada, o elétron pode surgir como uma partícula ou como uma onda. O que você vê depende do modo pelo qual você o encara.

"O que você vê depende do modo pelo qual você o encara."

Eis como um físico descreve o mundo subatômico. Voltamos assim à noção de que um *quantum* pode ser uma onda ou uma partícula, dependendo do instrumento que escolhemos para medi-lo, e essa escolha é determinada por nós. Em outras palavras, somos nós que determinamos de antemão se o *quantum* será para nós uma partícula ou uma onda; e depois constatamos que ele de fato é como acreditávamos que ia ser.

Quero ir ainda um passo além. Em *The Holographic Universe*, Michael Talbot nos diz:

> Talvez o mais surpreendente seja a existência de fortes indícios de que OS *QUANTA* SÓ SE MANIFESTAM COMO PARTÍCULAS QUANDO OLHAMOS PARA ELES. Descobertas experimentais mostram, por exemplo, que, quando não estamos olhando para um elétron, ele é sempre uma onda.

Quão grande não é o poder criativo da nossa visão! Infelizmente, ela tem no mesmo grau um poder destrutivo. É aí que entram em cena o condicionamento, a programação mental e a segunda lei da termodinâmica (a lei da entropia). Se você não tiver consciência, se não estiver desperto, se não souber nitidamente quais são as escolhas que está fazendo e as decisões que está tomando, certamente há de se "ver" como uma vítima, como um joguete da vida; e essa será então a sua experiência. Você mesmo causará a sua realidade negativa. A outra coisa que pode acontecer, e que a meu ver é ainda pior, é que você esteja completamente inconsciente do que está acontecendo e nem sequer chegue ao ponto de fazer escolhas e tomar decisões. Essa atitude é em si mesma uma opção, pois, sem um esforço direcionado, todas as coisas tendem à entropia e a fluir para o negativo. Se você não tomar decisão nenhuma, portanto, obterá os mesmos resultados negativos.

A única solução é despertar!

Desperte para a verdade de que a visão é uma recapitulação de acontecimentos e imagens passadas. É tão afetada pelo condicionamento e pela programação mental quanto a nossa própria mente. Na verdade, isso vale para todos os nossos sentidos. Nós temos dentro de nós a profunda necessidade de criar o conhecido a partir do desconhecido. Toda vez que vemos, ouvimos, tocamos, cheiramos ou sentimos o gosto de alguma coisa, sofremos a necessidade subconsciente de criar uma familiaridade com essa coisa. Como exemplo, vou mencionar uma experiência que provavelmente todos já tiveram. Quando sentimos o gosto de algo que nunca provamos, geralmente dizemos: "Tem o gosto parecido com o de…" e, para fazermos a comparação, basta um mínimo de semelhança. Essa necessidade — em geral, subconsciente — de categorizarmos nossas experiências em pequenas caixinhas nos impede de conhecer a realidade como ela é. Quando tomamos consciência dessa necessidade subconsciente, nós "despertamos" para a realidade. Esse é um fator essencial da iluminação. É uma parte essencial da verdade buscada por gerações e gerações de sábios que trilharam o "Caminho".

A ciência nos diz que não existem dois flocos de neve iguais. Não obstante, é difícil fazer essa distinção enquanto a neve está caindo. Quando examinamos os flocos mais de perto, porém, a verdade se revela. Note que eu não disse que a verdade se revela a nós, mas sim que ela simplesmente se revela, pois sempre esteve lá. É nossa necessidade de ver as coisas como iguais, familiares, que nos leva a ver todos os flocos de neve como iguais. *Com consciência, nossa visão muda.* A verdade é que não existem duas coisas iguais, e a consciência desse fato mudará a sua vida. É por isso que cada momento é precioso. É por isso que o "agora" é tão importante. A consciência do paradoxo da separação e unidade das coisas nos leva a apreciar plenamente a nossa vida e a ter por ela uma enorme gratidão. *No momento em que você concebe a apreciação e a gratidão, o mundo e tudo o que ele contém passam a obedecer aos seus comandos.* O sucesso já é seu, bem como tudo o mais que você deseja. Só lhe falta abrir os olhos e ver!

TEMAS PARA REFLEXÃO

Na realização do sucesso, o seu ponto de vista é tudo.

O que você vê depende do modo pelo qual você o encara.

Você realizará o que for capaz de perceber.

A única solução é despertar!

Com consciência, a nossa visão muda.

No momento em que você concebe a apreciação e a gratidão, o mundo e tudo o que ele contém passam a obedecer aos seus comandos.

35

O Sucesso é a Infinitude

O lugar em que estás é uma terra santa.
— *Êxodo* 3:5

As fotografias mais recentes enviadas pelo telescópio espacial levaram os cientistas a reavaliarem o número de galáxias que se supõe que existam. Os cientistas aumentaram suas estimativas em 60% e agora dizem que existem cerca de cem bilhões de galáxias, cada qual com cerca de cem bilhões de estrelas. O que eles se esquecem de dizer é: "Isso é o que descobrimos — até agora!" A verdade é que o universo é infinito. Não tem bordas nem limites. Não começa nem termina em lugar algum. Se você tentar imaginar isso, vai considerá-lo impossível, pois todas as coisas que "conhecemos" em nosso mundo têm um começo e um fim.

Deepak Chopra o expressou de modo eloqüente quando disse: "A ciência não é mais estranha do que imaginamos," mas "é mais estranha do que *podemos* imaginar!" Diz ainda que o problema que imediatamente se nos apresenta quando cogitamos a possibilidade de o universo ter tido um início é o seguinte: "O que havia antes do início?" E, quando pensamos que o universo pode ter um fim, ficamos às voltas com o problema: "E o que há depois do fim?"

Vivemos num universo altamente complexo e multidimensional, dotado de pelo menos quatro dimensões, das quais somos capazes de compreender apenas três (o tempo é a quarta dimensão). A ciência está começando a cogitar a possibilidade de que existam mais de quatro dimensões. O que deve fazer o ser humano? Não sei o que você faz, mas, quando penso nessas coisas, minhas preocupações cotidianas afiguram-se mesquinhas e insignificantes perto desse grande esquema geral das coisas. As preocupações da pessoa comum — as contas a pagar, a posição social, etc. — parecem evaporar à luz dessa brilhante revelação. A existência é um conceito gargantuesco!

Do mesmo modo, de nada nos aproveita descer do mundo grande ao mundo pequeno. Originalmente, o homem pensava que o menor pedaço de matéria era a molécula, até que descobriu o átomo. Pensou então que tinha encontrado o elemento básico de todas as coisas. Descobriu em seguida o mundo subatômico, e de lá para cá tem descoberto um número cada vez maior de partículas. Toda vez que pensa que chegou ao fim, faz uma nova descoberta. Um dia, o homem vai concluir o que eu já sei — que, seja qual for o lado para o qual nos voltamos neste universo, encontramos sempre a mesma coisa: a infinitude. *A infinitude é a imagem ideal do sucesso!*

O que vale para o mundo físico vale também para o mundo espiritual. Quando medito e entro dentro de mim, encontro de novo a infinitude. As camadas e camadas de existência espiritual não têm fim. Do mesmo modo, o ser interior não tem limites. Cada um de nós é infinito. Os espiritualistas e psicólogos criaram gráficos para demonstrar os diversos níveis da mente e da consciência. A tudo o que eles já descobriram, eu acrescentaria mais um nível — o ser infinito, a mente infinita. Tente sondar essas possibilidades!

Estamos falando sobre você. *Você é a perfeição infinita e ilimitada que contém a máxima potencialidade.* Por acaso você está destinado ao sucesso? Não faça uma pergunta tão ridícula. Esse negócio já está fechado desde o começo deste universo sem começo. O sucesso já existe, e está esperando para se desdobrar à sua frente. Só está esperando que você reconheça a verdade dele. Para onde quer que você vá no universo, para o consciente ou o subconsciente, para o mundo atômico ou o mundo subatômico, para as coisas grandes ou para as pequenas, para o Yin ou para o Yang — você vai encontrar o infinito, vai encontrar a perfeição. Será que você está destinado ao sucesso? *A perfeição não questiona a sua própria perfeição.* Simplesmente alcança e realiza o seu pleno potencial. Desperte para a sua espiritualidade do sucesso! Desperte para o seu ser infinito! Abra as portas para o sucesso e a perfeição que já são seus! *Você já é o que deve ser; agora só falta se transformar nisso.*

TEMAS PARA REFLEXÃO

A infinitude é a imagem ideal do sucesso!

Você é a perfeição infinita e ilimitada que contém a máxima potencialidade.

A perfeição não questiona a sua própria perfeição.

Você já é o que deve ser; agora só falta se transformar nisso.

Apêndice

Entrevistas com as Vozes do Sucesso

Apresentamos a seguir as perguntas e respostas que constituíram as próprias entrevistas com as "vozes do sucesso". O Capítulo 25, também intitulado "As Vozes do Sucesso", contém um resumo dessas entrevistas. Há muito a se ganhar em conhecer as respostas que essas pessoas bem-sucedidas deram em suas próprias palavras.

A maioria das entrevistas é precedida por uma introdução escrita por um dos colegas de trabalho do entrevistado. Fizemos isso porque em geral é difícil fazer com que as pessoas bem-sucedidas falem sobre suas qualidades ou sobre as características pessoais que as levaram ao sucesso. Isso é perfeitamente lógico, pois está escrito na mente delas que ninguém chega ao sucesso sozinho e que, para chegar ao sucesso e obter o que queremos na vida, é preciso ajudar outras pessoas a ser bem-sucedidas e a obter também o que querem. Essas crenças geram uma humildade que um entrevistador tem dificuldade de penetrar; e foi esse o motivo das introduções.

Só posso desejar que você goste tanto de ler estas entrevistas quanto eu gostei de participar delas.

Vinny

Entrevista com Wade Saadi

Presidente da Pencom Systems, Inc.

Introdução de Joy Venegas

Segundo as pessoas que o conhecem bem, Wade Saadi é um homem justo e humilde. Sua humildade, porém, não basta para encobrir a luz que ele irradia quando entra numa sala. É um homem de negócios inteligente, tido como um amigo pela maioria dos seus empregados, pois lhes deu a liberdade de crescer mais do que imaginavam possível. É considerado um homem confiável, um visionário, um homem carinhoso e dotado de grande amor pela vida. Tem muitos passatempos e gosta de estar junto da família e dos amigos. Para descrevê-lo, as pessoas usam também os adjetivos "digno de confiança, pontual, eficiente e ordeiro".

Apresentamos a seguir uma entrevista com Wade Saadi, ganhador do prêmio "Empresário do Ano" da cidade de Nova York em 1996 no ramo da tecnologia.

Pergunta: O senhor pode nos dizer algo sobre o seu passado?

Wade Saadi: Nasci e fui criado no Brooklyn, em Nova York, e ainda moro lá. Era o mais velho de quatro filhos numa família árabe, na qual todos têm grande intimidade entre si. Essa intimidade ainda existe. Na infância, eu era cercado de muito amor; e, por mais que Dan Quayle seja provocado por ter dito isso, os valores familiares desempenham um papel de destaque em minha vida. Boa parte desses valores assumiu uma forma definida na Pencom, uma empresa de ambiente familiar, onde todos são conhecidos pelo primeiro nome. Temos um grupo de mil empregados e procuro me aproximar de tantos quanto posso, muito embora tenhamos oito escritórios espalhados pelo país.

No que diz respeito à educação, freqüentei a Escola Técnica do Brooklyn, onde me formei em química, e fui para a faculdade na Politécnica do Brooklyn, onde fazia engenharia química; mas só fiquei lá por um ano e meio. Acho que fiquei impaciente e não fui capaz de reconhecer o valor da educação formal, pois, naquela época, eu conhecia muita gente formada que ainda não tinha emprego. Os campos de trabalho da química e das ciências em geral começaram a enfrentar uma forte baixa uns poucos anos antes de eu entrar na faculdade, e conheci engenheiros químicos que não ganhavam mais do que um motorista de táxi. Vi também que muitas pessoas que não tinham diploma de faculdade ganhavam dinheiro nos negócios. Achei que a faculdade seria ótima e que eu aprenderia muito, mas, quando cheguei lá, fiquei um pouco decepcionado. Não era o que eu esperava. Não era o que deveria ser. Hoje em dia, uma das coisas de que me arrependo é de não ter terminado a faculdade. Talvez eu tivesse me dado melhor se tivesse ido para outra faculdade, para um lugar onde pudesse construir uma rede de amigos, em vez de freqüentar uma faculdade local.

Leio muito. Sempre li. Não romances, mas revistas, livros de não-ficção e livros educacionais. Também tenho muitos passatempos, muitas coisas de que gosto de fazer quando não estou trabalhando. Meu apetite por livros é voraz. Quase não assisto à televisão. Minhas leituras e meus passatempos me distraem do rigor da vida cotidiana nos negócios.

Pergunta: O que o inspirou a correr o risco necessário para abrir o seu próprio negócio?

Wade Saadi: Meu pai tinha o seu próprio negócio. Era sócio de um outro camarada no ramo de roupas para senhoras. Quase todos os meus tios tinham seus próprios negócios, nos mais diversos ramos. E a maioria deles não tinha diploma de faculdade, assim como os amigos deles, que também ganhavam dinheiro. Todos eram imigrantes ou filhos de imigrantes. Tinham um certo espírito que eu herdei.

Quando criança, eu vendia refrigerantes e entregava jornais. Depois da aula, trabalhava no supermercado Key Food do bairro. Vendia balas para os escoteiros e, no Natal, enfiava velas em bases de gesso e percorria os prédios de apartamentos, vendendo-as de porta em porta. Gostava de fazer esse tipo de trabalho porque era sempre um desafio.

Quando abri a Pencom, não foi um risco que eu corri. Foi só mais um capítulo. Você não pode conceber a entrada nos negócios como um risco, pois provavelmente fracassará. Abrir um negócio é uma oportunidade na qual estão implícitos certos riscos. Os riscos devem ser evitados, mas as oportunidades que têm também certos riscos devem ser examinadas. Assim, abri a Pencom porque gosto dos negócios. Sempre tive o desejo de ganhar dinheiro nos negócios. Sempre adorei encontrar um jeito de transformar cinco dólares em dez dólares.

Antes de fundar a Pencom, abri junto de um grande amigo uma firma de entrega de encomendas pelo correio, que foi um fracasso tremendo. Você só aprende as coisas depois de conhecê-las por experiência. Nós estudamos por meses a fio antes de abrir a firma, mas isso não é o mesmo que ter a experiência. O que deveríamos ter feito era ter ido trabalhar para outra pessoa a fim de aprender como funciona o ramo; é assim que se adquire experiência. Ninguém reinventa a roda.

Pergunta: Quando o senhor fundou a Pencom, quanto dinheiro tinha?

Wade Saadi: Não tinha muito, apenas alguns milhares de dólares. Vim de uma família de classe média e não tinha muito dinheiro. Tinha bastante confiança, mas a verdade é que, financeiramente, eu não tinha nada a perder.

Pergunta: Quais, na sua opinião, são algumas das características que as pessoas precisam ter para ser bem-sucedidas?

Wade Saadi: Voltamos aí ao que eu estava dizendo. Acho que não é isto que você quer ouvir, mas parece-me que querer ser um empresário é algo que já nasce com a pessoa. Não importa o que você ensine, diga ou dê para uma pessoa, não poderá ensinar-lhe a ter o desejo empresarial se ela já não tiver esse desejo. É preciso querer [alcançar o sucesso]!

Tenho um amigo que é instrutor de esqui há 25 anos e ele não gosta disso, mas gosta de folgar no verão e de outras vantagens que esse trabalho lhe dá. A água busca o nível que lhe é próprio. É isso o que ele quer e não há nada de mal nisso. Ou você tem [esse desejo] ou você não tem. Se as pessoas têm esse desejo, é possível ensiná-las. Os vendedores são empreendedores por natureza. Minha definição de um empreendedor, de um empresário, é de alguém que sai e ganha a vida de novo todos os dias. Os vendedores têm de provar repetidamente a si mesmos. Isso os impede de criar limo.

Pergunta: À luz disso que o senhor acabou de dizer, diria também que é importante gostar do que fazemos?

Wade Saadi: É preciso gostar do que fazemos. É preciso ter uma paixão, não necessariamente pelos produtos, mas pelos negócios. Acho que todos os empresários têm talento para vendas e gostam do que fazem. Se os computadores de repente fossem declarados ilegais, acho que eu logo estaria na vanguarda de um outro ramo. Não tenho nenhum gosto particular por computadores ou por *software*. Eles não significam nada de especial para mim. O que significa algo para mim é esta empresa e as pessoas que trabalham aqui. Juntos nós estamos nos divertindo, ganhando dinheiro, fazendo algo que nos desafia, expandindo-nos e crescendo. Não são os computadores; é o processo.

Pergunta: Desde que abriu este negócio, o senhor alguma vez estabeleceu metas ou usou algum método específico de fixação de metas?

Wade Saadi. Não. Acho que provavelmente vou decepcioná-lo de novo, mas, no ramo da alta tecnologia, as coisas mudam tão rapidamente que nós não temos a menor idéia de onde vamos estar daqui a dois anos. As metas e os planos de negócios servem para as empresas, não para os empresários.

Pergunta: Para concluir, que conselhos o senhor daria aos leitores deste livro?

Wade Saadi: Se você vai construir uma empresa, nunca, jamais engane ninguém! Quer seja o cliente, o empregado ou você mesmo. Conheça a si mesmo! Seja honesto e sincero em todos os seus negócios, pois só se pode manchar o nome uma vez; quando ele se mancha, junto com ele você perde a credibilidade e não lhe sobra nada. Sem credibilidade você não passa de uma casca vazia, por mais dinheiro que ganhe.

Outra coisa: a excelência deve ser uma marca registrada do seu produto. Nunca ponha no mercado um produto que não seja o melhor que você pode fazer. Caso contrário, as pessoas não vão ver você em sua melhor forma, e não há motivo para que isso aconteça. É melhor atrasar mas fazer a coisa e forma correta do que adiantar o serviço e proceder de forma desorganizada. Sempre verifique se está tudo certo antes de despachar o produto. Fico uma fera quando leio um currículo ou uma carta que tem um erro de datilografia. O que as pessoas não entendem é que, quando você produz uma coisa, essa coisa é você. Você está pondo para fora o mais íntimo da sua alma; por que deixar que haja um erro nisso?

A terceira coisa é nunca ter medo de se rodear de pessoas melhores do que você. Seu sonho na vida deve ser de que, de todas as pessoas que o rodeiam (seus empregados), você seja o mais calado e o menos agressivo. Na hora do "vamos ver", essas pessoas poderão carregá-lo. Sempre me rodeio das melhores pessoas que sou capaz de encontrar. Muitos donos de empresas têm medo de fazer isso, medo de que alguém lhes roube os segredos. Mas qual é a alternativa? Rodear-se de idiotas? É importante estar cercado das melhores pessoas que você conseguir. E, por fim, o mais importante é se divertir. Você tem de gostar do que está fazendo. Sua atividade tem de ser empolgante, tem de ser um desafio constante, e tem de fazer algum bem para as pessoas.

Reflexões Depois da Entrevista

As primeiras palavras que me vêm à mente quando me lembro da entrevista com Wade Saadi são "tranqüilidade e segurança". Sua aura de serenidade e autoconfiança explica em parte por que seus colegas e empregados o valorizam tanto. Para eles, ele é como um oásis no deserto; em outros momentos, é como um porto seguro numa tempestade. Não posso deixar de crer que esse homem ainda há de realizar coisas muito maiores.

ENTREVISTA COM FRANK SCIAME

Presidente da F. J. Sciame
Construction Company

Introdução

Segundo seus colegas, Frank é conhecido por sua lealdade, sua dedicação e sua capacidade de executar os projetos com honestidade e pontualidade. Essas qualidades são raras no setor da construção civil. Frank teve um começo modesto. Durante a faculdade, trabalhava como carpinteiro. Quando abriu sua própria empresa, só conseguia obras de pequena escala. Enfrentou situações difíceis, mas agora já construiu alguns dos edifícios mais destacados da cidade de Nova York, entre os quais a Megastore da Virgin Records no Times Square, o estúdio da Warner Brothers na Quinta Avenida, o teatro New Victory na Rua 42, o New Nike Town no complexo Trump Tower e a reforma do "Windows on the World" no World Trade Center.

O mais interessante é que Frank é uma daquelas pessoas sobre as quais todos já ouviram falar. Tudo o que ele toca se transforma em ouro. Frank se preocupa com as pessoas e isso lhe traz grandes benefícios. É conhecido por se ocupar de muitas obras de caridade, a maioria das quais não lhe rende publicidade alguma; e as pessoas que gozam da sua generosidade, da sua ajuda e das suas palavras amigas não se esquecem dele e sempre retribuem de um modo ou de outro o bem que ele lhes fez. A equipe de Frank tem uma dedicação e um espírito de camaradagem que não se vêem na maioria das equipes de trabalho. São pessoas que de fato gostam umas das outras, e isso vem do chefe, pois Frank gosta delas. Sabemos que isso é verdade porque Frank é uma daquelas pessoas que dão credibilidade à expressão "A velocidade do líder determina a velocidade da matilha". Os membros da equipe de Frank procuram estar à altura de seu líder no que diz respeito ao vigor, à vitalidade, à lealdade e ao companheirismo.

Apresentamos a seguir uma entrevista com o sr. Frank Sciame, ganhador do prêmio "Empresário do Ano" da cidade de Nova York em 1996 no ramo da construção civil.

Pergunta: O que o senhor pode nos dizer sobre o seu passado?

Frank Sciame: Freqüentei uma escola primária católica, a St. Michael's, no Brooklyn, zona leste de Nova York. Fiz o colegial na Escola Técnica Thomas Edison e fiz os dois primeiros anos de faculdade na Universidade do Estado de Nova York, em Farmingdale, estudando engenharia civil. Depois disso, me transferi para o City College por um ano, no curso de pré-engenharia, e, no ano seguinte, fui para a faculdade de arquitetura. Formei-me pela Faculdade de Arquitetura do City College. Sou grato a meus pais por terem me encorajado a me formar, mas sei que existem muitas pessoas mais ricas do que eu e que não fizeram faculdade. De qualquer forma, no geral a faculdade nos deixa mais cultos e permite que nos comuniquemos com confiança no mesmo nível de outras pessoas que também tiraram o diploma.

No que diz respeito à minha família, minha mãe era dona de casa e trabalhava em período parcial como vendedora numa loja de roupas para mulheres no Brooklyn. Meu pai era pintor sindicalizado e foi membro do sindicato durante toda a sua vida.

Pergunta: Como o senhor adquiriu a confiança necessária para abrir o seu próprio negócio? E quanto dinheiro investiu para começar?

Frank Sciame: A confiança para começar meu próprio negócio era, em essência, a crença inabalável de que eu seria capaz de fazer para mim mesmo o que fazia para outra empresa. Como eu não ganhava muito bem na época, eu me sentia seguro porque, se tudo desse errado, eu poderia pegar de novo minhas ferramentas e trabalhar para sustentar minha nova esposa, Barbara, e os filhos que queríamos ter. Na verdade, portanto, eu nunca tive dúvida de que seria capaz de ganhar dinheiro no ramo da construção. A empresa para a qual eu trabalhava me pôs em contato com as diversas partes do processo de construção civil — os orçamentos, a administração de projetos, etc. Acrescentei a isso o espírito empresarial e o conjunto disso tudo criou em mim a confiança necessária para abrir minha própria empresa.

Financeiramente, eu comecei com 7.500 dólares. Barbara e eu economizamos 2.500 dólares e emprestamos 5.000 dólares dos meus pais. Isso foi em junho de 1975. Em novembro daquele ano, eu pude pagar meus pais e ainda comprei para a minha mãe, como juros, um casaco de pele. Foi ótimo. No começo eu tinha pouco dinheiro, mas, como você vê, não é preciso ter muito dinheiro para chegar ao sucesso.

Pergunta: Quando o senhor começou, ou mesmo hoje em dia, alguma vez usou um método rígido de estabelecimento de metas? Boa parte dos teóricos do sucesso pedem que as pessoas se concentrem em suas metas de modo quase obsessivo. Não estou dizendo que isso é certo nem que é errado. Só estou tentando descobrir o que as pessoas bem-sucedidas realmente fazem.

Frank Sciame: Eu não estabeleço metas. Há dois anos, pela primeira vez depois de dezenove anos nos negócios, a empresa fixou algumas metas de crescimento. Porém, via de regra, nós não estabelecemos meta alguma. Eu nunca fiz isso. Meu objetivo único e exclusivo é o lucro: abaixe a cabeça e trabalhe como um burro de carga. As metas podem nos levar a não prestar atenção na qualidade do nosso trabalho e do nosso desempenho. Na minha opinião, o hábito de estabelecer metas pode fazer com que as pessoas se concentrem em coisas erradas e percam muita energia com essas coisas.

Pergunta: A seu ver, quais são as características que as pessoas precisam ter para chegar ao sucesso?

Frank Sciame: Acho que precisam ter muita energia e entusiasmo. Têm de ser otimistas e estar dispostas a trabalhar muitas, muitas horas por dia. Se você juntar a tudo isso um pouco de habilidade básica, terá uma fórmula vencedora para o sucesso.

Pergunta: O senhor diria que é importante gostar do que fazemos?

Frank Sciame: Na minha opinião, é absolutamente essencial que você goste do que faz. Não sei quem disse isso, mas alguém disse que, se você gostar do que faz, nunca vai trabalhar em toda a sua vida. Acho que essa frase é muito verdadeira. E acho também que é importante que você goste do que faz para não encarar a carreira como um trabalho. Quando você está no serviço, não pode olhar para o relógio; e, se gostar do que faz, não vai olhar para o relógio.

Num período de grande atividade no nosso negócio, fui acusado de explorar meus empregados, obrigando-os a trabalhar muitas horas por dia a fim de terminar os serviços no prazo. Isso me abalou, pois eu queria que as pessoas gostassem de trabalhar para a Sciame Construction. Por fim, ocorreu-me que neste setor, bem como em qualquer outra profissão, se você quiser ser o melhor no que faz, tem de estar disposto a trabalhar muitas horas por dia. Se quiser ser um grande tenista, terá de jogar tênis por dez a quatorze horas por dia, sete dias por semana. Se quiser ser um grande advogado e talvez chegar a estar presente num julgamento tão famoso quanto o de O. J. Simpson, terá de trabalhar como um louco. O importante não é quantas horas trabalha. A única coisa que você pode fazer para ser o melhor em sua profissão é trabalhar muitas horas por dia no começo da carreira, porque gosta do que faz e gosta de aprender cada vez mais sobre o seu campo de trabalho. Depois de fazer isso por muito tempo, de repente você percebe que dominou sua profissão e que agora todos recorrem a você para saber o que fazer.

Por isso, afirmo de novo que gostar do que você faz é um requisito essencial para o sucesso. Um jovem que gosta do que faz: é essa pessoa que quero ter trabalhando para mim. Para essa pessoa, trabalhar para a Sciame Construction não é um emprego. É uma tremenda oportunidade de aprender a profissão com uma das melhores empresas de construção civil do mercado. Gostar do que você faz é a chave do sucesso em qualquer nível, quer seja o sucesso como empregado, quer como dono de uma empresa.

Pergunta: Mas do que o senhor gosta?

Frank Sciame: Gosto de construir, de juntar as peças e resolver os problemas. Mas também adoro ganhar dinheiro. Para explicar isso melhor, gostaria de dizer que, desde a infância, eu via que meus pais não podiam ter muitas coisas que os outros tinham. Não faziam as viagens de férias que mereciam, não tinham os móveis bonitos nem o carro novo que mereciam. Eu estava determinado a dar essas coisas à minha família. Por isso, para mim, ganhar dinheiro significava ser capaz de tornar a vida mais agradável para a minha família e para outras pessoas. Vou dizê-lo de outro modo: não adoro o dinheiro, mas as experiências que o dinheiro pode comprar e as inconveniências que ele pode evitar... e, afinal de contas, o dinheiro é o parâmetro pelo qual avaliamos quão bem vai a nossa empresa!

Pergunta: Espiritualmente, quem é Frank Sciame?

Frank Sciame: Sempre, por dentro e por fora, eu procuro me pôr no lugar da outra pessoa. Acho que isso ajuda muito em diversos aspectos dos negócios. Nos relacionamentos básicos com as pessoas, acho que você deve tratá-las como quer que elas lhe tratem. Aja com os outros como você quer que eles ajam com você.
Gosto de pensar que, espiritualmente, tenho um bom caráter, uma boa moral e certos limites éticos aos quais recorro quando tomo decisões importantes em minha vida. Acho que a boa ética e a boa moral são essenciais para os bons negócios. Isso me parece muito importante. Espiritualmente, para mim, é isso que significa ser um bom cristão.

Pergunta: Qual o conselho que o senhor daria às pessoas que querem criar o sucesso na vida?

Frank Sciame: Quero dizer-lhes que busquem realizar seus sonhos no setor da vida que mais as empolga, que mais as entusiasma. Depois, que procurem um meio de fazer esse sonho pagar as contas; e, ao mesmo tempo, aproveitem essa oportunidade de alcançar o sucesso que merecem, aspirando a tornar-se as melhores na profissão que escolheram. Acho ainda que devem confiar em seus sentimentos mais profundos. Devem correr os riscos necessários para alcançar o sucesso e, ao mesmo tempo, tentar ter uma visão realista das possibilidades de fracasso. É sempre difícil avaliar as possibilidades de fracasso sem cortar o entusiasmo; é preciso levar em conta os riscos gerais sem prestar atenção aos mínimos problemas potenciais. Você tem de estar preparado para lidar com os riscos caso eles se confirmem. Parece-me que é o risco que impede a maioria das pessoas de alcançar o sucesso que por direito lhes pertence. Pode ser que você encontre investidores dispostos a arcar com os possíveis prejuízos, mas, em última análise, o meu conselho é que essas pessoas vão em frente e façam o que acham que têm de fazer. Será uma verdadeira montanha-russa emocional, mas o passeio valerá a pena — vá atrás do seu sonho!

Reflexões depois da Entrevista

Minha entrevista com Frank Sciame foi uma lição de humildade. Para saber de suas grandes realizações, fui obrigado a falar com seus empregados, pois ele não as publica. É como se ele quisesse proteger a própria humildade e, por isso, se abstivesse de fazer qualquer referência à sua grandeza. Quando falava dos empregados, da família e dos leitores deste livro, que nunca conheceu pessoalmente, eu sentia o tom de carinho em sua voz. Sua natureza amorosa é evidente e é, sem dúvida alguma, um dos fatores que explicam o seu impressionante sucesso.

ENTREVISTA COM IRWIN STERNBERG

Presidente da Stonehenge Limited

Introdução de Dean Wilkerson,
Diretor-Executivo Nacional da MADD
(Mothers Against Drunken Driving)

Quem se encontra com Irwin pela primeira vez se impressiona com seu entusiasmo e seu otimismo contagiosos, sua inesgotável energia e o gosto que sente ao falar sobre o trabalho que faz.

Irwin realmente se preocupa com as pessoas e com as boas causas. Sente enorme prazer em trazer alegria e beleza a este mundo. Foram esses princípios que orientaram as coleções de gravatas que ele produziu e que o levaram ao topo do sucesso.

O setor de produção de gravatas para homens tem sorte de poder contar com Irwin Sternberg entre os seus membros. Nos últimos cinco anos, ele revolucionou a moda em gravatas e, o que talvez seja ainda mais importante para o setor como um todo, sublinhou a importância das gravatas na consciência do público.

Apresentamos a seguir uma entrevista com o sr. Irwin Sternberg, ganhador do prêmio "Empresário do Ano" da cidade de Nova York em 1996 no ramo das confecções.

Pergunta: Sr. Sternberg, poderia nos dizer algo sobre a sua vida familiar? O senhor vem de uma família de empresários? Tornou-se empresário ainda muito jovem?

Irwin Sternberg: Não fui empresário desde a juventude. Fui criado em Baltimore, Maryland, numa família de classe média que não tinha muito dinheiro, mas que tinha o suficiente para nos deixar contentes. Meu pai trabalhava para o governo e minha mãe, para uma companhia particular de seguros. Nenhum dos dois ganhava o que seria de esperar de alguém com o grau de formação intelectual que eles tinham, mas eles ganhavam mais do que o suficiente para cuidar da nossa família.

Quando eu era bem novo, fiquei doente e passei um ano sem ir à escola. Essa perda de um ano minou o meu orgulho e a minha autoconfiança durante todo o primeiro e o segundo graus. Eu fui um péssimo aluno até o fim do colegial. Aliás, ainda me lembro do terceiro colegial, quando as pessoas começavam a falar sobre qual faculdade iriam fazer. Por causa de minhas notas, eu nem sequer cogitava a hipótese de entrar para a faculdade. Na verdade, pensava que nenhuma faculdade me aceitaria.

Mas houve uma faculdade, a Universidade de Baltimore, que me aceitou depois de uma entrevista. Eles me deram uma oportunidade. Quando fui para a universidade, eu era, na melhor das hipóteses, um aluno esforçado, e isso tudo por causa do modo como via a educação formal [depois de perder um ano de escola e desistir de aprender].

Psicologicamente, minha insegurança fazia com que eu me sentisse tão mal que nem sequer pensava nas notas que tirava. Mas me formei na Universidade de Baltimore e fui trabalhar para uma confecção chamada Jos A. Bank Clothiers, onde conheci dois homens, Dan Caplin e Howard Bank.

Ambos foram meus grandes mentores. Já morreram e sinto muita falta deles. Mas, enquanto estavam vivos, me ensinaram a ouvir o que as pessoas diziam, e não a ouvir o que eu queria ouvir. Ensinaram-me a dar uma chance às pessoas. Isso, para mim, foi um grande ensinamento. Foi com eles que aprendi a lidar com o público e a abrir espaço para novas idéias.

Depois que a Jos A. Bank foi vendida para a Quaker Oats, parti para Nova York a fim de trabalhar para uma fábrica de gravatas chamada Bentley Cravats. Um ano e meio depois, em sociedade com meu amigo Natan Brach, abri uma firma chamada Stonehenge Limited. Isso foi há mais ou menos quatorze anos. Foi a primeira vez que tive a oportunidade de fazer algo sozinho.

As pessoas sempre me perguntam: "Você achava que seria tão bem-sucedido quanto é hoje?" Não sei se existe alguém capaz de responder a essa pergunta. Eu me lembro de que, quando eu saí da Jos A. Bank, tinha tanta confiança que me acreditava capaz de fazer qualquer coisa a que me propusesse. Estava confiante em minha capacidade de superar muitos problemas por causa da boa formação que tive no começo da carreira.

Pergunta: O senhor falou sobre como chegou a fundar a Stonehenge. Mas por que abriu a firma? Dispunha de muitos recursos financeiros? Muita gente pensa que é preciso ter muito dinheiro para abrir um negócio. O que o senhor tem a nos dizer sobre isso?

Irwin Sternberg: Como eu disse, nós não tínhamos muito dinheiro e meu salário na Jos A. Bank era modesto, embora eu adorasse trabalhar ali. Quando me mudei para Nova York com minha esposa e meus gêmeos de 4 anos, lembro-me de que Natan me disse que nós precisávamos de mais ou menos 50.000 dólares para abrir esta firma; e, naquela época, 50.000 era como se alguém me dissesse que eu precisava de um milhão de dólares. Eu não tinha quase nada, estava muito longe de ter todo o necessário, mas implorei, pedi emprestado e fiz todo o possível para levantar os 50.000 de que precisava para ser sócio dele.

Ele tinha dinheiro e eu, não. Emprestei dos meus familiares, dos amigos e de toda gente. Lembro-me até hoje que, quando me faltavam só 3.000 dólares, uma tia me ligou e disse: "Ouvi dizer que você está precisando de 3.000 dólares." Ela me emprestou o dinheiro e eu sempre disse que, se tudo desse certo, eu lhe pagaria o empréstimo com 18% de juros. Foi assim que a Stonehenge começou, mas eu, pessoalmente, não tinha o dinheiro necessário para começar o negócio.

Pergunta: Achei interessante que, quando estávamos conversando antes da entrevista, o senhor me disse que a Stonehenge de hoje renasceu depois de um período de declínio. Quando a maioria das pessoas se vê numa situação como essa, só consegue ver o lado negativo das coisas, mas o senhor deu um jeito de reconduzir tudo para cima. Como foi isso?

Irwin Sternberg: Bem, nós abrimos a firma há quatorze anos. Nos primeiros quatro anos, criamos gravatas tradicionais feitas à mão. Ora, todos os mercados mudam e todas as empresas passam por momentos de alta e de baixa, como sem dúvida aconteceu conosco. Como eu lhe disse, o mercado tradicional começou a decair e o mundo da moda foi ficando cada vez mais importante. As pessoas já não procuravam aquela gravata vermelha tradicional ou a gravata listrada do tipo Brooks Brothers, e nossa empresa começou a fraquejar e a declinar rapidamente.

Felizmente, aconteceu algo de que nunca vou me esquecer. Quando olho para o passado, posso afirmar com segurança que foi um dos motivos pelos quais ainda estamos no mercado. No Soho, em Nova York, havia uma galeria de arte chamada Ambassador Gallery que estava apresentando em *première* mundial as obras de arte de Jerry Garcia, do grupo Grateful Dead. Já não havia ingressos para a exposição, mas as pessoas formavam filas imensas em frente à galeria para tentar entrar. Um dos meus empregados me disse: "Nós temos alguns contatos? Você não sabe quem pode nos arranjar alguns ingressos?" Eu sempre lhes ensinei que não devem desistir e que existem vários meios de alcançarem certos objetivos. Então liguei para a galeria e disse ao dono que estava indo até lá para examinar a obra de Jerry Garcia a fim de fazer uma nova linha de gravatas.

Ele disse: "Não tem problema, de quantos ingressos você precisa?" Os empregados ficaram tão animados que decidi ir eu mesmo até lá, embora nem sequer concebesse a realidade de uma parceria com o Jerry Garcia. Quando entrei, a fila dava a volta no quarteirão e o lugar estava repleto de repórteres do mundo inteiro. Quando comecei a contemplar as obras de arte, vi diversas pinturas bem coloridas, de autoria de Jerry, que poderiam facilmente ser incorporadas a um projeto de moda.

Bem, uma coisa puxa a outra, e no dia seguinte estávamos lá de novo. Entramos em contato com o Espólio de Jerry Garcia, cujos representantes disseram que estávamos completamente malucos. Disseram que Jerry em sã consciência jamais usaria uma gravata e que não tinha usado gravata por 25 anos, mas mesmo assim queriam ver do que estávamos falando. Assim, pegamos algumas imagens dele, levamo-las para a fábrica e recriamos algumas delas em nossas gravatas. Por quatro vezes tentamos fazer com que fossem aprovadas pelo pessoal do Jerry Garcia.

Depois de aplicar os criativos esquemas de cores da Stonehenge às gravatas e de montar as gravatas sobre camisas, eles nos ligaram entusiasmados e assinamos um contrato com a Jerry Garcia. O lançamento da coleção aconteceu na Bloomingdale's, em Nova York, durante a convenção nacional do Partido Democrata. O sistema telefônico ficou congestionado devido à imensa quantidade de ligações feitas do mundo inteiro, e mais de três mil gravatas foram vendidas em questão de um ou dois dias.

Aquela linha de gravatas foi noticiada nas revistas como o maior fenômeno de todos os tempos em matéria de gravatas. Rapidamente tornaram-se as gravatas mais vendidas dos Estados Unidos. Hoje em dia, o nome de Jerry é uma grife do *design* e nós aprendemos quais as técnicas de *marketing* mais importantes e como segurar a atenção do público. Isso inspira as pessoas, pois quem usa uma gravata do Jerry Garcia é porque tem algo a dizer.

Pergunta: Parece-me interessante que toda a cadeia de acontecimentos que levou à criação da coleção Jerry Garcia começou quando o senhor quis fazer algo para seus empregados, começou quando o senhor quis ajudar alguém. É importante, a seu ver, que os empresários creiam no conceito de ajudar as outras pessoas para que possam alcançar o sucesso?

Irwin Sternberg: Meu Deus, isso é importante demais! Nós mesmos construímos uma empresa muito bem-sucedida ajudando outras pessoas a atingirem seus objetivos.

Pergunta: Irwin, é evidente que o senhor gosta do seu ramo de negócios. Na sua opinião, qual é a importância disso para chegar ao sucesso?

Irwin Sternberg: Acho que, para ser totalmente bem-sucedido, você precisa ter um compromisso total consigo mesmo e ter muito gosto pela vida. E creio que, para ter sucesso nos negócios, você precisa gostar verdadeiramente do que faz. Se não gostar, não terá realizado seus sonhos; terá de ir em frente, à procura de novos horizontes. Estou perdidamente apaixonado por minha empresa e sei que ela me ajudou a me tornar uma pessoa melhor. Creio também que me ajudou a gerar a criatividade de onde nasce o crescimento. Nós criamos riqueza e ao mesmo tempo ajudamos as pessoas. Chegar a esse nível nos negócios é assistir à realização de um sonho.

Pergunta: O senhor estabelece metas? É evidente que não fez planos para a coleção Jerry Garcia, que resultou da aplicação da sua criatividade a algo que por acaso viu. Mas o senhor fixa metas? E, caso fixe, para quanto tempo?

Irwin Sternberg: Excelentes perguntas. Acho que, desde que estou no mundo dos negócios, nunca olhei para o futuro. Limito-me a me concentrar no que tenho de fazer hoje e nunca presto muita atenção à concorrência. Só creio no que nós mesmos temos o poder de realizar. Sabemos, com toda confiança, que somos nós que determinamos o rumo da moda, e sempre me senti lisonjeado de saber que os amigos e os concorrentes tentam seguir os nossos passos.

Pergunta: O senhor disse há pouco que boa parte do dinheiro que usou para começar foi tomado emprestado. É claro que isso representa um certo risco. Qual é a dimensão do risco que o senhor mesmo teve de correr para fazer essa empresa decolar?

Irwin Sternberg: No começo, eu tinha muito medo de que tudo desse errado. Não sabia se eu teria capital suficiente. Era assustador ter uma família nova e estar pela primeira vez trabalhando sozinho, sem o apoio de ninguém. Foi um encontro com o destino a que eu tive de sobreviver. E tive de fazê-lo com uma certa classe, sem perder o respeito por mim mesmo. Esse é um princípio que eu sigo até hoje.

Pergunta: Não estou tão interessado na Stonehenge, na empresa, quanto em Irwin Sternberg, o homem. Foi o medo que o motivou? Pelo que entendi, o senhor disse que usou de modo positivo o medo de fracassar. Isso é verdade?

Irwin Sternberg: Sem dúvida, mas usei também a sabedoria que as pessoas me deram, que me pôs em contato com uma outra realidade da vida. O mais impressionante é que tudo se resume à confiança. Se você realmente acredita em si mesmo, pouco importa qual foi a escola que freqüentou ou mesmo se chegou a estudar. Além disso, parte do meu sucesso se deve à minha tentativa de dar algo em troca do que recebi.

Pergunta: O sucesso lhe deu a oportunidade de conhecer outros empresários. Quais são as características que eles têm em comum e que os levaram ao sucesso?

Irwin Sternberg: Acho que todos eles têm gosto pela vida, gosto pelo amor, gosto por entregar-se de corpo e alma a uma causa. É claro que estou generalizando, mas conheci muitos empresários dignos dessa descrição. Eles têm orgulho de ser norte-americanos e têm orgulho de poder retribuir o que receberam do seu país. A primeira coisa que vemos neles é a humildade. Sempre olham para suas empresas e dizem [sobre os empregados], "eu não teria feito nada sem eles", e passam então a enumerar os que lhes são mais próximos. O verdadeiro empresário não pensa só em si mesmo. Acho que a oportunidade dada pelos negócios pode colaborar para que se tornem pessoas melhores, mas são eles que permitem que suas empresas os levem a contemplar esses novos horizontes.

Pergunta: As pessoas buscam melhorar a própria vida, e uma das coisas que quero dizer-lhes é que, se querem ser bem-sucedidas, têm de conversar com as vozes do sucesso, um grupo do qual obviamente você faz parte. O que o senhor gostaria de dizer ao leitor deste livro? Que tipo de conselho gostaria de lhe dar?

Irwin Sternberg: Isso é ótimo; poderia lhe dizer milhões de coisas. Algumas delas são as seguintes: não fique parado, mas vá em frente; não desista; seja o que você quer ser. Aos novos empresários, eu diria: Vocês acham que poderiam um dia pegar uma gravata e dá-la de presente ao Dalai Lama? Provavelmente pensariam que estou louco. Porém, o que quero dizer é que você pode atingir o patamar que quiser, desde que tenha bom senso e que o seu objetivo seja alcançável. A jornada se torna realmente emocionante e recompensadora.

A melhor coisa que posso lhe dizer para lhe dar uma idéia de como é essa jornada empresarial é a seguinte: Nós criamos uma linha de gravatas baseada nos desenhos dos tapetes tibetanos, cada um dos quais tem um significado espiritual diferente. Eu criei essa linha a partir dos desenhos dos tapetes tibetanos e doei tudo o que ganhei para o Fundo do Tibete, uma organização que ajuda a sustentar as famílias tibetanas que fugiram da China e perderam suas terras. Ora, o Dalai Lama ficou sabendo disso e um representante dele me convidou a assistir a uma palestra que ele iria dar para três mil pessoas em Louisville, Kentucky. Eu nunca, jamais, pensei que seria chamado à tribuna. Porém, o Dalai Lama me chamou e me deu de presente uma echarpe de oração em retribuição pelos fundos obtidos com a coleção de gravatas tibetanas. Pôs a echarpe sobre os meus ombros e me abençoou por colaborar com a paz mundial. Eu não passo de um fabricante de gravatas; nunca achei que minha empresa me daria prazeres tão emocionantes. É por isso que digo aos novos empresários que estão por aí: vocês podem alcançar, agarrar e obter qualquer objetivo que queiram. Podem obter qualquer coisa, desde que tenham um sonho e deixem esse sonho os levar por uma estrada nunca antes percorrida.

Reflexões depois da Entrevista

O trabalho de Irwin Steinberg com várias instituições de caridade exemplifica a primeira regra do sucesso duradouro: aquele que dá, vai receber. Seu entusiasmo pelas outras pessoas nos dá vontade de abraçar as causas que ele abraça e segui-lo para onde quer que vá. Steinberg é uma verdadeira lição de liderança e sucesso. Ele estava tão animado com o seu trabalho com a MADD (Mothers Against Drunken Driving) que eu mesmo me senti inspirado a ajudá-los alcançar seus objetivos. A MADD é uma associação sem fins lucrativos, de origem popular, que tem mais de seiscentas sedes e equipes comunitárias em todos os Estados Unidos. Não é uma cruzada contra o consumo de álcool, mas busca soluções eficazes para os problemas da embriaguez no volante e do alcoolismo entre adolescentes, ao mesmo tempo em que oferece apoio aos que já sofreram a dor desses crimes sem sentido. Tem a missão de impedir as pessoas de dirigir embriagadas e apoiar as vítimas desse crime violento. Para apoiar esse esforço, ligue para 1-800-GET MADD.

Depois de trabalhar com Irwin, Dean Wilkerson, diretor executivo nacional da MADD, reflete: "Discutir marketing e publicidade com Irwin é como tentar beber a água que sai de um hidrante. Ele é uma fonte — um vulcão — de idéias criativas." Do mesmo modo, Doug Kingsriter, diretor nacional de marketing da MADD, comenta: "Irwin é uma pessoa talentosa e um homem de marketing brilhante. É uma das chaves do sucesso do nosso marketing de promoção a esta causa."

Se eu pudesse fabricar com minhas mãos uma pessoa que tivesse todas as características do sucesso, essa pessoa seria Irwin Steinberg. Nossa entrevista durou três breves horas, muito embora estivesse programada para durar apenas uma. Ele é cativante, entusiasmado, inteligente e poderoso. Muito embora tenha tido pouco contato com ele, sei que ele discordaria do adjetivo "poderoso", mas isso é porque também é humilde. Segundo me parece, a humildade é uma característica comum às pessoas de sucesso. É muito difícil levá-las a falar sobre si mesmas. Porém, esse é mais um dos motivos pelos quais o universo se submete à vontade delas.

Observei que o poder de Irwin vem de dentro. Não vem da sua empresa, dos seus contatos, da sua posição social nem do seu dinheiro. Muito pelo contrário, são todas essas coisas que nascem da mesma fonte: o poder interior.

ENTREVISTA COM WILLIAM UNGAR

Presidente e CEO da National Envelope Corporation

Introdução de Les Stern

Segundo as pessoas que lhe são mais próximas, William Ungar é um sujeito único e muito admirado. É um Horatio Alger dos nossos tempos. Foi o único membro de sua família a sobreviver ao holocausto, e acredita que, se sobreviveu, foi para realizar algo. Não foi por mera coincidência. Durante toda a sua vida, tem mostrado ao mundo que é ao "renascer das cinzas" que se revela o elemento superior do ser humano. A decência sempre vence.

William Ungar chegou aos Estados Unidos depois da Segunda Guerra Mundial no primeiro navio de refugiados que veio da Europa. Não falava uma só palavra de inglês e tinha meros 15 dólares no bolso. Trabalhava o dia inteiro, estudava à noite e estudava vocabulário até de madrugada. Sabia que o aprendizado da língua traria consigo novas oportunidades. Abriu sua firma num galpão de 150 metros quadrados, com cinco empregados e três máquinas obsoletas de fabricar envelopes, que ele mesmo reformou. Hoje, a indústria ocupa um espaço de mais de 180 mil metros quadrados, tem aproximadamente três mil empregados e fabrica cem milhões de envelopes por dia.

Dizem que William Ungar nunca tentou prevalecer sobre os outros, mas sim sobre si mesmo. Nunca substitui ações por palavras. Acredita que as pessoas devem saber perdoar e que devem ser honestas consigo mesmas quando fracassam, mas que devem ser modestas quando atingem o sucesso.

Vive segundo a crença de que cada qual deve ter força suficiente para conhecer seus próprios pontos fracos, e coragem suficiente para encarar seus maiores medos. São esses os princípios que norteiam toda a sua vida.

O holocausto o fez ver que a vida é perigosa, e foi isso que lhe deu a confiança necessária para abrir uma firma. William Ungar não fica entusiasmado demais quando as coisas vão bem, nem fica deprimido quando vão mal. Quando lhe perguntam como ele desenvolveu essa difícil disciplina, ele responde: "Quando o pior dia de sua vida já passou, tudo o mais é relativo."

O valor de sua empresa não é medido em dólares; ela é um legado que ele deixa ao mundo. Um legado de triunfo do bem sobre o mal — uma afirmação viva do princípio de que os bons sempre vencerão. Além disso, sua empresa tem o valor de uma família. Ele a vê como uma oportunidade de tratar do aspecto humano dos negócios. A fidelidade e a lealdade fluem livremente entre ele e seus empregados. Ele é bom para com eles e comanda-os pelo exemplo. Contribui ainda com muitas obras de caridade.

Para concluir, seus empregados dizem que o simples encontro com ele basta para que o interlocutor se torne uma pessoa melhor; que ele é um exemplo de modéstia, da simplicidade da sabedoria e da mansidão que provém da verdadeira força. Em suma, é uma pessoa muito especial.

Apresentamos a seguir uma entrevista com William Ungar, "Grande Empresário do Ano" da cidade de Nova York.

Pergunta: Senhor Ungar, o senhor disse que, quando começou, não tinha muito dinheiro. O senhor acha que o dinheiro é absolutamente importante para fundar uma empresa?

William Ungar: Para fundar uma empresa, é preciso ter uma quantia nominal de dinheiro que é como uma "semente". Quando se tem uma reputação de confiabilidade entre amigos e conhecidos, sempre é possível encontrar pessoas dispostas a investir em você. A capacidade e a honestidade são as duas virtudes mais importantes que nos permitem conseguir dinheiro para abrir um negócio.

Pergunta: Como o senhor se sentia quando concorria com os grandes fabricantes de envelopes?

William Ungar: Comecei bem pequenino e quase não fui notado pelas grandes companhias. De início, nós cuidávamos apenas de vender aos atacadistas. Quando eles perceberam que éramos confiáveis, começaram a nos favorecer com encomendas e permaneceram fiéis à nossa empresa. Foi assim que continuamos a crescer e a nos expandir.

Pergunta: Qual é o papel do risco na vida do empresário?

William Ungar: Todo novo empreendimento é em si mesmo um risco que temos de correr. A única diferença entre um e outro é o grau de risco. Se você tiver confiança no seu empreendimento e tiver objetivos definidos, o risco diminuirá com o tempo e você alcançará resultados positivos.

Pergunta: Quem o senhor consultou quando começou? Quais foram os seus mentores?

William Ungar: A primeira pessoa que consultei foi o chefe da equipe técnica da F. L. Smithe Machine Company, onde obtive o meu primeiro emprego neste país. Era, e ainda é, uma firma que fabrica máquinas de fazer envelopes. Foi ele que me deu as idéias a respeito do equipamento e de como levar adiante o negócio. Disse que, se eu estivesse disposto a fabricar os envelopes à noite e vendê-los de dia, teria êxito. A outra pessoa que me ajudou, um grande vendedor de papel, me foi apresentada por um gerente de vendas de uma fábrica de papel. Eu lhe disse quais eram as minhas intenções no ramo dos envelopes e ele me disse que era um ramo bem maluco. Não obstante, eu entrei nesse ramo e não me arrependo.

Pergunta: O que o senhor está dizendo, então, é que uma das características de que se precisa para chegar ao sucesso é ser um pouco maluco?

William Ungar: O ramo pode ser meio maluco, mas é preciso ter coragem e convicção para entrar nele. Geralmente digo aos empregados de alto escalão que, como eles mesmos podem observar, nós operamos de um jeito só nosso. Na minha opinião, fomos bem-sucedidos por duas razões. A primeira era a minha habilidade técnica e a minha familiaridade com o equipamento. A segunda foi o fato de eu ter empregado pessoas honestas, íntegras e diligentes. Essas pessoas contribuíram em grande medida para o nosso sucesso. Hoje em dia, o que mais valorizo são as pessoas que trabalham para nós; elas são o nosso principal ativo e o nosso maior bem.

Pergunta: O que motivou o senhor a alcançar o sucesso? Quais são, na sua opinião, as características necessárias para chegar ao sucesso?

William Ungar: No meu caso, eu gosto de um desafio. Tenho uma grande satisfação pessoal quando encontro uma solução e obtenho resultados. É preciso ter uma iniciativa interior para fazer algo e gozar dos resultados disso. Sua atividade não deve ter o peso de um trabalho. O mais importante é gostar do que você faz. Meu conselho aos que querem alcançar o sucesso abrindo o seu próprio negócio é que tenham diante de si os seus objetivos e trabalhem bastante, trabalhem muito. Com determinação e dedicação, é possível realizar seus sonhos neste país abençoado como em nenhum outro lugar do mundo.

Reflexões depois da Entrevista

William Ungar partiu de uma experiência terrível, a do holocausto, e usou-a para sua própria vantagem. Muitos caíram vítimas desse desastre humano, mas William Ungar tornou-se o senhor de suas experiências e de sua vida. Foi emocionante vê-lo lembrar-se do começo da sua carreira de empreendedor. Eu via o brilho em seus olhos enquanto ele voltava no tempo. Ficou patente a meus olhos que, para ele, o desafio de alcançar o sucesso era tudo. Ele se recusava a ser uma vítima, se recusava a ser um número numa estatística. Superou obstáculos terríveis e deu a todos nós uma lição. Sua vida é um exemplo do que uma pessoa pode realizar por meio do desejo e do autodomínio. William Ungar é a própria personificação do sonho americano!

ENTREVISTA COM AUBREY BALKIND

Presidente e Diretor Executivo
da Frankfurt Balkind Partners

Apresentamos a seguir uma entrevista com Aubrey Balkind, ganhador do prêmio "Empresário do Ano" da cidade de Nova York em 1996 no ramo de propaganda e meios de comunicação.

Pergunta: Senhor Aubrey, o que o senhor tem a nos dizer sobre a sua infância? Veio de uma família de empresários? Quais eram as condições econômicas da sua família e qual a educação que o senhor teve?

Aubrey Balkind: Sim, vim de uma família de empresários. Nasci e fui criado na África do Sul. Meu pai tinha seu próprio negócio: importava cristais e presentes do mundo inteiro e os vendia no atacado aos lojistas do país. Quando eu era adolescente, ajudava meu pai trabalhando como caixeiro viajante. Não era muito bom em vendas. Era muito tímido e tinha bastante dificuldade para me apresentar aos estranhos e pedir que eles comprassem nossa mercadoria. Mas simplesmente tive de me obrigar a superar meus medos, pois o negócio do meu pai precisava da minha ajuda.

Quanto à educação, formei-me em economia, depois trabalhei como auditor e contador e por fim me tornei o equivalente de um perito contador. Saí da África do Sul para freqüentar a Universidade Colúmbia de Nova York, onde fiz MBA. Trabalhei para Arthur Young (a atual Ernst & Young) por quatro anos como consultor em administração. Enquanto estava lá, estudei durante o período noturno para tirar um doutorado em planejamento urbano. Antes de apresentar minha tese, decidi mudar para a área de comunicações e programação visual, na qual estudei sozinho. Minha educação me ajudou a compreender rapidamente diversos tipos de negócios, e minha experiência me ajudou a me tornar um especialista em comunicação.

Pergunta: O que o motivou a correr riscos e a abrir seu próprio negócio?

Aubrey Balkind: Eu não me sentia satisfeito na consultoria de administração pois não havia um produto físico no final do processo. Sempre quis fazer arquitetura, uma profissão que combina as funções dos hemisférios direito e esquerdo do cérebro (o projeto criativo e a lógica da engenharia). O que me deu coragem para abrir minha firma foi o fato de eu ter um pai empresário. Embora eu não tivesse dinheiro, pois tinha de pagar os empréstimos que fiz para estudar na faculdade, me sentia seguro porque, se tudo desse errado, eu tinha uma profissão para a qual podia voltar, com um salário decente. Tinha 28 anos e era ingênuo. Acho que é preciso ser um pouco ingênuo para fazer o que a paixão manda; é a paixão que nos move a realizar nossos objetivos. Se você conhecesse todos os obstáculos com que haveria de se defrontar [ao abrir um negócio], jamais começaria nada. Mas eu tinha um sonho e quis realizar esse sonho. A jornada foi comprida, mas o sonho ainda existe. Na verdade, ele nunca se realiza de fato; cresce cada vez mais e, a menos que você tenha uma verdadeira paixão pelo processo, nunca há de chegar a nada. Tudo se resume a ficar tentando concretizar e, se possível, superar o que você tem a esperança de realizar.

Pergunta: O senhor acha que essa paixão que o motivou a abrir um negócio é algo que as pessoas podem desenvolver?

Aubrey Balkind: Acho que todos têm paixão por alguma coisa e devem tentar descobrir essa paixão. Certas pessoas querem comandar e outras querem seguir. Para mim, não há dúvida nenhuma quanto a isso. A vida não é um processo fácil. Os obstáculos são muitos e um grande número de pessoas, quando caem, em vez de se levantar e aprender com o que aconteceu, ficam caídas no chão e começam a culpar tudo e todos que as rodeiam. As pessoas dizem: "Tenho de ir embora de Nova York, mudar de emprego, me divorciar", e dizem que é por isso que não estão indo bem. A verdade é que elas mesmas precisam assumir a responsabilidade de fazer o melhor com as circunstâncias, em vez de se deixar controlar por forças que estão fora delas. As pessoas podem ter muito mais controle sobre suas circunstâncias do que imaginam. Certas pessoas são consideradas sortudas, mas a verdade é que são elas que constroem a própria sorte, colocando-se no lugar certo no momento correto. Você tem de se pôr à disposição — não basta ficar à procura da oportunidade. É preciso ficar à procura e se pôr à disposição quando o momento surge.

Pergunta: Ao senhor, que é uma das vozes do sucesso, pergunto: quem foi o seu mentor? Com quem o senhor se aconselhava?

Aubrey Balkind: Quando eu era auditor e contador, trabalhava com um colega que me ensinou uma nova maneira de pensar. Ele me ensinou a pensar cada problema a partir de um nível muito básico. Hoje em dia, chamo esse processo de "pensamento de base zero". Você precisa esquecer tudo o que sabe, tentar deixar de lado todas as idéias preconcebidas e construir sua própria estrutura lógica em torno da questão. Para mim, é o mesmo que ser capaz de repensar as coisas criativamente a partir do nada e construir novas estruturas lógicas em torno de questões dadas. A invenção de novas idéias exige, na verdade, uma quantidade imensa de bom senso ou, para usar uma fraseologia mais bonita, de intuição estratégica.

Pergunta: Como o senhor se sentia ao competir com os "grandes" do seu ramo quando começou?

Aubrey Balkind: Você tem de ter uma noção muito forte de quem você é, uma idéia clara do certo e do errado e um excelente plano de *marketing*. Um grande número de pessoas tem idéias brilhantes, mas é preciso entender o que há de bom e o que há de ruim em uma idéia. A primeira coisa que compreendi é que os "grandes" também são pessoas. A verdade é que toda empresa, por maior que seja, depende de um pequeno número de pessoas estrategicamente importantes. Basta ter certeza de que o seu pessoal é melhor do que o deles. O tamanho é uma vantagem, mas também tem suas desvantagens. Hoje, muitas empresas grandes estão tentando funcionar como empresas menores em diversos aspectos.

Pergunta: Dizem que, para ser bem-sucedido, é preciso gostar do que faz. Mas do que o senhor gosta? Do campo em que trabalha ou do simples fato de comandar uma empresa?

Aubrey Balkind: Gostaria de mudar um pouco a maneira de expressar isso. Do que você gosta: do seu campo de trabalho ou do processo? Acho que, para alcançar o sucesso, você pode gostar tanto de uma coisa quanto da outra. Parece-me que é mais fácil ter uma paixão pelo campo. No que faço agora, gosto do fato de ter um objeto físico no final do processo — um produto. Gosto da elegância de pensamento que caracterizava a consultoria administrativa, mas na época eu não obtinha a satisfação estética que obtenho agora. Além disso, o ramo das comunicações toma por base em grande medida a cultura popular, e isso me mantém ligado às coisas que estão acontecendo no mundo. Para mim, é importante que a vida "funcione" melhor e seja mais agradável. É daí que vem minha paixão.

Pergunta: Na sua opinião, quais características uma pessoa precisa ter para ser bem-sucedida?

Aubrey Balkind: Acho que é preciso ter uma autoconfiança interior, que pode ter por base a sua mente e a sua inteligência ou a sua habilidade social. É preciso compreender as pessoas — as que você comanda, os clientes a quem atende e, no meu caso, o público com quem me comunico. Não se pode ter medo do fracasso. Saiba que num momento ou em outro você estará por baixo, mas em geral aprende mais quando está por baixo do que quando você está por cima. É um mundo de altos e baixos. O sucesso e o fracasso não significam muito a curto prazo — o importante é o que acontece a longo prazo.

Pergunta: Quando o senhor abriu a firma, estabeleceu metas fixas para si mesmo ou usou um método específico de estabelecimento de metas?

Aubrey Balkind: Penso muito sobre o futuro distante e penso sobre questões de grande envergadura, mas não faço planos para o futuro distante. Faço planos para no máximo daqui a algumas semanas ou alguns meses, pois as coisas mudam muito rapidamente. O importante é você ter uma idéia de para onde está caminhando, e não se fixar em todos os mínimos detalhes do caminho.

Pergunta: Que conselhos o senhor gostaria de dar aos leitores deste livro?

Aubrey Balkind: As pessoas de sucesso, na verdade, nunca se concebem como bem-sucedidas e já realizadas. A realização é algo que você nunca atinge, e é isso que continua a nos impulsionar. Acredito numa aprendizagem contínua e cotidiana. Acredito que, se hoje você faz algo, amanhã deve saber fazê-lo melhor. Descobri que a maioria dos destinos [o sucesso] não passa de uma ilusão. O destino deve ser a própria jornada. O que torna a jornada tão gostosa é a paixão e as experiências maravilhosas que você tem. Para mim, o caos é o oxigênio que impulsiona a criatividade. Se você deixa as coisas definidas demais, como acontece quando estabelece metas, perde todo o espaço de manobra. Uma certa quantidade de caos pode colaborar muito com a produtividade. Ajuda a alimentar a paixão.

Pergunta: Espiritualmente, quem é Aubrey Balkind?

Aubrey Balkind: Tento ser limpo; limpo em pensamento e em saber o que é certo e o que é errado, limpo em minha vida pessoal e na importância que dou às diversas coisas da vida. É isso o que quero alcançar. Conheço pessoas que dedicaram a vida inteira somente ao trabalho. Acho que é importante buscar um equilíbrio na vida, um equilíbrio que ainda estou trabalhando para alcançar. É preciso ser sincero consigo mesmo.

Reflexões depois da Entrevista

O que mais me impressionou no contato que tive com Aubrey Balkind foi que sua personalidade, embora despretensiosa, era hipnótica. Embora ele tivesse a aparência de um típico executivo bem-sucedido, à medida que a entrevista progredia eu ficava com a sensação de que por trás disso havia muito mais. Não estava somente na presença de uma pessoa de sucesso; também havia encontrado um grande homem. Fiquei impressionado com o quão profundamente ele conhecia a si mesmo e a tranqüilidade e a facilidade com que me comunicou esses conhecimentos. Evidentemente, esse caráter profundo de sua pessoa era algo que ele conhecia muito bem; e, quando falava de si, era como se falasse de um velho amigo. Suas intuições pessoais contam-se entre as muitas dádivas que recebi ao entrevistar pessoas bem-sucedidas.

ENTREVISTA COM KURT ADLER

Chairman da Kurt S. Adler, Inc.

Introdução de Karen Adler

Segundo os que lhe são mais próximos, Kurt Adler é um homem extremamente generoso, bondoso e de temperamento tranqüilo e equilibrado. São essas qualidades que despertam a lealdade e a fidelidade de seus empregados; como prova disso, alguns estão com ele já há mais de quinze ou vinte anos. É um homem de intuição, capaz de enxergar tendências novas num ramo que não se caracteriza pela novidade. Tem também uma capacidade incomum de conhecer os desejos do consumidor. Projeta ao seu redor uma agradável aura de tranqüilidade e confiança, e as pessoas que com ele convivem se sentem orgulhosas de tê-lo entre seus amigos e conhecidos.

Apresentamos a seguir uma entrevista com o sr. Kurt Adler, ganhador do prêmio "Grande Empresário do Ano" da cidade de Nova York em 1996.

Pergunta: Senhor Adler, o senhor pode nos dar uma idéia de qual era o *status* social e econômico da sua família? Quanto o senhor estudou? Por favor, dê-nos um resumo do seu passado.

Kurt Adler: É muito difícil comparar os Estados Unidos de 1996 com a Alemanha da década de 1920. Venho de uma família de classe média alta. Perdemos tudo durante o governo dos nazistas, mas minha formação foi bem sólida.

Pergunta: E quanto à educação? Até onde o senhor estudou?

Kurt Adler: Formei-me no colegial e fiz o terceiro grau à noite numa faculdade aqui de Nova York que sempre insiste em que eu me formei. Mas isso não é verdade; só completei metade dos créditos. Parece que meu sucesso nos negócios contagiou meu sucesso educacional!

Pergunta: O que o inspirou a entrar no ramo de negócios em que o senhor se encontra hoje?

Kurt Adler: Bem, posso lhe garantir que não foi um desejo de entrar no ramo da decoração de Natal. Não é assim que as coisas funcionam. Depois de servir ao exército norte-americano por um curto período no final da Segunda Guerra Mundial, tomei a decisão de que, no que dependesse de mim, ninguém jamais voltaria a me dar ordens.

Estava com o exército em Honolulu e usei meu tempo livre para fazer contatos. Assim, me tornei agente de compras para um atacadista de Honolulu. Ele, como todos os outros, precisava de mercadorias, pois na época os Estados Unidos eram o único país que não havia perdido a capacidade de produção, pois não havia sido bombardeado. O Japão, a Alemanha e a Inglaterra não existiam, e por isso era gritante a necessidade de encontrar fontes de suprimento de mercadorias. O homem era, na verdade, um norte-americano de origem japonesa que morava em Honolulu, e passei a comprar tudo de que ele precisava. Minha tarefa era encontrar as mercadorias que ele pedia, quaisquer que fossem, e eu ganhava 5% de comissão, o que era um pouco mais do que ganharia se tivesse um emprego comum.

Na verdade, acumulei a maior parte de minhas experiências em um dos diversos empregos que tive quando voltei aos Estados Unidos. Trabalhei para uma fábrica de travesseiros, cujo proprietário era um homem extraordinariamente bem-sucedido. Aprendi com ele. Era um homem bem-sucedido e fazia tudo direitinho; tomei-o como meu modelo.

Pergunta: Quando o senhor fala sobre como entrou nos negócios, pergunto: o que havia dentro do homem Kurt Adler que o motivou a correr esse risco, que o levou a querer entrar nos negócios?

Kurt Adler: Quando eu era mais novo, nossa família tinha o seu próprio negócio. Quando chegamos aqui, não tínhamos absolutamente nada; havíamos perdido tudo, e foi isso que me motivou a fazer todo o esforço possível para restabelecer nossa família na posição que antes ocupava.

Pergunta: Quanto dinheiro o senhor tinha para começar? O senhor já disse que tiveram de deixar tudo na Alemanha. Foi fácil alcançar o sucesso nos negócios?

Kurt Adler: Comecei com trezentos dólares. Nada é fácil; é preciso trabalhar duro, trabalhar muito. Acho que existem várias coisas importantes. Você precisa trabalhar duro, estar disposto a se sacrificar, ser honesto e ser confiável.

Pergunta: Muitos empresários dizem que, para ser bem-sucedido, é preciso gostar do que faz. O senhor poderia falar um pouco sobre isso?

Kurt Adler: Na minha vida, nunca fiz nada de que não gostasse. Penso, além disso, que é muito importante ter uma esposa que o apóie. Tive a sorte de ter uma esposa extraordinariamente boa e prestativa.

Pergunta: Como o senhor se sentia quando competia com os "grandes" do seu ramo?

Kurt Adler: Eu gostava. É mais fácil concorrer com os grandes do que com os pequenos. Eu me sentia entusiasmado com essa concorrência. Sempre gostei de esportes e adoro o sucesso rápido e imediato, os pequenos triunfos do dia-a-dia. Por toda a minha vida fui fanático pelo tênis, e, nos esportes, sempre fui justo e ambicioso. Usei esse mesmo sistema nos negócios. "O médico e o monstro" é uma coisa que não existe. Certas pessoas pensam que você pode ser desonesto nos negócios e honesto em casa. Isso não é verdade. Ou você é honesto, ou é desonesto!

Pergunta: Quando começou, o senhor estabelecia metas ou usava uma técnica específica de estabelecimento de metas?

Kurt Adler: Não. Isso não funciona. Como você pode estabelecer metas quando precisa sair, trabalhar muito e ver o que acontece? O perigo é estabelecer uma meta errônea ou pouco realista. Meu objetivo é o lucro.

Pergunta: Para os nossos leitores, quais as características que o senhor julga necessárias para chegar ao sucesso?

Kurt Adler: É preciso haver uma necessidade real do seu produto ou da sua atividade. Quando eu comecei, não estava no ramo das decorações de Natal. Fazia importação e exportação em geral. Mas gostei da idéia de poder pegar minhas encomendas na primeira metade do ano e só entregá-las na segunda metade. Isso simplificava o controle do estoque. Esse foi um fator decisivo para o sucesso deste negócio e foi por isso que escolhi o setor das decorações de Natal.

Voltando aos leitores, você precisa passar uma boa impressão quando encontra as pessoas. Precisa estar sempre bem vestido, pois nunca sabe quando há de encontrar alguém que possa lhe ajudar. Também tem de ter consciência dos próprios limites. Isso é importantíssimo. Tem de trabalhar duro e investir em idéias sólidas, que tenham chance de dar certo. Tem de encontrar alguém que lhe dê bons conselhos, alguém que já tenha realizado o sucesso e que possa lhe ajudar a pesar os riscos e os possíveis ganhos do negócio. Isso é muito importante. Isso o ajudará a avaliar as idéias segundo o comportamento que elas tendem a apresentar no mundo real, pois os negócios não se fazem num vácuo. Nos negócios, é preciso ser conservador.

Reflexões depois da Entrevista

Kurt Adler tem a confiança e a postura que se esperam de alguém tão bem-sucedido quanto ele. Depois de entrevistá-lo, afastei-me com a impressão de ter conversado com uma pessoa especial. Lembro-me especialmente do olhar de agrado em seus olhos quando se lembrava da infância, e da impressão de tragédia que me transmitiu quando falou da época em que a família fugiu da Alemanha de Hitler. Isso me fez pensar que, ainda hoje, as pessoas lutam para chegar às praias norte-americanas e enfrentam dificuldades inacreditáveis para consegui-lo, e isso tudo só para ter acesso a essa oportunidade que você e eu recebemos pelo simples fato de termos nascido neste país. Quantas vezes nos esquecemos dessa bênção! Homens como Kurt Adler nos lembram dessa dádiva e são exemplos vivos do que um homem pode fazer quando tem a liberdade de iniciativa.